10才までに学びたい

マンガ×くり返しでスイスイ覚えられる1200の言葉

監修
学力向上アドバイザー
陰山英男

はじめに

私《わたし》は小学校教員《しょうがっこうきょういん》としての長年《ながねん》の経験《けいけん》を生《い》かして、子《こ》どもたちの学力《がくりょく》を伸《の》ばすための教材《きょうざい》開発《かいはつ》や研究《けんきゅう》を行《おこな》っています。考案《こうあん》した学習法《がくしゅうほう》をまとめた「徹底反復《てっていはんぷく》シリーズ」等《とう》はおかげさまで累計《るいけい》1500万部《まんぶ》を突破《とっぱ》し、多《おお》くの子《こ》どもたちに使《つか》われています。

「成績《せいせき》を上《あ》げるにはどうしたらいいですか」「子《こ》どもの学力《がくりょく》をアップさせたいんです」。講演《こうえん》会《かい》などで保護者《ほごしゃ》の方《かた》からそんな相談《そうだん》をよく受《う》けます。

そもそも、「勉強《べんきょう》ができる」「学力《がくりょく》が高《たか》い」とは、どういうことなのでしょうか。その根本《こんぽん》は**「言葉《ことば》」**にあります。学習《がくしゅう》の本質《ほんしつ》というのは、たくさんの言葉《ことば》を知《し》ることであり、**学力《がくりょく》が高《たか》いというのは、言葉《ことば》をたくさん知《し》っていて、なおかつそれを適切《てきせつ》に自在《じざい》に使《つか》うことができる**ということなのです。最近《さいきん》の教育現場《きょういくげんば》では子《こ》どもたちが能動的《のうどうてき》に学《まな》ぶ「アクティブラーニング」に取《と》り組《く》んでいますが、こうした新《あたら》しい流《なが》れにおいても、言葉《ことば》をうまく使《つか》いこなす能力《のうりょく》がますます必要《ひつよう》になってきているのです。

正《ただ》しい言葉《ことば》が身《み》につけば、①他者《たしゃ》と価値《かち》を共有《きょうゆう》でき、②相手《あいて》の考《かんが》えを正確《せいかく》に読《よ》み取《と》ることができ、③自分《じぶん》が考《かんが》えたことをわかりやすく相手《あいて》に伝《つた》えることができるのです。こうした言葉《ことば》を自分《じぶん》の中《なか》にたくさん持《も》っているというのは、それだけで「賢《かしこ》い」ということです。

これらのことは調査研究《ちょうさけんきゅう》でも明《あき》らかにされています。子《こ》どもたちが獲得《かくとく》している言葉《ことば》の数《かず》と成績《せいせき》の関連《かんれん》を調《しら》べた研究《けんきゅう》で、**「学習成績《がくしゅうせいせき》がよい子《こ》は、知《し》っている言葉《ことば》が多《おお》い」**という結果《けっか》が出《で》ているのです。

この本《ほん》では、10才《さい》ごろまでに知《し》っておいてもらいたい言葉《ことば》を1200語《ご》、厳選《げんせん》しました。言葉《ことば》の意味《いみ》はマンガで解説《かいせつ》しています。面白《おもしろ》い、楽《たの》しいと感《かん》じながら勉強《べんきょう》することが学力《がくりょく》アップの秘訣《ひけつ》です。一人《ひとり》で読《よ》んだり、声《こえ》に出《だ》してお子《こ》さんと楽《たの》しんだりしてみてください。

くり返《かえ》し読《よ》んで言葉《ことば》を身《み》につけたら、ぜひ最後《さいご》のドリルで総《そう》まとめをしてください。この本《ほん》がお子《こ》さんの言葉《ことば》の世界《せかい》を広《ひろ》げる一助《いちじょ》となれば幸《さいわ》いです。

陰山英男《かげやまひでお》

ただいま〜っ
ドタ
ドタ
お母《かあ》さん、何《なに》か古《ふる》いものない？
昔《むかし》の道具《どうぐ》を調《しら》べる授業《じゅぎょう》があるんだ。
お兄《にい》ちゃんおかえり〜
古《ふる》いものねぇ…物置《ものおき》にひいおじいちゃんの使《つか》ってたものがあるかも。
「おこんしんち」の授業《じゅぎょう》なんだって〜
おこんしんち…？？
フフフ…
「昔《むかし》のことを学《まな》んで現代《げんだい》にいかす」っていう意味《いみ》だよ！
ドヤァ
それって「温故知新《おんこちしん》」でしょ!!
おこんしんちって何《なに》よ〜〜!!
う…うるさ〜〜い！
アハハハハ

物置《ものおき》――
なんだよ あんなに 笑《わら》わなくても いいのにさ…
ガサ
ゴン
おっ。
古《ふる》そうな ペンだ！
なんか カッコイイ!!
じゃーん
お母《かあ》さ〜ん これ何《なに》？
あら！
ひいおじいちゃんの 万年筆《まんねんひつ》じゃない。
まんねんひつ？？
インクで 書《か》くの
昔《むかし》から 使《つか》われているペンよ。
あ、万年筆《まんねんひつ》だ！ 初《はじ》めて見《み》たぁ。
えっ!!
お前《まえ》、なんで こんなの知《し》ってるの？
ひょこっ
お兄《にい》ちゃん…
うわぁ…
本当《ほんとう》に全然《ぜんぜん》 言葉《ことば》知《し》らないね…
ぐぬぅ…

その夜《よる》――
ひいおじいちゃんは小説家《しょうせつか》だったのよ。
それで万年筆《まんねんひつ》を使《つか》っていたんだな～
へえ～～っ!!
お兄《にい》ちゃんはとても小説家《しょうせつか》のひ孫《まご》とは思《おも》えないね。
言葉《ことば》知《し》らなすぎて
くっ…生意気《なまいき》な…
言葉《ことば》なんて伝《つた》わりゃ何《なん》でもいいじゃん…
ちえっ 青葉《あおば》のヤツめ…
プリプリ
ドスドス
そんなことはないぞ…
えっ?
だ、だれ!?
ポロッ
イテッ
ボン
ヒィィ
ペ…ペンがしゃべったぁ～!!
ガタガタ
ペンではない!

ワシはコトノスケ。お前《まえ》のひいじいちゃんじゃ！
ドーン
ひ…ひいじいちゃん!?
死《し》んだ後《あと》、万年筆《まんねんひつ》に隠《かく》れてお前《まえ》たちを見守《みまも》っていたんじゃよ。
お前《まえ》があまりにも言葉《ことば》を知《し》らないから出《で》てきたんじゃ…
小説家《しょうせつか》のワシがみっちりしごいてやるわい
お前《まえ》の言葉《ことば》の力《ちから》が上《あ》がるまでは家《いえ》で世話《せわ》になるからの。
ゲッ
でもぉ…
妹《いもうと》が泣《な》いちゃうよ〜
急《きゅう》に幽霊《ゆうれい》みたいなのが来《き》たらみんな怖《こわ》が…
あら!?
おじいちゃん久《ひさ》しぶりね〜！
わいわい
今日《きょう》から世話《せわ》になるぞい
ゆっくりして行《い》って下《くだ》さい！
ひいおじいちゃん浮《う》いてる〜!!
どうなってんだウチの家族《かぞく》…！

本書の使い方

レベル2
666
673

666 **はぐらかす**
話《はなし》の大事《だいじ》なところをずらしたり話題《わだい》を変《か》えたりしてごまかす。

[例] はぐらかさないで、ちゃんと答《こた》えてほしい。

[似た言葉] 667 **煙《けむ》に巻《ま》く**…よくわからないことを言《い》ってごまかす。

668 **瓜《うり》二《ふた》つ**
2つに割《わ》った瓜《うり》のように、顔《かお》かたちがそっくりなこと。

[例] 父親《ちちおや》に瓜二《うりふた》つの息子《むすこ》が生《う》まれる。

[植物《しょくぶつ》にまつわることわざ・慣用句《かんようく》]
669 **竹《たけ》を割《わ》ったよう**…素直《すなお》でまっすぐな性格《せいかく》である。
670 **根《ね》に持《も》つ**…何《なに》かされたことを忘《わす》れず、いつまでも恨《うら》みに思《おも》う。
671 **根《ね》も葉《は》もない**…まったく根拠《こんきょ》がない。
672 **道草《みちくさ》を食《く》う**…何《なに》かをしている途中《とちゅう》で他《ほか》ごとをして時間《じかん》を使《つか》う。
673 **両手《りょうて》に花《はな》**…二《ふた》つの良《よ》いものを同時《どうじ》に持《も》っていること。

学んだ日
／
／
／
／
／

言葉《ことば》

少《すこ》し難《むずか》しいけれど日常《にちじょう》でよく使《つか》われる語《ご》を取《と》り上《あ》げています。

意味《いみ》

その言葉《ことば》の意味《いみ》です。複《ふく》数《すう》の意味《いみ》がある言葉《ことば》の場《ば》合《あい》は、一般《いっぱん》に広《ひろ》く使《つか》われる意味《いみ》を載《の》せています。

マンガ

取《と》り上《あ》げている言葉《ことば》に合《あ》ったシチュエーションのマンガで、イメージしながら楽《たの》しく言葉《ことば》を覚《おぼ》えることができます。

学《まな》んだ日《ひ》

ページごとに、学《まな》んだ日付《ひづけ》を記録《きろく》できます。くり返《かえ》し学《まな》んで埋《う》めていくことで、達成感《たっせいかん》もアップします。

クイズ

2コマや3コマを使《つか》って取《と》り上《あ》げている言葉《ことば》は、2択《たく》クイズになっています。正《ただ》しい言葉《ことば》になるように①か②を選《えら》んで入《い》れてみましょう。

※答《こた》えはマンガの左下《ひだりした》に記載《きさい》。

例文《れいぶん》

その言葉《ことば》が実際《じっさい》にどう使《つか》われるのかがわかる例文《れいぶん》です。マンガの内容《ないよう》に対応《たいおう》しているので、合《あ》わせて読《よ》むと理解《りかい》が深《ふか》まります。

合《あ》わせて学《まな》びたい

一緒《いっしょ》に学《まな》ぶと覚《おぼ》えやすい言葉《ことば》や関連《かんれん》する言葉《ことば》など、合《あ》わせて学《まな》びたい内容《ないよう》を載《の》せています。

[似《に》た言葉《ことば》] 近《ちか》い意味《いみ》をもつ言葉《ことば》

[反対《はんたい》の言葉《ことば》] 反対《はんたい》の意味《いみ》をもつ言葉《ことば》

[言葉《ことば》の由来《ゆらい》] その言葉《ことば》が作《つく》られた背景《はいけい》や歴史《れきし》

[〇〇のつくことわざ・慣用句《かんようく》] 似《に》たつくりの言葉《ことば》など

もくじ

キャラ紹介《しょうかい》

健吾《けんご》

小学《しょうがく》4年生《ねんせい》の男《おとこ》の子《こ》。いつも元気《げんき》で活発《かっぱつ》だが、成《せい》績《せき》はいまひとつ。特《とく》に国語《こくご》が大《だい》の苦手《にがて》。

コトノスケ

健吾《けんご》のひいおじいちゃん。生前《せいぜん》は小説家《しょうせつか》だった。言葉《ことば》の苦手《にがて》な健吾《けんご》を見《み》かねて姿《すがた》を現《あらわ》した。

お父《とう》さん・お母《かあ》さん

健吾《けんご》の両親《りょうしん》。お父《とう》さんは少《すこ》しおっちょこちょいでお母《かあ》さんは能天気《のうてんき》だけど、明《あか》るい家庭《かてい》の二本柱《にほんばしら》。

青葉《あおば》

小学《しょうがく》2年生《ねんせい》の健吾《けんご》の妹《いもうと》。知識《ちしき》も豊富《ほうふ》で大人《おとな》っぽいので、健吾《けんご》にはいつもあきれている。

教頭先生《きょうとうせんせい》

国語《こくご》を得意《とくい》とし、多《おお》くの生《せい》徒《と》に言葉《ことば》の指導《しどう》をしてきたベテランの先生《せんせい》。ちょっと変《か》わり者《もの》の一面《いちめん》も。

たくや

お調子者《ちょうしもの》の健吾《けんご》の同級生《どうきゅうせい》。同《おな》じクラスのみなみちゃんに想《おも》いを寄《よ》せる健吾《けんご》の恋《こい》のライバルでもある。

おうちの方へ

本書は、マンガで楽しみながら言葉の意味と使い方を身につけられる作りになっています。

①ストーリー型コミックで言葉に関する基礎知識や学び方のコツを知る

②一つひとつの語と合わせて関連する言葉を学ぶ

③合間にあるドリルで力試し

という流れをくり返しながら進めていくことができます。

本を一通り読み終えたら、別冊として最後についている「反復ドリル」で、この本で学んだことを総復習しましょう。

そして、大切なのはそれを**何度も反復する**ことです。１回ではなかなか覚えられなくても、２回目、３回目…と、回を重ねるごとに着実に記憶は定着していきます。

各ページの下端にある「学んだ日」欄に日付を書いて、お子様の達成感を喚起しながら進めてみてください。

レベル１

まずは、普段《ふだん》から見《み》たり聞《き》いたりすることの多《おお》いレベル１の言葉《ことば》。君《きみ》たち自身《じしん》も使《つか》っている言葉《ことば》があるかもしれないけれど、意味《いみ》や使《つか》い方《かた》が合《あ》っているのか、しっかり見直《みなお》してみよう！

でもさぁ コトノスケ～
一応《いちおう》お前《まえ》の祖先《そせん》じゃぞ
呼《よ》び捨《す》てにするな。
今《いま》まで言葉《ことば》で困《こま》ったことなんてないよ？
言葉《ことば》をうまく使《つか》えないと大人《おとな》になってから困《こま》るぞ。
これを見《み》てみろ
言葉《ことば》を使《つか》いこなせないと…
仕事《しごと》で…
ウチの会社《かいしゃ》のコレはとってもいいです！
と、とにかくいいんです!!
よくわからないから帰《かえ》ってくれ
告白《こくはく》で…
君《きみ》のことがとてもすごく好《す》きです!!
う～ん…
どんな風《ふう》に好《す》きなのかわからないわ…
言葉《ことば》を使《つか》いこなせると…
説得力《せっとくりょく》UP《アップ》!!
弊社《へいしゃ》の商品《しょうひん》はペラペラペラ…
すばらしい!! ぜひうちと契約《けいやく》を!!
デキル男《おとこ》になれるぞ！
伝《つた》える力《ちから》UP《アップ》!!
君《きみ》への想《おも》いはペラペラペラ…
キュン
そんなに私《わたし》のことを…♡
モテモテになれるぞ！

コトノスケ先生《せんせい》！
言葉《ことば》を教《おし》えてください！
うむ。わかればよろしい。
ビシッ!!
言葉《ことば》の基本《きほん》はまずたくさん覚《おぼ》えることじゃ！
つまり
コレですね先生《せんせい》!!
国語辞典《こくごじてん》
漢和辞典《かんわじてん》
ハイッ!!
バババッ!!
よっしゃ全部《ぜんぶ》暗記《あんき》するぞ！
お〜い
国語辞典《こくごじてん》
うおおおお
2分後《ふんご》
プスプス
しっかりせい
辞書《じしょ》をただ読《よ》んでも頭《あたま》に入《はい》らんじゃろ…
国語辞典《こくごじてん》
まずは日常的《にちじょうてき》によく使《つか》われている言葉《ことば》から学《まな》ぶのじゃ。
この本《ほん》にはワシが厳選《げんせん》した言葉《ことば》が詰《つ》まっておるぞ！
マンガ×くり返しでスイスイ覚えられる1200の言葉
言葉が増えれば成績アップ！
おぉ…
そして！
言葉《ことば》を学《まな》ぶにはポイントがある！
デデーン

ポイント①
その言葉《ことば》が実際《じっさい》に使《つか》われる場面《ばめん》を知《し》るべし！
意味《いみ》だけでなく、使《つか》い方《かた》がわかって初《はじ》めて言葉《ことば》を学《まな》んだと言《い》えるのじゃ。
この本《ほん》ならマンガと例文《れいぶん》で使《つか》い方《かた》を学《まな》べるぞ
たしかに使《つか》えないとデキル男《おとこ》とは言《い》えないな…
ポイント②
音読《おんどく》したり書《か》いたりすべし！
だる〜ん
例文《れいぶん》を声《こえ》に出《だ》したり自分《じぶん》で書《か》いてみたりするのじゃ。
ながめているだけじゃなかなか覚《おぼ》えられんぞ!!
プラプラ
ポイント③
くり返《かえ》し学《まな》ぶべし！
何度《なんど》もくり返《かえ》し学《まな》ぶと忘《わす》れなくなるぞ！
各《かく》ページの端《はし》に日付《ひづけ》を書《か》けるから、いつ何回《なんかい》勉強《べんきょう》したかわかるね！
学《まな》んだ日《ひ》
4/16

このポイントを押《お》さえればデキルモテ男《お》への道《みち》が開《ひら》けるぞ
知的《ちてき》でステキ♡
燃《も》えてきた!!
ゴス
ポーイ
じゃあさっそく勉強開始《べんきょうかいし》!
ちょっと待《ま》て!
国語辞典《こくごじてん》や漢和辞典《かんわじてん》もきちんと使《つか》いこなせるようにするんじゃ!!
捨《す》てるでない!!
漢和辞典《かんわじてん》
国語辞典《こくごじてん》
さっきは辞典《じてん》読《よ》んでもダメだって…
ええっ…
わからない言葉《ことば》に出会《であ》ったときは辞典《じてん》を引《ひ》いてみるんじゃ。
何《なん》でも
国語辞典《こくごじてん》
漢和《かんわ》
聞《き》け!!
複数《ふくすう》の意味《いみ》や似《に》た意味《いみ》の言葉《ことば》を学《まな》べたりと、言葉《ことば》に慣《な》れるのに役立《やくだ》つぞ。
では!今度《こんど》こそ言葉《ことば》の世界《せかい》に出発《しゅっぱつ》じゃ!
ヒュルルルルルル
ギャ!!
そこつかむな〜!

1 大胆《だいたん》

思《おも》い切《き》りがいいこと。

[例] 彼女《かのじょ》は大胆《だいたん》なデザインの衣装《いしょう》を着《き》こなす。

2 ただちに

すぐに、時間《じかん》を置《お》かないで。

[例] ただちに職員室《しょくいんしつ》に来《く》るように。

3 下旬《げじゅん》

1ケ月《かげつ》のうち二十一日《にじゅういちにち》から末日《まつじつ》までの間《あいだ》。

[例] 4月《がつ》下旬《げじゅん》に雪《ゆき》が降《ふ》るなんて、珍《めずら》しい。

学んだ日
／
／
／
／
／

4
本来《ほんらい》
もともとは。普通《ふつう》は。

[例] 孫《まご》の手《て》は本来《ほんらい》、背中《せなか》をかくのに使《つか》うものだ。

5
図星《ずぼし》
そのとおりであること。

[例] 先生《せんせい》の指摘《してき》は図星《ずぼし》だった。

6
まつわる
関係《かんけい》がある。

[例] この辺《あた》りには雪男《ゆきおとこ》にまつわる伝説《でんせつ》がある。

学んだ日
／
／
／
／
／

7 口《くち》が軽《かる》い

おしゃべりで、秘密《ひみつ》などを簡単《かんたん》に漏《も》らしてしまう。

[例] あの人《ひと》は口《くち》が軽《かる》いので、信用《しんよう》できない。

[反対の言葉] 8 **口《くち》が堅《かた》い**…秘密《ひみつ》を守《まも》る。

9 焦点《しょうてん》

話《はな》し合《あ》いなどで、中心《ちゅうしん》となるところ。

[例] 話《はなし》の焦点《しょうてん》がずれてしまった。

[似た言葉] 10 **ウエイト**…重要《じゅうよう》な度合《どあ》い。
[似た言葉] 11 **ピント**…肝心《かんじん》なところ。
[似た言葉] 12 **論点《ろんてん》**…話《はなし》の中心《ちゅうしん》となるところ。

学んだ日
／
／
／
／
／

13 案《あん》の定《じょう》

予想《よそう》していたとおり。

[例] キャンプ中《ちゅう》に雨《あめ》に降《ふ》られて、案《あん》の定《じょう》、風邪《かぜ》を引《ひ》いた。

14 軽《かる》はずみ

軽率《けいそつ》で調子《ちょうし》にのった行動《こうどう》をすること。

[例] 軽《かる》はずみな行動《こうどう》は控《ひか》えるように。

15 余白《よはく》

字《じ》や絵《え》の書《か》いてある紙《かみ》の、空《あ》いている部分《ぶぶん》。

[例] 余白《よはく》が広《ひろ》すぎて見《み》づらい。

学んだ日
／
／
／
／
／

16
直視《ちょくし》
顔《かお》をそむけず、しっかりと見《み》ること。

[例] 厳《きび》しい現実《げんじつ》を直視《ちょくし》しなければならない。

17
異《こと》なる
違《ちが》っていること。

[例] 兄《あに》と僕《ぼく》は、まったく異《こと》なる性格《せいかく》だ。

18
錯覚《さっかく》
勘違《かんちが》いや思《おも》い違《ちが》い。

[例] 心霊写真《しんれいしゃしん》かと思《おも》ったら、目《め》の錯覚《さっかく》だった。

学んだ日
／
／
／
／
／

どっちが入《はい》るかな？

19

（　）坊主《ぼうず》

↓

① 三日《みっか》　② 一年《いちねん》

飽《あ》きやすい性格《せいかく》で、何事《なにごと》も長続《ながつづ》きしないこと。

[例] 彼《かれ》は三日坊主《みっかぼうず》で、何《なに》をしてもすぐにやめてしまう。

答え…①

学んだ日
／
／
／
／
／

20 おうむ返《がえ》し

相手《あいて》が言《い》ったことをそのまま言《い》い返《かえ》すこと。

[例] 弟《おとうと》は眠《ねむ》くなってくると、おうむ返《がえ》しに答《こた》える。

21 互角《ごかく》

力《ちから》が同《おな》じくらいであること。

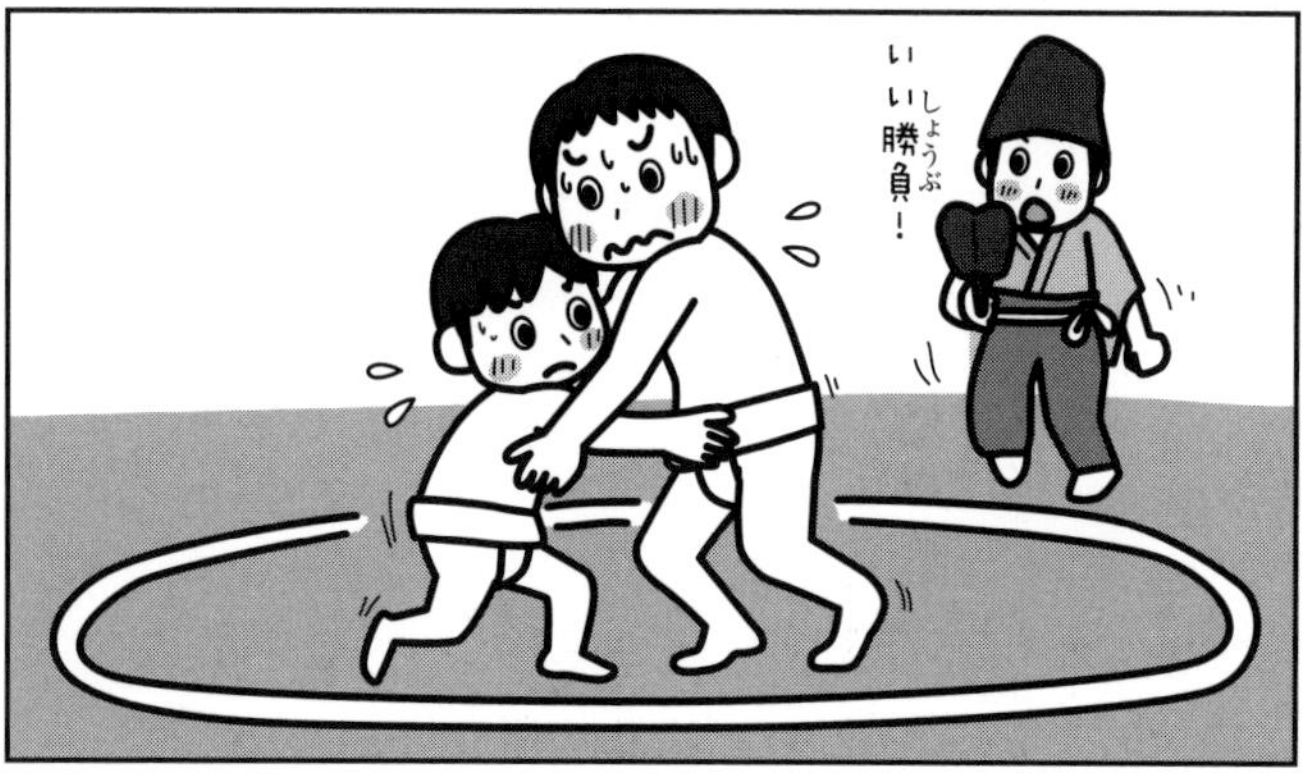

[例] 1年生《ねんせい》が6年生《ねんせい》と互角《ごかく》にわたり合《あ》う。

22 ずさん

物事《ものごと》がいいかげんなこと。

[例] ずさんな計画《けいかく》を立《た》てて失敗《しっぱい》した。

学んだ日
／
／
／
／
／

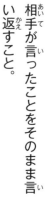

23 置《お》き去《ざ》り

その場《ば》に残《のこ》したまま行《い》ってしまうこと。

[例] 散歩中《さんぽちゅう》にポチが駆《か》け出《だ》して、僕《ぼく》を置《お》き去《ざ》りにした。

24 立《た》て続《つづ》け

連続《れんぞく》して物事《ものごと》が起《お》こること。

[例] 不運《ふうん》なことが立《た》て続《つづ》けに起《お》こった。

25 毛嫌《けぎら》い

わけもなく、ただただ嫌《きら》うこと。

[例] 姉《あね》は、父《ちち》を毛嫌《けぎら》いしている。

学んだ日
／
／
／
／
／

26

すかさず

すぐに。

[例] 彼《かれ》はすかさずツッコミを入《い》れてくる。

[似た言葉] 27 **間髪《かんはつ》を容《い》れず**…髪一本入る隙間《かみいっぽんはいるすきま》がないほどすぐに。

[似た言葉] 28 **とっさに**…その瞬間《しゅんかん》に。

29

格段《かくだん》

程度《ていど》の差《さ》が大《おお》きいこと。

[例] コーチの指導《しどう》のおかげで、フォームが格段《かくだん》に良《よ》くなった。

[似た言葉] 30 **群《ぐん》を抜《ぬ》く**…多《おお》くの中《なか》で飛《と》び抜《ぬ》けて。

[似た言葉] 31 **とびきり**…並外《なみはず》れて。

学んだ日
／
／
／
／
／

32

無断《むだん》

相手《あいて》に許可《きょか》や断《ことわ》りを取《と》らないこと。

[例] 無断《むだん》で他人《たにん》の庭《にわ》に入《はい》ってはいけない。

33

ときめく

うれしい気持《きも》ちになり、胸《むね》がドキドキする。

[例] イケメンに声《こえ》をかけられ、心《こころ》がときめいた。

34

存分《ぞんぶん》

十分《じゅうぶん》に満足《まんぞく》するまで。

[例] 思《おも》う存分《ぞんぶん》スイーツを食《た》べてみたいものだ。

学んだ日
／
／
／
／
／

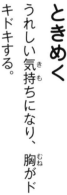

35
徹底的《てっていてき》
十分《じゅうぶん》に、とことん。

[例] 結論《けつろん》が出《で》るまで徹底的《てっていてき》に議論《ぎろん》する。

36
見覚《みおぼ》え
前《まえ》に見《み》た記憶《きおく》。

[例] テレビで見覚《みおぼ》えのある人《ひと》がいた。

37
ずけずけ
ためらったり遠慮《えんりょ》したりせずに、はっきり言《い》うこと。

[例] ずけずけと物《もの》を言《い》うと、相手《あいて》を傷《きず》つける。

学んだ日
／
／
／
／
／

クイズ 同訓異義語《どうくんいぎご》①

同《おな》じ読《よ》み方《かた》で意味《いみ》の異《こと》なる複数《ふくすう》の語《ご》を、後《あと》の文章《ぶんしょう》の意味《いみ》に合《あ》うように（　　）に一《ひと》つずつ入《い》れよう。

①おくる

38 **送《おく》る**　ものや手紙《てがみ》などを、誰《だれ》かのところに届《とど》ける。

39 **贈《おく》る**　感謝《かんしゃ》や祝福《しゅくふく》などの気持《きも》ちを込《こ》めて、贈《おく》り物《もの》をする。

㋐転任《てんにん》になる先生《せんせい》に、今《いま》までのお礼《れい》として花束《はなたば》を（　　）。

㋑雑誌《ざっし》についていたプレゼントの抽選《ちゅうせん》ハガキを（　　）。

---

②おさめる

40 **治《おさ》める**　ある地域《ちいき》を支配《しはい》し、安定《あんてい》させる。管理《かんり》する。

41 **納《おさ》める**　決《き》まったところにしまう。渡《わた》すべき物《もの》やお金《かね》を相手《あいて》に渡《わた》す。

㋐その指導者《しどうしゃ》は、この先長年《さきながねん》にわたってこの国《くに》を（　　）はずだ。

㋑すべての国民《こくみん》は税金《ぜいきん》を（　　）義務《ぎむ》がある。

学んだ日
／
／
／
／
／

➡答《こた》えはP31へ

どっちが入《はい》るかな？

42

（　　）が低《ひく》い

他人《たにん》に対《たい》して丁寧《ていねい》で、偉《えら》そうにしない。

⬇

① 胸《むね》　② 腰《こし》

[例] あの会社《かいしゃ》の社長《しゃちょう》は、腰《こし》が低《ひく》い。

答え…②

[似た言葉] **43** **へりくだる**…相手《あいて》を尊敬《そんけい》し、控《ひか》えめな態度《たいど》でいる。

[似た言葉] **44** **謙虚《けんきょ》な**…控《ひか》えめで、相手《あいて》の言《い》うことを素直《すなお》に聞《き》くこと。

学んだ日
／
／
／
／
／

45

携《たずさ》える

手《て》に持《も》つ。身《み》につける。

[例] 資料《しりょう》を携《たずさ》えて、リビングに向《む》かった。

46

白状《はくじょう》

自分《じぶん》の隠《かく》し事《ごと》や罪《つみ》を話《はな》すこと。

[例] 自分《じぶん》の欠点《けってん》を白状《はくじょう》する。

47

要点《ようてん》

物事《ものごと》の大事《だいじ》なポイント。

[例] 要点《ようてん》だけを言《い》ってほしい。

[P29のクイズの答《こた》え] ①-㋐贈《おく》る　①-㋑送《おく》る　②-㋐治《おさ》める　②-㋑納《おさ》める

学んだ日
／
／
／
／
／

48 上回《うわまわ》る

ある基準《きじゅん》よりも数《かず》や量《りょう》が多《おお》くなる。

[例] 予想《よそう》を上回《うわまわ》る好成績《こうせいせき》を収《おさ》めた。

49 上旬《じょうじゅん》

1ケ月《かげつ》のうち一日《ついたち》から十日《とおか》までの間《あいだ》。

[例] 4月上旬《がつじょうじゅん》は、なにかと慌《あわ》ただしい。

50 忠実《ちゅうじつ》

少《すこ》しの違《ちが》いもないこと。また、まじめなこと。

[例] 本物《ほんもの》を忠実《ちゅうじつ》に再現《さいげん》したミニチュアを作《つく》る。

学んだ日
／
／
／
／
／

51

明《あ》け暮《く》れる

夢中《むちゅう》になって、ずっとそのことばかりする。

[例] 朝《あさ》から晩《ばん》まで読書《どくしょ》に明《あ》け暮《く》れた。

[似た言葉] 52 **我《われ》を忘《わす》れる**…心《こころ》を奪《うば》われ夢中《むちゅう》になる。

[似た言葉] 53 **没頭《ぼっとう》する**…他《ほか》のことが目《め》に入《はい》らないほど熱中《ねっちゅう》する。

54

しのぐ

困難《こんなん》な状況《じょうきょう》を我慢《がまん》して乗《の》り切《き》る。

[例] 頑丈《がんじょう》な巣《す》を作《つく》り、暑《あつ》さ寒《さむ》さをしのぐ。

[似た言葉] 55 **切《き》り抜《ぬ》ける**…やっとのことで抜《ぬ》け出《で》る。

[似た言葉] 56 **やり過《す》ごす**…じたばたせずに乗《の》り切《き》る。

学んだ日

／

／

／

／

／

57

中旬《ちゅうじゅん》

1ケ月《かげつ》のうち、十一日《じゅういちにち》から二十日《はつか》までの間《あいだ》。

[例] バレンタインデーは2月中旬《がつちゅうじゅん》だ。

58

損《そこ》なう

何《なに》かをするのに失敗《しっぱい》すること。

[例] ごみをごみ箱《ばこ》に入《い》れ損《そこ》なった。

59

したたる

水《みず》や汗《あせ》などが垂《た》れて落《お》ちること。

[例] 雨《あめ》の中走《なかはし》ってきたので、全身《ぜんしん》から水《みず》がしたたり落《お》ちた。

学んだ日
／
／
／
／
／

60
架空《かくう》
本当《ほんとう》のことではなく、想像《そうぞう》で作《つく》ったこと。

[例] このドラマに出《で》てくるのは架空《かくう》の人物《じんぶつ》だ。

61
題材《だいざい》
作品《さくひん》などの主題《しゅだい》、テーマ。

[例] お母《かあ》さんを題材《だいざい》に作文《さくぶん》を書《か》いて、怒《おこ》られた。

62
依然《いぜん》
これまでと変《か》わらず。

[例] 依然《いぜん》として、まさおくんは忘《わす》れっぽいままだ。

学んだ日
／
／
／
／
／

63 中断《ちゅうだん》
途中《とちゅう》でやめたり、途切《とぎ》れたりすること。

[例] 宿題《しゅくだい》を中断《ちゅうだん》してアニメを見《み》る。

[反対の言葉] 64 **継続《けいぞく》**…続《つづ》けること。

65 未熟《みじゅく》
まだ十分《じゅうぶん》なレベルに達《たっ》していないこと。

[例] 私《わたし》はまだ未熟者《みじゅくもの》ですが、よろしくお願《ねが》いします。

[反対の言葉] 66 **成熟《せいじゅく》**…十分《じゅうぶん》に育《そだ》つ、成長《せいちょう》する。
[反対の言葉] 67 **熟練《じゅくれん》**…慣《な》れてうまくできるようになる。

学んだ日
／
／
／
／
／

68
途絶《とだ》える
続《つづ》いていたものが途中《とちゅう》で終《お》わる。

[例] 100点満点《てんまんてん》の記録《きろく》が途絶《とだ》えて、悔《くや》しがる。

69
見込《みこ》み
将来《しょうらい》の可能性《かのうせい》。先《さき》に起《お》こることの予想《よそう》。

[例] 彼《かれ》には名門大学合格《めいもんだいがくごうかく》の見込《みこ》みが十分《じゅうぶん》にある。

70
手《て》を抜《ぬ》く
いいかげんなことをする。

[例] 手《て》を抜《ぬ》くと、他《ほか》の人《ひと》にすぐわかる。

学んだ日
／
／
／
／
／

71
万全《ばんぜん》

準備《じゅんび》が十分《じゅうぶん》整《ととの》っていること。完《かん》全《ぜん》なこと。

[例] 出発《しゅっぱつ》の準備《じゅんび》は万全《ばんぜん》だ。

72
達成《たっせい》

何《なに》かをなしとげること。

[例] 目標《もくひょう》を達成《たっせい》するために努力《どりょく》した。

73
漠然《ばくぜん》

ぼんやりしていて、はっきりしないさま。

[例] 監督《かんとく》の指示《しじ》は、漠然《ばくぜん》としていてよくわからない。

学んだ日
／
／
／
／
／

74
断《だん》じて

決《けっ》して。

[例] このことは断《だん》じて許《ゆる》せない。

75
コミュニケーション

言葉《ことば》や身振《みぶ》りを使《つか》って、考《かんが》えていることを伝《つた》え合《あ》うこと。

[例] 生徒《せいと》とのコミュニケーションが大切《たいせつ》だ。

[その他のカタカナ語①]

76 **キャリア**…仕事《しごと》などの経験《けいけん》や経歴《けいれき》。
77 **グローバル**…地球全体《ちきゅうぜんたい》の、世界規模《せかいきぼ》の。
78 **コスト**…かかるお金《かね》。費用《ひよう》。
79 **ストレス**…外《そと》からの刺激《しげき》によって感《かん》じる心《こころ》や体《からだ》の緊張《きんちょう》。
80 **スペース**…場所《ばしょ》。空間《くうかん》。

学んだ日
／
／
／
／
／

81
見《み》ず知《し》らず

一度《いちど》も会《あ》ったり見《み》たりしたことがなく、まったく知《し》らないこと。

[例] 見《み》ず知《し》らずの人《ひと》にアドバイスされた。

82
ふくらはぎ

足《あし》のすねの裏側《うらがわ》のふくらんだ部《ぶ》分《ぶん》。

[例] スポーツ選手《せんしゅ》は、ふくらはぎが引《ひ》き締《し》まっている。

83
見《み》るからに

少《すこ》し見《み》ただけでも。

[例] 見《み》るからに怖《こわ》そうだ。

学んだ日
／
／
／
／
／

84

傾向《けいこう》

ものごとの状態《じょうたい》がある方向《ほうこう》に傾《かたむ》くこと。

[例] 最近《さいきん》の子《こ》は、家《いえ》の中《なか》で遊《あそ》ぶ傾向《けいこう》がある。

85

喜《き》怒《ど》哀楽《あいらく》

喜《よろこ》び・怒《いか》り・悲《かな》しみ・楽《たの》しみの感情《かんじょう》のこと。

[例] 喜怒哀楽《きどあいらく》が激《はげ》しい人《ひと》と一緒《いっしょ》にいると、疲《つか》れる。

86

相《あい》づちを打《う》つ

相手《あいて》の言《い》うことに合《あ》わせて、受《う》け答《こた》えをする。

[例] お父《とう》さんは、お母《かあ》さんの言《い》うことに相《あい》づちを打《う》っている。

学んだ日
／
／
／
／
／

どっちが入《はい》るかな？

87

泣《な》き面《つら》に（　　）

悪《わる》いことが重《かさ》なって起《お》こること。

↓

① 蛇《へび》

② 蜂《はち》

[例] 大事《だいじ》なものをなくして、その上《うえ》に財布《さいふ》まで落《お》とすなんて、泣《な》き面《つら》に蜂《はち》だ。

答え…②

[似た言葉] 88 **一難去《いちなんさ》ってまた一難《いちなん》**…不幸《ふこう》な出来事《できごと》が続《つづ》くこと。

[似た言葉] 89 **踏《ふ》んだり蹴《け》ったり**…重《かさ》ねてひどい目《め》にあうこと。

学んだ日
／
／
／
／
／

90
定《さだ》か
はっきりしていること。

[例]「記憶《きおく》が定《さだ》かではない」とごまかした。

91
万《まん》が一《いち》
ほとんど起《お》こらないことだが、もしかして。

[例] これで万《まん》が一《いち》泥棒《どろぼう》に入《はい》られても安心《あんしん》だ。

92
大半《たいはん》
半分《はんぶん》以上《いじょう》のこと。

[例] 宿題《しゅくだい》の大半《たいはん》は片付《かたづ》いた。

学んだ日
／
／
／
／
／

93

異色《いしょく》

他《ほか》と違《ちが》う、目立《めだ》った特色《とくしょく》のあること。

[例] 彼《かれ》は、クラスで異色《いしょく》の存在《そんざい》だ。

94

踏《ふ》ん張《ば》る

頑張《がんば》ること、こらえること。

[例] 厳《きび》しい状況《じょうきょう》だが、最後《さいご》まで踏《ふ》ん張《ば》る。

95

かさばる

場所《ばしょ》をとってじゃまなこと。

[例] かさばる荷物《にもつ》を宅配便《たくはいびん》で送《おく》る。

学んだ日
／
／
／
／
／

96 濡《ぬ》れ衣《ぎぬ》

無実《むじつ》の罪《つみ》。身《み》に覚《おぼ》えのない罪《つみ》。

[例] 魚屋《さかなや》のおじさんに濡《ぬ》れ衣《ぎぬ》を着《き》せられた。

[似た言葉] 97 **いわれのない**…根拠《こんきょ》のない。
[似た言葉] 98 **えん罪《ざい》**…無実《むじつ》の罪《つみ》。

99 徹《てっ》する

最後《さいご》までつらぬく。やり通《とお》す。

[例] 彼《かれ》は俳優《はいゆう》として悪役《あくやく》に徹《てっ》している。

[似た言葉] 100 **貫《つらぬ》く**…考《かんが》えなどを変《か》えずに通《とお》す。
[似た言葉] 101 **終始《しゅうし》する**…始《はじ》めから終《お》わりまで続《つづ》ける。

学んだ日
／
／
／
／
／

102 薄情《はくじょう》

相手《あいて》を思《おも》いやる気持《きも》ちがないこと。

[例] 自分《じぶん》ばかりがいい思《おも》いをするなんて薄情《はくじょう》だ。

103 察《さっ》する

事情《じじょう》や気持《きも》ちを感《かん》じ取《と》ること。思《おも》いやること。

[例] おもちゃが欲《ほ》しい気持《きも》ちを察《さっ》してほしい。

104 見下《みくだ》す

相手《あいて》をばかにして下《した》に見《み》る。

[例] 自分《じぶん》の方《ほう》が優《すぐ》れていても人《ひと》を見下《みくだ》すのはよくないことだ。

学んだ日
／
／
／
／
／

105

一長一短《いっちょういったん》

良《よ》い点《てん》がある反面《はんめん》、悪《わる》い点《てん》もあること。

[例] この製品《せいひん》は一長一短《いっちょういったん》だ。

106

自立《じりつ》

他《ほか》の人《ひと》に頼《たよ》らず、自分《じぶん》の力《ちから》でやっていくこと。

[例] 彼《かれ》は自立《じりつ》を夢見《ゆめみ》ている。

107

圧巻《あっかん》

本《ほん》や映画《えいが》のいちばん優《すぐ》れた部分《ぶぶん》。最《もっと》も優《すぐ》れたところ。

[例] ヒーローの活躍《かつやく》するシーンが圧巻《あっかん》だった。

学んだ日
／
／
／
／
／

108 なぞらえる

たとえる。

[例] 先生《せんせい》は何《なん》でも歴史《れきし》になぞらえる。

109 瞬《またた》く間《ま》

瞬《まばた》きするくらいの短《みじか》い間《あいだ》。一《いっ》瞬《しゅん》のうち。

[例] 食事《しょくじ》を瞬《またた》く間《ま》に平《たい》らげてしまった。

110 ことさら

特《とく》に。とりわけ。

[例] いつも騒《さわ》がしいが、修学旅行中《しゅうがくりょこうちゅう》はことさら騒《さわ》がしい。

学んだ日
／
／
／
／
／

111

未明《みめい》

深夜《しんや》から早朝《そうちょう》までの、明《あか》るくなり始《はじ》めるまでの間《あいだ》。

[例] 明日《あす》の未明《みめい》に出発《しゅっぱつ》するそうだ。

112

もてなす

他人《たにん》を丁寧《ていねい》にあつかう。

[例] 友人《ゆうじん》を最高《さいこう》の料理《りょうり》でもてなした。

113

逆恨《さかうら》み

物事《ものごと》の筋道《すじみち》に合《あ》わないことで、人《ひと》を恨《うら》むこと。

[例] 注意《ちゅうい》されて、上司《じょうし》を逆恨《さかうら》みする。

学んだ日
／
／
／
／
／

114 **厚《あつ》かましい**

遠慮《えんりょ》がない。ずうずうしい。

[例] カエルくんには、厚《あつ》かましいところがある。

[似た言葉] 115 **厚顔無恥《こうがんむち》**…恥《はじ》知《し》らず。

[似た言葉] 116 **図々《ずうずう》しい**…図太《ずぶと》い。

[似た言葉] 117 **無礼《ぶれい》**…失礼《しつれい》なこと。

118 **本音《ほんね》**

本当《ほんとう》の気持《きも》ちが言葉《ことば》になったもの。

[例] なかなか本音《ほんね》を打《う》ち明《あ》けられない。

[反対の言葉] 119 **建前《たてまえ》**…表向《おもてむ》きの、本心《ほんしん》とは異《こと》なる考《かんが》え。

学んだ日
／
／
／
／
／

クイズ 同訓異義語《どうくんいぎご》②

同《おな》じ読《よ》み方《かた》で意味《いみ》の異《こと》なる複数《ふくすう》の語《ご》を、後《あと》の文章《ぶんしょう》の意味《いみ》に合《あ》うように（　　）に一《ひと》つずつ入《い》れよう。

①かわる

120 **変《か》わる**
形《かたち》や性質《せいしつ》などが、それまでと違《ちが》うものになる。

121 **代《か》わる**
今《いま》まであったものの後《あと》に他《ほか》のものが入《はい》る。交代《こうたい》する。

㋐この町《まち》は開発《かいはつ》が進《すす》んでいるので、数年後《すうねんご》にはすっかり風景《ふうけい》が（　　）だろう。

㋑キャプテンに（　　）ほどの選手《せんしゅ》はそうそういない。

---

②すすめる

122 **進《すす》める**
前《まえ》に移動《いどう》させる。物事《ものごと》をはかどらせる。

123 **勧《すす》める**
あることを行《おこな》うように相手《あいて》に働《はたら》きかける。

㋐僕《ぼく》がこの商品《しょうひん》を君《きみ》に（　　）のには、理《り》由《ゆう》がある。

㋑彼《かれ》は宿題《しゅくだい》を（　　）スピードが速《はや》い。

学んだ日
／
／
／
／
／

➡ 答《こた》えは P53 へ

124 良《よ》し悪《あ》し

良《よ》いことと悪《わる》いこと。良《よ》いか悪《わる》いか。

[例] 雨《あめ》にも良《よ》し悪《あ》しがあるものだ。

125 いがみ合《あ》う

お互《たが》いに敵《てき》と思《おも》って争《あらそ》う。

[例] 芸術《げいじゅつ》家《か》同士《どうし》、いがみ合《あ》っている。

126 真相《しんそう》

本当《ほんとう》のこと。真実《しんじつ》。

[例] 事件《じけん》の真相《しんそう》を究明《きゅうめい》しなければ。

学んだ日
／
／
／
／
／

127 現《げん》に

実際《じっさい》に、事実《じじつ》として。

[例]「現《げん》にこの目《め》で狼《おおかみ》を見《み》たんだ」と少年《しょうねん》は言《い》った。

128 いわば

たとえて言《い》ってみれば。

[例] 母《はは》の料理《りょうり》は、いわば芸術作品《げいじゅつさくひん》だ。

129 忠告《ちゅうこく》

相手《あいて》のために注意《ちゅうい》すること。

[例] 親友《しんゆう》だからこそ忠告《ちゅうこく》した。

学んだ日
／
／
／
／
／

[P51のクイズの答《こた》え] ①-㋐変《か》わる ①-㋑代《か》わる ②-㋐勧《すす》める ②-㋑進《すす》める

130

絶体絶命《ぜったいぜつめい》

危険《きけん》が迫《せま》り、どうにもならない状態《じょうたい》。

[例] 絶体絶命《ぜったいぜつめい》のピンチに追《お》い込《こ》まれた。

[似た言葉] 131 **八方塞《はっぽうふさ》がり**…どの方向《ほうこう》にも手《て》の打《う》ちようがない状態《じょうたい》。

[似た言葉] 132 **万事休《ばんじきゅう》す**…すべての手段《しゅだん》が尽《つ》きて、もはやおしまい。

133

メリット

利点《りてん》。何《なに》かをしたときに得《え》られる良《よ》いもの。

[例] 雨《あめ》にもたくさんのメリットがある。

[反対の言葉] 134 **デメリット**…欠点《けってん》、短所《たんしょ》。

学んだ日
／
／
／
／
／

135

絶《た》えず

途《と》切《ぎ》れずに。いつも。

[例] 彼《かれ》らは絶《た》えず言《い》い争《あらそ》っている。

136

粗末《そまつ》

いい加減《かげん》に取《と》り扱《あつか》うこと。

[例] 食《た》べ物《もの》を粗末《そまつ》にしてはいけない。

137

そそくさ

落《お》ち着《つ》かないさま。

[例] 彼《かれ》は用事《ようじ》があるからと、そそくさと帰《かえ》っていった。

学んだ日
／
／
／
／
／

138 袋《ふくろ》のねずみ

もうどこにも逃《に》げ場《ば》がないこと。

[例] 逃《に》げた泥棒《どろぼう》はもう袋《ふくろ》のねずみだ。

139 ぬくもり

あたたかいこと。

[例] 寒《さむ》い季節《きせつ》は特《とく》に、布団《ふとん》のぬくもりが恋《こい》しい。

140 見返《みかえ》す

立派《りっぱ》になった姿《すがた》を、昔《むかし》ばかにされた相手《あいて》に見《み》せつける。

[例] 結果《けっか》を残《のこ》してライバルを見返《みかえ》した。

学んだ日
／
／
／
／
／

141

批判《ひはん》

良《よ》いところ、悪《わる》いところを評価《ひょうか》すること。

[例] 批判《ひはん》ばかりしていないで、自分《じぶん》でも考《かんが》えるべきだ。

[似た言葉] **142** **非難《ひなん》**…他人《たにん》の欠点《けってん》を責《せ》めること。

143

阻《はば》む

進《すす》もうとするのを妨《さまた》げる。じゃまする。

[例] 道《みち》をふさいで行《ゆ》く手《て》を阻《はば》む。

[似た言葉] **144** **阻止《そし》する**…食《く》い止《と》める。

[似た言葉] **145** **妨《さまた》げる**…邪魔《じゃま》をする。

学んだ日

／

／

／

／

／

146
和《なご》やか
雰囲気《ふんいき》などが穏《おだ》やかな様子《ようす》。

[例] 家庭訪問《かていほうもん》は和《なご》やかな雰囲気《ふんいき》で始《はじ》まった。

147
専念《せんねん》
それだけに集中《しゅうちゅう》すること。

[例] 今《いま》はテスト勉強《べんきょう》に専念《せんねん》している。

148
恒例《こうれい》
いつも決《き》まって行《おこな》うこと。

[例] スイカ割《わ》りは夏休《なつやす》みの恒例行事《こうれいぎょうじ》だ。

学んだ日
／
／
／
／
／

149

単独《たんどく》

一人《ひとり》。

［例］アイドルユニットのメンバーが単独《たんどく》で現《あらわ》れた。

150

段取《だんど》り

何《なに》かをうまく行《おこな》うための順番《じゅんばん》、手順《てじゅん》。

［例］あの人《ひと》は料理《りょうり》の段取《だんど》りがいい。

151

授《さず》ける

年齢《ねんれい》や立場《たちば》が上《うえ》の人《ひと》が下《した》の人《ひと》に何《なに》かを与《あた》える。

［例］師匠《ししょう》が弟子《でし》に秘伝《ひでん》の忍術《にんじゅつ》を授《さず》けた。

学んだ日
／
／
／
／
／

もう言葉《ことば》のことなら青葉《あおば》には負《ま》けないぞ！
ビシィ!!
ちょっと覚《おぼ》えたくらいでてんぐになっちゃって…
てんぐ…？
なぜおれがいきなりてんぐ…？
なんだ。まだ全然《ぜんぜん》知《し》らないじゃない。
フッ…
「てんぐになる」っていうのは調子《ちょうし》に乗《の》るっていうことよ。
コラコラ
うおおぉぉ
オレって最強《さいきょう》だし？
なんで？てんぐって調子《ちょうし》に乗《の》ってるの？
そうではない。
ひょこっ
得意《とくい》げになると人《ひと》を見下《みくだ》して鼻《はな》を高《たか》く上《あ》げるじゃろ？
こんなふうに！
ほほ
ふん
ぞりっ
その様子《ようす》から「てんぐになる」という言葉《ことば》が生《う》まれたんじゃ。

このように、
2つ以上《いじょう》の言葉《ことば》が結《むす》びついて
違《ちが》う意味《いみ》を持《も》つようになった
言葉《ことば》を慣用句《かんようく》と言《い》うんじゃ。
●「てんぐ」に「なる」
↓調子《ちょうし》に乗《の》る
●「腹《はら》」が「立《た》つ」
↓怒《いか》りを感《かん》じる
●「息《いき》」が「合《あ》う」
↓調子《ちょうし》や気分《きぶん》がぴったり合《あ》う
慣用句《かんようく》を使《つか》うと表現《ひょうげん》の幅《はば》がぐっと広《ひろ》がるぞ。
青葉《あおば》はよく「気《き》が利《き》く」わよね。
洗いもの手伝う—!!
まぁ♡
エヘヘ…
おれは? おれは?
わく
わく
健吾《けんご》はそうねぇ…
「手《て》がかかる」子《こ》かなぁ。
プッ
きっとステキな意味《いみ》なんだろうな〜
ケラケラ
ガクッ
面倒《めんどう》な子《こ》なのかおれは…
手《て》がかかる……世話《せわ》がやけること。

言葉《ことば》には他《ほか》にも
いろいろな種類《しゅるい》があるぞ。
種類《しゅるい》？
「ことわざ」というのを
聞《き》いたことがあるじゃろ？
ビクッ!!
ことわざ
知《し》ってるよ！
「石《いし》の上《うえ》にも
三年《さんねん》」とか！
先生《せんせい》に教《おそ》わったんだ〜
「つらいことでも辛抱《しんぼう》
すればいつか報《むく》われる」
ということじゃな。
よく知っとるな
昔《むかし》の人《ひと》の知恵《ちえ》や、
古《ふる》くから教訓《きょうくん》に
されてきたことを
たとえ話《ばなし》で表《あらわ》したのが
「ことわざ」なんじゃ。
エヘヘ…
いじいじ
なんで妹《いもうと》なのに
いつも青葉《あおば》ばっかり…
まぁまぁお兄《にい》ちゃん、
「苦《く》あれば楽《らく》あり」って
言《い》うじゃない。
いつか良《い》いこと
あるよ…
クアレ…
なに？
あ…それも知《し》らないの…？
あ〜あ〜
「泣《な》き面《つら》に蜂《はち》」
じゃな…
ずうううん…
へへっ…どうせ
おれなんか…

ことわざに似《に》た言葉《ことば》に「四字熟語《よじじゅくご》」や「故事成語《こじせいご》」というものがある。
ホレ、次《つぎ》行《い》くぞ！
ズルズル…
いつまで落《お》ちこんでるの!!
「四字熟語《よじじゅくご》」は漢字《かんじ》4文字《もじ》の言葉《ことば》よね。
…「一石二鳥《いっせきにちょう》」とか？
そうそう！
やればできるじゃないか！
おおっ!!
たまにはおれだってネ!!!
すぐ調子《ちょうし》に乗《の》る…
「故事成語《こじせいご》」っていうのは？
昔《むかし》の出来事《できごと》から生《う》まれた言葉《ことば》じゃ。たとえば「五十歩百歩《ごじっぽひゃっぽ》」という故事成語《こじせいご》は…
ポイッ
ギャーーッ
お前《まえ》そんなに逃《に》げてビビリだな〜!!
やーい
虫《むし》ニガテ
ガタガタ
五十歩《ごじっぽ》も百歩《ひゃっぽ》も逃《に》げたならビビリに変《か》わりはない。
おもちゃじゃよ
「大《たい》した差《さ》はなく似《に》たようなもの」という意味《いみ》じゃ。
くっ…
青葉《あおば》に勝《か》ったと思《おも》ったのに…
ポン

どっちが入《はい》るかな？

152

（　　）も足《あし》も出《で》ない

自分《じぶん》の力《ちから》ではどうしようもない。とてもかなわない。

↓

① 頭《あたま》　② 手《て》

[例] 今《いま》の自分《じぶん》のレベルでは手《て》も足《あし》も出《で》ないだろう。

答え…②

[似た言葉] 153 **ぐうの音《ね》も出《で》ない**
…一言《ひとこと》も言《い》い返《かえ》せないほど言《い》い負《ま》かされること。

[似た言葉] 154 **太刀打《たちう》ちできない**…争《あらそ》っても、全《まった》くかなわない。

[手《て》のつくことわざ・慣用句《かんようく》]

155 **手《て》がかかる**…世話《せわ》が焼《や》ける。

156 **手《て》ぐすねを引《ひ》く**…十分《じゅうぶん》に用意《ようい》をして待《ま》ち構《かま》える。

157 **手《て》に付《つ》かない**…何《なに》かに気《き》を取《と》られて今《いま》していることに集中《しゅうちゅう》できない。

158 **手《て》を貸《か》す**…助《たす》ける。手伝《てつだ》う。

159 **手《て》を広《ひろ》げる**…仕事《しごと》などで、取《と》り扱《あつか》う範囲《はんい》を広《ひろ》げる。

学んだ日
／
／
／
／
／

160
比較《ひかく》
比《くら》べること。

[例] 兄《あに》と比較《ひかく》されるのはもう嫌《いや》だ。

161
想定《そうてい》
こうなったらと、仮《かり》に考《かんが》えること。

[例] 続《つづ》けざまに想定《そうてい》できない出来事《できごと》が起《お》こった。

162
もはや
今《いま》となっては。すでに。

[例] こうなってしまっては、もはや止《と》められないだろう。

学んだ日
／
／
／
／
／

163

口下手《くちべた》

話《はなし》が下手《へた》なこと。

[例] 父《ちち》は口下手《くちべた》で、よく誤解《ごかい》される。

164

てっきり

間違《まちが》いなく（きっとそうだと思《おも》っていたが、違《ちが》った場合《ばあい》）。

[例] てっきり今日《きょう》は日曜日《にちようび》だと思《おも》っていた。

165

相次《あいつ》ぐ

物事《ものごと》が続《つづ》いて起《お》こる。

[例] 油断《ゆだん》したからか、ミスが相次《あいつ》ぐ。

学んだ日
／
／
／
／
／

166
長所《ちょうしょ》
優《すぐ》れたところ。取《と》り柄《え》。

[例] 彼《かれ》の長所《ちょうしょ》は、とにかく前向《まえむ》きなところだ。

[反対の言葉] 167 短所《たんしょ》…劣《おと》っている点《てん》、悪《わる》い点《てん》。
[反対の言葉] 168 欠点《けってん》…足《た》りないところ。

169
疑《うたが》わしい
本当《ほんとう》かどうかわからないこと。疑《うたが》われる状態《じょうたい》。

[例] 彼《かれ》の自慢話《じまんばなし》は、どこか疑《うたが》わしい。

[似た言葉] 170 いぶかしい…怪《あや》しく思《おも》う。
[似た言葉] 171 うさんくさい…どこか怪《あや》しい。

学んだ日
／
／
／
／
／

クイズ 同音異義語《どうおんいぎご》①

同《おな》じ読《よ》み方《かた》で意味《いみ》の異《こと》なる複数《ふくすう》の語《ご》を、後《あと》の文章《ぶんしょう》の意味《いみ》に合《あ》うように（　　）に一《ひと》つずつ入《い》れよう。

①いがい

172 **意外《いがい》**
思《おも》いがけないこと。

173 **以外《いがい》**
それを除《のぞ》いて。

㋐将来《しょうらい》はサッカー選手《せんしゅ》になりたいので、サッカー部《ぶ》（　　）に入《はい》ることは考《かんが》えられない。

㋑さっきまであんなに激《はげ》しく雨《あめ》が降《ふ》っていたのに、（　　）にもすぐに晴《は》れてきた。

---

②かいほう

174 **解放《かいほう》**
束縛《そくばく》されていたのが解《と》かれて自《じ》由《ゆう》になること。

175 **開放《かいほう》**
開《あ》けたままにしておくこと。

176 **介抱《かいほう》**
助《たす》けて面倒《めんどう》をみること。

㋐友達《ともだち》が試合中《しあいちゅう》にけがをしてしまったので（　　）してあげた。

㋑必死《ひっし》に勉強《べんきょう》を続《つづ》けてきたが、受験《じゅけん》が終《お》わってようやく（　　）された。

㋒図書館《としょかん》は、夏休《なつやす》み中《ちゅう》もお盆《ぼん》の期間《きかん》を除《のぞ》いて（　　）されている。

➡答《こた》えはP71へ

学んだ日
／
／
／
／
／

177 堅苦《かたくる》しい

形式《けいしき》ばっていてきゅうくつなこと。

[例] 堅苦《かたくる》しい態度《たいど》はよそう。

178 朗《ほが》らか

明《あか》るく活発《かっぱつ》な様子《ようす》。

[例] 彼女《かのじょ》はいつでも朗《ほが》らかな性格《せいかく》だ。

179 率《ひき》いる

大勢《おおぜい》の人《ひと》を引《ひ》き連《つ》れて行《い》く。リーダーとなって取《と》り仕《し》切《き》る。

[例] 桃太郎《ももたろう》が、家来《けらい》を率《ひき》いてやってきた。

学んだ日
／
／
／
／
／

180
寸前《すんぜん》
ほんの少《すこ》し前《まえ》、直前《ちょくぜん》のこと。

[例] ゴール寸前《すんぜん》でアクシデントに見舞《みま》われた。

181
どんぐりの背比《せいくら》べ
どれも物足《ものた》りなく、優《すぐ》れたものがないこと。

[例] どんぐりの背比《せいくら》べで、合格者《ごうかくしゃ》が決《き》まらない。

182
負担《ふたん》
責任《せきにん》や義務《ぎむ》を引《ひ》き受《う》けること。能力《のうりょく》を超《こ》えて重《おも》すぎる仕事《しごと》。

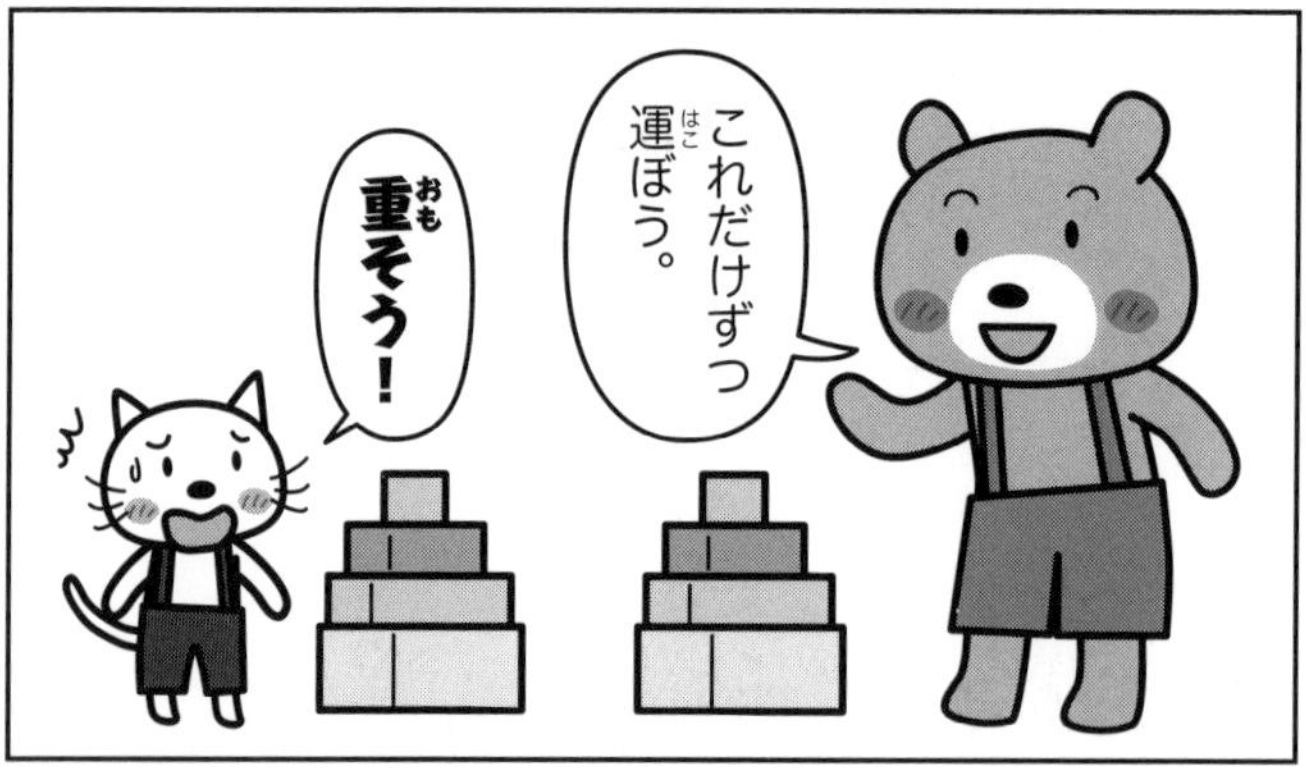

[例] 体《からだ》の小《ちい》さい彼《かれ》にその仕事《しごと》は負担《ふたん》が大《おお》きすぎる。

学んだ日
／
／
／
／
／

どっちが入《はい》るかな？

183

後《あと》の（　　）

すでにタイミングを逃《のが》していてどうしようもないこと。

↓

① 祭《まつ》り

② 踊《おど》り

[例] 今《いま》さら来《き》ても、後《あと》の祭《まつ》りだ。

答え…①

[似た言葉] 184 **手遅《ておく》れ**…機会《きかい》を逃《のが》して、問題《もんだい》を解決《かいけつ》できない。

[似た言葉] 185 **覆水盆《ふくすいぼん》に返《かえ》らず**…一度《いちど》した過《あやま》ちは取《と》り返《かえ》せない。

[P68のクイズの答《こた》え] ①-㋐以外《いがい》　①-㋑意外《いがい》　②-㋐介抱《かいほう》　②-㋑解放《かいほう》　②-㋒開放《かいほう》

学んだ日

／

／

／

／

／

186

仮《かり》に

一時的《いちじてき》な間《ま》に合《あ》わせに。

[例] 家《いえ》を見《み》つけるまで、仮《かり》にここで暮《く》らします。

187

鬼《おに》に金棒《かなぼう》

鬼《おに》が武器《ぶき》を持《も》つように、強《つよ》い者《もの》がさらに強《つよ》くなること。

[例] 天才《てんさい》が努力《どりょく》したら、鬼《おに》に金棒《かなぼう》だ。

188

うろたえる

驚《おどろ》き慌《あわ》てて、まごまごする。

[例] うそを見抜《みぬ》かれて、うろたえた。

学んだ日
／
／
／
／
／

189
潔白《けっぱく》
悪《わる》いことをしていないこと。

[例] 身《み》の潔白《けっぱく》を証明《しょうめい》したい。

190
償《つぐな》う
自分《じぶん》のした過《あやま》ちなどに対《たい》し、お金《かね》や物《もの》で埋《う》め合《あ》わせる。

[例] おかした罪《つみ》を償《つぐな》う。

191
病《や》み上《あ》がり
病気《びょうき》が治《なお》ったばかりの状態《じょうたい》。

[例] 病《や》み上《あ》がりで無理《むり》はしないほうがいい。

学んだ日
／
／
／
／
／

192 **慌《あわ》ただしい**

いろいろなことがあって、忙《いそが》しいこと。

［例］今日《きょう》は何《なに》かと慌《あわ》ただしい一日《いちにち》だった。

［似た言葉］ 193 **てんてこ舞《ま》い**…忙《いそが》しく動《うご》き回《まわ》る様子《ようす》。

［似た言葉］ 194 **せわしない**…休《やす》む間《ま》もなくせかせかする。

195 **軽《かろ》やか**

軽々《かるがる》としていて、気持《きも》ちがいい様子《ようす》。

［例］相手《あいて》の攻撃《こうげき》を軽《かろ》やかにかわす。

［似た言葉］ 196 **軽快《けいかい》**…はずむような様子《ようす》。

［似た言葉］ 197 **身軽《みがる》**…軽々《かるがる》と動《うご》く様子《ようす》。

学んだ日
／
／
／
／
／

198
端的《たんてき》
はっきりとわかりやすく表《あらわ》すこと。

[例] 問題点《もんだいてん》を端的《たんてき》に述《の》べた。

199
非情《ひじょう》
人間《にんげん》らしい感情《かんじょう》がないこと。心《こころ》が冷《つめ》たいこと。

[例] そんな非情《ひじょう》なことを言《い》わないでほしい。

200
提案《ていあん》
意見《いけん》などを出《だ》すこと。

[例] 改善策《かいぜんさく》を提案《ていあん》した。

学んだ日
／
／
／
／
／

201
ほのかに
わずかに。はっきりわからないくらいに。

[例] 雲《くも》の切《き》れ間《ま》からほのかな光《ひかり》が差《さ》してきた。

202
日課《にっか》
毎日《まいにち》決《き》まってすること。

[例] 彼《かれ》はトレーニングを日課《にっか》にしている。

203
率先《そっせん》
進《すす》んで何《なに》かを行《おこな》うこと。

[例] 人《ひと》の嫌《いや》がることを率先《そっせん》してする。

学んだ日
／
／
／
／
／

204

たちどころに

すぐに。短《みじか》い時間《じかん》で。

[例] 彼《かれ》はどんな食《た》べ物《もの》でもたちどころに平《たい》らげてしまう。

205

断固《だんこ》

きっぱりと心《こころ》に決《き》めている様子《ようす》。

[例] 断固《だんこ》としてお小遣《こづか》いアップには応《おう》じない。

206

見栄《みば》え

外見《がいけん》。また、見《み》た目《め》がよくて目立《めだ》つこと。

[例] 見栄《みば》えは悪《わる》いが、味《あじ》はおいしいはずだ。

学んだ日

207
仕《つか》える
誰《だれ》かのそばでその人《ひと》のために働《はたら》く。

[例] 彼《かれ》は5年間《ねんかん》、師匠《ししょう》に仕《つか》えている。

208
種《たね》明《あ》かし
仕《し》掛《か》けを明《あき》らかにすること。

[例] マジシャンが手品《てじな》の種明《たねあ》かしをした。

209
事《こと》もなげに
平気《へいき》な様子《ようす》で、簡単《かんたん》そうに。

[例] 難《むずか》しい問題《もんだい》を事《こと》もなげに解《と》いてみせる。

学んだ日
／
／
／
／
／

210 トラブル

もめごとや争《あらそ》い。機械《きかい》などの故《こ》障《しょう》。

[例] お金《かね》の貸《か》し借《か》りはトラブルの元《もと》だ。

211 センス

物事《ものごと》のちょっとした違《ちが》いを感《かん》じ取《と》る能力《のうりょく》。

[例] 彼《かれ》にはギャグのセンスがある。

[その他のカタカナ語②]

212 **シンボル**…考《かん》え《が》などをわかりやすく形《かたち》にしたもの。
213 **スムーズ**…物事《ものごと》がうまく進《すす》む様子《ようす》。
214 **プロセス**…物事《ものごと》を進《すす》めていく道《みち》すじ。
215 **ボランティア**…無料《むりょう》でまわりのためになる活動《かつどう》をする。
216 **マスコミ**…テレビや新聞《しんぶん》、雑誌《ざっし》、映画《えいが》など。

学んだ日
／
／
／
／
／

217
伴《ともな》う
あることが一緒《いっしょ》に起《お》こること。また、連《つ》れて行《い》くこと。

[例] 立《た》ち上《あ》がるときに、痛《いた》みを伴《ともな》う。

218
ひしめく
一《ひと》つの場所《ばしょ》に大勢《おおぜい》が押《お》し合《あ》うように集《あつ》まっている。

[例] 100年後《ねんご》、街《まち》にはロボットがひしめいているかもしれない。

219
万能《ばんのう》
いろいろな物事《ものごと》に効果《こうか》があること。何《なん》でもできること。

[例] そんな万能《ばんのう》の薬《くすり》があるものだろうか。

学んだ日
／
／
／
／
／

220
要望《ようぼう》
こうしてほしいと強《つよ》く求《もと》めること。

[例] 市民《しみん》からの要望《ようぼう》を集《あつ》める。

221
手短《てみじか》
話《はなし》などが短《みじか》く、簡単《かんたん》なこと。

[例] 用件《ようけん》を手短《てみじか》に話《はな》す。

222
浪費《ろうひ》
お金《かね》や時間《じかん》などを無駄《むだ》に使《つか》うこと。

[例] 気《き》を抜《ぬ》くと、つい時間《じかん》を浪費《ろうひ》してしまう。

学んだ日
／
／
／
／
／

どっちが入《はい》るかな？

223

寝《ね》（　　）に水《みず》

思《おも》わぬ出来事《できごと》や知《し》らせに驚《おどろ》くこと。

↓

① 耳《みみ》

② 口《くち》

［例］この船《ふね》で川《かわ》を渡《わた》れないなんて、寝耳《ねみみ》に水《みず》だ。

答え…①

［似た言葉］ 224 **青天《せいてん》のへきれき**…突然信《とつぜんしん》じられないことが起《お》きること。へきれきとは、急《きゅう》な雷《かみなり》のこと。

［耳《みみ》のつくことわざ・慣用句《かんようく》］

225 **耳《みみ》に入《い》れる**…情報《じょうほう》などを知《し》らせる。

226 **耳《みみ》にたこができる**…同《おな》じことを何度《なんど》も言《い》われてうんざりするさま。

227 **耳《みみ》に入《はい》る**…噂《うわさ》や話《はなし》などが聞《き》こえてくる。

228 **耳《みみ》にはさむ**…話《はなし》や情報《じょうほう》などをちらっと聞《き》く。偶然聞《ぐうぜんき》く。

229 **耳《みみ》を傾《かたむ》ける**…注意深《ちゅういぶか》く聞《き》く。

学んだ日

／

／

／

／

／

230 絆《きずな》

人《ひと》と人《ひと》との結《むす》びつきのこと。

[例] おそろいのT《てぃー》シャツで、クラスの絆《きずな》が深《ふか》まった。

231 力《ちから》ずく

力《ちから》いっぱい。無理《むり》やり。

[例] 力《ちから》ずくでやっても、うまくいかない。

232 委《ゆだ》ねる

人《ひと》に任《まか》せる。

[例] 食糧問題《しょくりょうもんだい》の解決《かいけつ》は彼《かれ》に委《ゆだ》ねられた。

学んだ日

／

／

／

／

／

233
見過《みす》ごす
見《み》ているのに気《き》づかない。気《き》づいてもそのままにしておく。

[例] ルール違反《いはん》を見過《みす》ごすわけにはいかない。

234
いつになく
いつもと違《ちが》って。

[例] いつになく優《やさ》しいのは、いいことがあったからに違《ちが》いない。

235
日夜《にちや》
いつも。

[例] 彼《かれ》は日夜《にちや》、ナマケモノの観察《かんさつ》に励《はげ》んでいる。

学んだ日
／
／
／
／
／

236
無愛想《ぶあいそう》
そっけないこと。感《かん》じの悪《わる》い態《たい》度《ど》。

[例] 彼《かれ》は、朝《あさ》はいつも無愛想《ぶあいそう》だ。

[似た言葉] 237 **つっけんどん**…不親切《ふしんせつ》な様子《ようす》。
[似た言葉] 238 **冷淡《れいたん》**…興味《きょうみ》を示《しめ》していない様子《ようす》。
[似た言葉] 239 **ぶっきらぼう**…言葉《ことば》づかいや振《ふ》る舞《ま》いがぞんざいなさま。

240
うってつけ
ぴったりなこと。

[例] 力持《ちからも》ちな君《きみ》にうってつけの仕事《しごと》だ。

[似た言葉] 241 **あつらえ向《む》き**…希望通《きぼうどお》りの。
[似た言葉] 242 **最適《さいてき》な**…ちょうど合《あ》う、ぴったりの。

学んだ日
／
／
／
／
／

クイズ　同音異義語《どうおんいぎご》②

同《おな》じ読《よ》み方《かた》で意味《いみ》の異《こと》なる複数《ふくすう》の語《ご》を、後《あと》の文章《ぶんしょう》の意味《いみ》に合《あ》うように（　　）に一《ひと》つずつ入《い》れよう。

①けんとう

243 **見当《けんとう》**
まだわからないことについての予想《よそう》。

244 **検討《けんとう》**
物事《ものごと》をよく調《しら》べて考《かんが》えること。

㋐姉《あね》がどの部活《ぶかつ》に入《はい》るのか、だいたい（　　）がついている。

㋑夏休《なつやす》みの計画《けいかく》は、よく（　　）して立《た》てたいところだ。

---

②こうせい

245 **公正《こうせい》**
公平《こうへい》でかたよりがないこと。

246 **構成《こうせい》**
いくつかの要素《ようそ》を組《く》み合《あ》わせて一《ひと》つのまとまりを作《つく》り上《あ》げること。

㋐物語《ものがたり》の（　　）を考《かんが》えるのはとても難《むずか》しい。

㋑児童会《じどうかい》の選挙《せんきょ》は（　　）なやり方《かた》で行《おこな》われるべきだ。

➡答《こた》えはP89へ

学んだ日
／
／
／
／
／

247

くり上《あ》がる

順番《じゅんばん》を前《まえ》に送《おく》ること。早《はや》めること。↕くり下《さ》がる

[例] うさぎのドーピングでかけっこの順位《じゅんい》がくり上《あ》がった。

248

くり下《さ》がる

順番《じゅんばん》を後《うし》ろへ送《おく》ること。遅《おく》らせること。↕くり上《あ》がる

[例] うさぎの失格《しっかく》が取《と》り消《け》され、亀《かめ》の順位《じゅんい》はくり下《さ》がった。

249

見紛《みまが》う

他《ほか》のものと見間違《みまちが》える。

[例] その銅像《どうぞう》は本人《ほんにん》と見紛《みまが》うほどそっくりだ。

学んだ日
／
／
／
／
／

学んだ日
／
／
／
／
／

250 呆然《ぼうぜん》

あっけにとられること。ぼんやりすること。

[例] 予想外《よそうがい》の結果《けっか》に呆然《ぼうぜん》とする。

251 目《め》と鼻《はな》の先《さき》

距離《きょり》がとても近《ちか》いこと。

[例] その二《ふた》つのコンビニは、目《め》と鼻《はな》の先《さき》にある。

252 取《と》り柄《え》

すぐれているところ。長所《ちょうしょ》。

[例] 正直《しょうじき》なのが彼女《かのじょ》の取《と》り柄《え》だ。

253
寛大《かんだい》
思《おも》いやりがあること。広《ひろ》い心《こころ》を持《も》つこと。

[例] どうか寛大《かんだい》な処置《しょち》をお願《ねが》いします。

[反対の言葉] 254 **厳格《げんかく》**…厳《きび》しく手加減《てかげん》のないこと。

255
心当《こころあ》たり
これだと思《おも》い当《あ》たること。

[例] おやつの行方《ゆくえ》には心当《こころあ》たりがある。

[似た言葉] 256 **思《おも》い当《あ》たる**…そういうことかと気《き》づく。
[似た言葉] 257 **目星《めぼし》**…見込《みこ》み、見当《けんとう》。

学んだ日
／
／
／
／
／

[P86 のクイズの答《こた》え] ①-㋐見当《けんとう》 ①-㋑検討《けんとう》 ②-㋐構成《こうせい》 ②-㋑公正《こうせい》

258
悪用《あくよう》
何《なに》かを悪《わる》い目的《もくてき》のために使《つか》うこと。

[例] 自分《じぶん》の立場《たちば》を悪用《あくよう》するのはよくない。

259
認識《にんしき》
本当《ほんとう》のことを知《し》り、理解《りかい》していること。

[例] 自分《じぶん》の欠点《けってん》を正《ただ》しく認識《にんしき》する。

260
頬杖《ほおづえ》
ひじをつき、手《て》のひらで頬《ほお》を支《ささ》えること。

[例] 彼女《かのじょ》は退屈《たいくつ》なとき、頬杖《ほおづえ》をつく。

学んだ日
／
／
／
／
／

261
相当《そうとう》
価値《かち》や程度《ていど》などがそれと同《おな》じ程《てい》度《ど》であること。かなり。

[例] この壺《つぼ》は現代《げんだい》の価値《かち》に直《なお》すと一千万円《いっせんまんえん》に相当《そうとう》する。

262
入念《にゅうねん》
丁寧《ていねい》なこと。念入《ねんい》り。

[例] 修学旅行《しゅうがくりょこう》の計画《けいかく》を入念《にゅうねん》に立《た》てる。

263
助言《じょげん》
相手《あいて》の役《やく》に立《た》つようなことをアドバイスすること。

[例] 親友《しんゆう》として、彼女《かのじょ》に助言《じょげん》した。

学んだ日
／
／
／
／
／

264
頻繁《ひんぱん》

よく起《お》こること。しょっちゅう。

[例] 彼《かれ》は頻繁《ひんぱん》に手紙《てがみ》をくれる。

[似た言葉] 265 **しきりに**…しばしば。
[似た言葉] 266 **たびたび**…何度《なんど》も。

267
貢献《こうけん》

まわりの人《ひと》や社会《しゃかい》のために役立《やくだ》つこと。

[例] 相手《あいて》チームの勝利《しょうり》に貢献《こうけん》してしまった。

[似た言葉] 268 **献身《けんしん》**…利益《りえき》を考《かんが》えずに尽《つ》くす。
[似た言葉] 269 **尽力《じんりょく》**…力《ちから》を尽《つ》くす。

学んだ日
／
／
／
／
／

270
思《おも》い過《す》ごし
いろいろと考《かんが》えすぎること。

[例] 友達《ともだち》の元気《げんき》がないと心配《しんぱい》していたが、思《おも》い過《す》ごしだった。

271
密《ひそ》かに
他人《たにん》に知《し》られないところでこっそりと。

[例] 彼《かれ》に知《し》られないように、密《ひそ》かにマフラーを編《あ》み始《はじ》めた。

272
待望《たいぼう》
何《なに》かを待《ま》ち望《のぞ》むこと。

[例] ４時間目《じかんめ》が終《お》わったら、待望《たいぼう》の給食《きゅうしょく》だ。

学んだ日
／
／
／
／
／

273
手《て》っ取《と》り早《ばや》い
手間《てま》がかからず簡単《かんたん》に。

[例] 手《て》っ取《と》り早《ばや》く体重《たいじゅう》を減《へ》らす方法《ほうほう》はないものか。

274
一石二鳥《いっせきにちょう》
一《ひと》つの行《おこな》いによって、二《ふた》つの利《り》益《えき》を得《え》ること。

[例] マンガを読《よ》んで成績《せいせき》が上《あ》がるなんて、一石二鳥《いっせきにちょう》だ。

275
肥《こ》える
人《ひと》や動物《どうぶつ》が太《ふと》る。または、土地《とち》がいい状態《じょうたい》になる。

[例] まるまると肥《こ》えた犬《いぬ》だなあ。

学んだ日
／
／
／
／
／

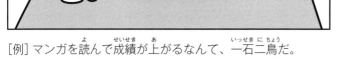

どっちが入《はい》るかな？

276

七転《ななころ》び（　）起《お》き

何度《なんど》失敗《しっぱい》しても、その都度《つど》立《た》ち上《あ》がること。

↓

① 七《なな》

② 八《や》

[例] 七転《ななころ》び八《や》起《お》きの精神《せいしん》で、決《けっ》してあきらめないことが大事《だいじ》だ。

答え…②

学んだ日
／
／
／
／
／

277
翻訳《ほんやく》
ある言語《げんご》を他《ほか》の言語《げんご》に置《お》き換《か》える。

[例] 宇宙語《うちゅうご》を翻訳《ほんやく》できるのは、彼《かれ》しかいない。

278
おもむろに
ゆっくりと。

[例] おじさんは、おもむろにお年玉《としだま》を取《と》り出《だ》した。

279
ほどほど
ちょうどいい程度《ていど》。

[例] お酒《さけ》はほどほどにしなければ。

学んだ日
／
／
／
／
／

280 消極的《しょうきょくてき》

引《ひ》っ込《こ》み思案《じあん》で、自分《じぶん》から進《すす》んで行動《こうどう》しないこと。↔積極的《せっきょくてき》

[例] 消極的《しょうきょくてき》な態度《たいど》でいると、損《そん》をする。

281 積極的《せっきょくてき》

進《すす》んで物事《ものごと》を行《おこな》うこと。↔消極的《しょうきょくてき》

[例] 彼女《かのじょ》は積極的《せっきょくてき》な性格《せいかく》だ。

282 気《き》が置《お》けない

気《き》を使《つか》わなくていい。打《う》ち解《と》けている。

[例] 気《き》が置《お》けない仲間《なかま》と話《はな》すのは、楽《たの》しいものだ。

学んだ日
／
／
／
／
／

283
普及《ふきゅう》
広《ひろ》く行《い》き渡《わた》ること。

[例] この商品《しょうひん》を普及《ふきゅう》させたい。

[似た言葉] 284 浸透《しんとう》…考《かんが》えなどが広《ひろ》がる、しみとおる。

285
無知《むち》
知《し》らないこと。知識《ちしき》がないこと。

[例] 無知《むち》な自分《じぶん》は、難《むずか》しいことを言《い》われてもわからない。

[反対の言葉] 286 博識《はくしき》…ものをよく知《し》っていること。

学んだ日
／
／
／
／
／

287 つくづく

しみじみ。痛《いた》いほど。

[例] 働《はたら》けばよかったと、つくづく後悔《こうかい》した。

288 棚《たな》からぼたもち

苦労《くろう》せずにいいものを手《て》にすること。

[例] 棚《たな》からぼたもちでごちそうにありつけた。

289 即座《そくざ》

すぐに、その場《ば》で行《おこな》うこと。

[例] おつかいを頼《たの》まれて、即座《そくざ》に引《ひ》き受《う》けた。

学んだ日
／
／
／
／
／

クイズ 同訓異義語《どうくんいぎご》③

同《おな》じ読《よ》み方《かた》で意味《いみ》の異《こと》なる複数《ふくすう》の語《ご》を、後《あと》の文章《ぶんしょう》の意味《いみ》に合《あ》うように（　　）に一《ひと》つずつ入《い》れよう。

①つとめる

290 **勤《つと》める**
会社《かいしゃ》などで働《はたら》く。

291 **努《つと》める**
努力《どりょく》して行《おこな》う。何《なに》かに力《ちから》を尽《つ》くす。

292 **務《つと》める**
役割《やくわり》などをこなす。

㋐学校《がっこう》の環境《かんきょう》をよりよくするように（　）。

㋑これからの半年間《はんとしかん》、放送委員《ほうそういいん》として（　）。

㋒将来《しょうらい》は消防士《しょうぼうし》になって消防署《しょうぼうしょ》に（　）つもりだ。

---

②なおす

293 **直《なお》す**
物事《ものごと》をもとの正《ただ》しい状態《じょうたい》に戻《もど》す。

294 **治《なお》す**
病気《びょうき》やけがを治療《ちりょう》して健康《けんこう》にする。

㋐次《つぎ》の大会《たいかい》までに必《かなら》ずけがを（　）ぞ。

㋑彼《かれ》はこわれた道具《どうぐ》を（　）のが得意《とくい》だ。

➡答《こた》えはP103へ

学んだ日
／
／
／
／
／

295

物騒《ぶっそう》

危《あぶ》ないことやよくないことが起《お》こりそうな様子《よう》《す》。

[例] この町《まち》は物騒《ぶっそう》な感《かん》じがする。

296

切《せつ》ない

さびしさや悲《かな》しさで、やりきれない。

[例] 切《せつ》ない恋心《こいごころ》をもてあます。

297

悲劇《ひげき》

悲《かな》しい物語《ものがたり》。悲《かな》しい出来事《できごと》。

[例] 買《か》い物《もの》をしていたら悲劇《ひげき》が起《お》こった。

学んだ日
／
／
／
／
／

どっちが入《はい》るかな？

298
（　）をつかむような
物事《ものごと》がぼんやりとしていてはっきりしない様子《ようす》。

↓

① 煙《けむり》　② 雲《くも》

[例] 雲《くも》をつかむような話《はなし》で、手《て》がかりがつかめない。

答え…②

[似た言葉] 299 眉《まゆ》つばもの…本当《ほんとう》かどうか確《たし》かでないこと。

[似た言葉] 300 絵空事《えそらごと》…実際《じっさい》にはありえないようなこと。

学んだ日
／
／
／
／
／

301

群《むら》がる

同《おな》じ場所《ばしょ》にたくさん集《あつ》まる。

[例] ファンが群《むら》がって、なかなか前《まえ》に進《すす》めない。

302

たまりかねる

これまでしていた我慢《がまん》ができなくなる。

[例] あまりのうるささにたまりかねて注意《ちゅうい》した。

303

健気《けなげ》

(特《とく》に弱《よわ》い者《もの》が) 難《むずか》しい状況《じょうきょう》に懸命《けんめい》に立《た》ち向《む》かう様子《ようす》。

[例] ハチは健気《けなげ》にご主人《しゅじん》を待《ま》ち続《つづ》けた。

学んだ日
／
／
／
／
／

[P100のクイズの答《こた》え] ①-㋐努《つと》める　①-㋑務《つと》める　①-㋒勤《つと》める　②-㋐治《なお》す　②-㋑直《なお》す

304 手加減《てかげん》

相手《あいて》に合《あ》わせて力《ちから》の出《だ》し方《かた》を変《か》えること。

[例] 手加減《てかげん》したら、息子《むすこ》に怒《おこ》られた。

305 遅《おそ》かれ早《はや》かれ

結局《けっきょく》。いつかは。

[例] 遅《おそ》かれ早《はや》かれ、彼《かれ》らは結婚《けっこん》するだろう。

306 エピソード

物語《ものがたり》の途中《とちゅう》に出《で》てくる、ちょっとした話《はなし》。

[例] 二人《ふたり》が出会《であ》ったときのエピソードを延々《えんえん》と聞《き》かされた。

学んだ日
／
／
／
／
／

307
不可欠《ふかけつ》

欠《か》かせないこと。なくてはならないこと。

[例] とんかつにキャベツは不可欠《ふかけつ》だ。

[似た言葉] 308 必須《ひっす》…欠《か》かせない。
[似た言葉] 309 必需品《ひつじゅひん》…なくてはならない物《もの》。

310
独立《どくりつ》

他《ほか》の人《ひと》に頼《たよ》らないで生活《せいかつ》すること。

[例] 兄《あに》は卒業《そつぎょう》したら独立《どくりつ》したいと言《い》っている。

[反対の言葉] 311 依存《いぞん》…他《ほか》に頼《たよ》ること。
[反対の言葉] 312 従属《じゅうぞく》…力《ちから》のある者《もの》に従《したが》うこと。

学んだ日
／
／
／
／
／

313
募金《ぼきん》
寄付《きふ》のお金《かね》を集《あつ》めること。

[例] 街頭《がいとう》で募金《ぼきん》を呼《よ》びかける。

314
調和《ちょうわ》
釣《つ》り合《あ》いがとれている。まとまっている。

[例] 彼《かれ》の家《いえ》は、まわりの環境《かんきょう》と調和《ちょうわ》がとれている。

315
結末《けつまつ》
物語《ものがたり》の締《し》めくくりの部分《ぶぶん》。

[例] これから見《み》る映画《えいが》の結末《けつまつ》を言《い》われて、ショックを受《う》けた。

学んだ日
／
／
／
／
／

316
おろそか
いいかげんにすること。

[例] テレビに夢中《むちゅう》で、猫《ねこ》の世話《せわ》がおろそかになってしまった。

317
たしなめる
注意《ちゅうい》すること、軽《かる》くしかること。

[例] 言葉遣《ことばづか》いの悪《わる》さをたしなめる。

318
半《なか》ば
半分《はんぶん》。期間《きかん》の中間《ちゅうかん》ごろ。

[例] ３月《がつ》の半《なか》ばだというのに、まだ寒《さむ》い。

学んだ日
／
／
／
／
／

319 回《まわ》りくどい

余計《よけい》なことが多《おお》くてわかりづらい。

[例] 彼《かれ》の説明《せつめい》は回《まわ》りくどい。

[似た言葉] 320 **遠回《とおまわ》し**…直接《ちょくせつ》言《い》わずそれとなく言《い》うこと。
[似た言葉] 321 **間接的《かんせつてき》**…何《なに》かを間《あいだ》にはさんだ状態《じょうたい》で働《はたら》きかけること。

322 ちゅうちょ

迷《まよ》って決心《けっしん》できずにいること。

[例] 教室《きょうしつ》に入《はい》るのをちゅうちょした。

[反対の言葉] 323 **決断《けつだん》**…きっぱりと決《き》める。

学んだ日
／
／
／
／
／

324
人騒《ひとさわ》がせ
些細《ささい》なことで人《ひと》を驚《おどろ》かせ、迷惑《めいわく》をかけること。

[例] 人騒《ひとさわ》がせなカップルだ。

325
矢先《やさき》
ちょうどそのとき。

[例] 出《で》かけようとした矢先《やさき》、雨《あめ》が降《ふ》り出《だ》した。

326
脱落《だつらく》
集団《しゅうだん》などについていけなくなること。

[例] はやばやと先頭《せんとう》グループから脱落《だつらく》した。

学んだ日
／
／
／
／
／

327
得《え》体《たい》が知《し》れない

正体《しょうたい》がわからない。

[例] 得《え》体《たい》が知《し》れないおじさんを見《み》かけた。

328
超越《ちょうえつ》

ある枠組《わくぐ》みをこえている。普通《ふつう》の状態《じょうたい》をこえてすばらしい。

[例] この作品《さくひん》は、人種《じんしゅ》を超越《ちょうえつ》して受《う》け入《い》れられた。

329
滞在《たいざい》

家《いえ》からどこかへ出《で》かけ、ある期《き》間《かん》そこにいること。

[例] しばらくの間《あいだ》、地球《ちきゅう》に滞在《たいざい》する予定《よてい》だ。

学んだ日
／
／
／
／
／

330 好意《こうい》

親《した》しみや好《す》きだと思《おも》う気持《きも》ち。

[例] たけしは転校生《てんこうせい》に好意《こうい》を持《も》ったようだ。

[反対の言葉] 331 悪意《あくい》…他人《たにん》に害《がい》を与《あた》えようとする気持《きも》ち。

[反対の言葉] 332 敵意《てきい》…敵《てき》として憎《にく》む気持《きも》ち。

333 言《い》い分《ぶん》

言《い》いたいことや言《い》い訳《わけ》。

[例] 両方《りょうほう》の言《い》い分《ぶん》を聞《き》く。

[似た言葉] 334 主張《しゅちょう》…自分《じぶん》の意見《いけん》を強《つよ》く言《い》う。

[似た言葉] 335 持論《じろん》…自分《じぶん》の意見《いけん》。

学んだ日
／
／
／
／
／

クイズ 同訓異義語《どうくんいぎご》④

同《おな》じ読《よ》み方《かた》で意味《いみ》の異《こと》なる複数《ふくすう》の語《ご》を、後《あと》の文章《ぶんしょう》の意味《いみ》に合《あ》うように（　　）に一《ひと》つずつ入《い》れよう。

①へる

336 減《へ》る
数《かず》や量《りょう》が少《すく》なくなる。

337 経《へ》る
時《とき》が過《す》ぎる。ある場所《ばしょ》を通《とお》る。

㋐計画性《けいかくせい》なしに使《つか》うと、お金《かね》はすぐに（　　）ものだ。

㋑何年《なんねん》もの時《とき》を（　　）。

---

②やさしい

338 優《やさ》しい
思《おも》いやりがある。親切《しんせつ》だ。

339 易《やさ》しい
簡単《かんたん》だ。わかりやすい。

㋐今回《こんかい》のテスト問題《もんだい》は全体的《ぜんたいてき》に（　　）。

㋑彼女《かのじょ》はいつも（　　）ので、みんなから好《す》かれている。

➡答《こた》えはP115へ

学んだ日
／
／
／
／
／

340 花《はな》より団子《だんご》

見《み》て美《うつく》しいものより、実際《じっさい》に役《やく》立《だ》つものの方《ほう》がいいこと。

[例] 観光中《かんこうちゅう》も、花《はな》より団子《だんご》で食《た》べ物《もの》の話題《わだい》ばかりだ。

341 歯《は》が立《た》たない

相手《あいて》が自分《じぶん》よりはるかに強《つよ》くてかなわない。

[例] 自分《じぶん》の力《ちから》では、歯《は》が立《た》たない。

342 度胸《どきょう》

動《どう》じたり怖《こわ》がったりしない心《こころ》。

[例] あんなに強《つよ》そうな相手《あいて》に立《た》ち向《む》かうなんて、度胸《どきょう》がある。

学んだ日
／
／
／
／
／

343
出来栄《できば》え
できあがりの状態《じょうたい》。

[例] 作品《さくひん》の出来栄《できば》えに満足《まんぞく》した。

344
よみがえる
衰《おとろ》えたものがまた盛《さか》んになる。
生《い》き返《かえ》る。

[例] 水《みず》をあげたら花《はな》がよみがえった。

345
発揮《はっき》
持《も》っている能力《のうりょく》を外《そと》に出《だ》して働《はたら》かせること。

[例] 意外《いがい》な足《あし》の速《はや》さを発揮《はっき》する。

学んだ日
／
／
／
／
／

どっちが入《はい》るかな？

346

（　）に真珠《しんじゅ》

どんなに貴重《きちょう》なものでも、価値《かち》がわからない人《ひと》には意味《いみ》がないということ。

① 豚《ぶた》　② 猿《さる》

[例] この良《よ》さがわからない相手《あいて》に見《み》せても、豚《ぶた》に真珠《しんじゅ》だ。

答え…①

[似た言葉] 347 猫《ねこ》に小判《こばん》
…価値《かち》のわからない人《ひと》に良《よ》いものを与《あた》えてもむだなこと。

学んだ日
／
／
／
／
／

[P112のクイズの答《こた》え] ①-㋐減《へ》る　①-㋑経《へ》る　②-㋐易《やさ》しい　②-㋑優《やさ》しい

348
会心《かいしん》
物事《ものごと》が思《おも》い通《どお》りにいき、満足《まんぞく》すること。

[例] この書《しょ》は私《わたし》にとって会心《かいしん》の作品《さくひん》だ。

349
よりによって
他《ほか》に選《えら》ばれてもよいものがあるのに。

[例] よりによってこの問題《もんだい》で当《あ》てられるなんて。

350
一切《いっさい》
まったく。全然《ぜんぜん》。

[例]「僕《ぼく》は一切関係《いっさいかんけい》ありません」としらばくれた。

学んだ日
／
／
／
／
／

351
収拾《しゅうしゅう》
混乱《こんらん》を落《お》ち着《つ》かせること。

[例] 彼女《かのじょ》は怒《おこ》ると収拾《しゅうしゅう》がつかなくなる。

352
度重《たびかさ》なる
同《おな》じことが続《つづ》くこと。

[例] 度重《たびかさ》なる失態《しったい》で、ゆりちゃんに怒《おこ》られた。

353
災難《さいなん》
突然《とつぜん》起《お》こったよくないこと。

[例] 急《きゅう》に宿題《しゅくだい》が２倍《ばい》になるなんて、とんだ災難《さいなん》だ。

学んだ日
／
／
／
／
／

354 **率直《そっちょく》**
つつみかくさず正直《しょうじき》に。

［例］率直《そっちょく》に言《い》うと、働《はたら》かずに遊《あそ》んで暮《く》らしたい。

［似た言葉］ 355 **単刀直入《たんとうちょくにゅう》**…大事《だいじ》なことを直接《ちょくせつ》すぐに言《い》う。

356 **否定《ひてい》**
ある物事《ものごと》に対《たい》して「そうではない」と言《い》うこと。

［例］彼《かれ》の発言《はつげん》を真《ま》っ向《こう》から否定《ひてい》した。

［反対の言葉］ 357 **肯定《こうてい》**…その通《とお》りと認《みと》める。

学んだ日
／
／
／
／
／

358

遮《さえぎ》る

邪魔《じゃま》をして妨《さまた》げる。

[例] 発言《はつげん》を遮《さえぎ》らず、最後《さいご》まで聞《き》くように。

359

ごぼう抜《ぬ》き

競走《きょうそう》で一気《いっき》に追《お》い抜《ぬ》くこと。

[例] ゴール前《まえ》で５人《にん》の選手《せんしゅ》をごぼう抜《ぬ》きにする。

360

八方美人《はっぽうびじん》

誰《だれ》からも良《よ》く思《おも》われるように振《ふ》る舞《ま》うこと。

[例] 八方美人《はっぽうびじん》な態度《たいど》は、信用《しんよう》を失《うしな》うもとになる。

学んだ日
／
／
／
／
／

361 ひたむき

一《ひと》つのことにいちずに取《と》り組《く》むこと。

[例] ひたむきな姿勢《しせい》に心《こころ》を打《う》たれた。

362 ちりばめる

一面《いちめん》に散《ち》らすようにする。

[例] 宝石《ほうせき》をちりばめた豪華《ごうか》なドレスを着《き》る。

363 惰性《だせい》

これまでの習慣《しゅうかん》。

[例] 惰性《だせい》で練習《れんしゅう》しても、まったく上達《じょうたつ》しない。

学んだ日
／
／
／
／
／

364 後《うし》ろめたい

悪《わる》いことをしたという思《おも》いがあって、気《き》になる。やましい。

[例] 弟《おとうと》の好物《こうぶつ》を食《た》べてしまい、後《うし》ろめたい気持《きも》ちになった。

[似た言葉] 365 **罪悪感《ざいあくかん》**…悪《わる》いことをしたという気持《きも》ち。

[似た言葉] 366 **後《うし》ろ暗《ぐら》い**…やましさを感《かん》じる。

367 的外《まとはず》れ

大事《だいじ》な点《てん》からずれていること。

[例] 的外《まとはず》れな返答《へんとう》に戸惑《とまど》った。

[似た言葉] 368 **突拍子《とっぴょうし》もない**…突飛《とっぴ》なこと。

369 **筋違《すじちが》い**…道理《どうり》から外《はず》れていること。見当違《けんとうちが》い。

370 **論外《ろんがい》**…もっての他《ほか》である。話《はなし》にならない。

学んだ日

／

／

／

／

／

371 でっち上《あ》げる

嘘《うそ》の話《はなし》を本当《ほんとう》のようにつくりあげる。

[例] UFO《ゆーふぉー》の話《はなし》をでっち上《あ》げる。

372 互《たが》い違《ちが》い

交互《こうご》に、かわりばんこに。

[例] 黒《くろ》い石《いし》と白《しろ》い石《いし》を互《たが》い違《ちが》いに並《なら》べる。

373 ほてる

顔《かお》や体《からだ》が熱《あつ》くなる。赤《あか》くなる。

[例] みんなの前《まえ》でほめられて、顔《かお》がほてった。

学んだ日
／
／
／
／
／

374
心底《しんそこ》
心《こころ》の奥底《おくそこ》から、本当《ほんとう》に。

[例] 敗戦《はいせん》が心底悔《しんそこくや》しく、今度《こんど》こそ優勝《ゆうしょう》したいと思《おも》った。

375
口約束《くちやくそく》
紙《かみ》に書《か》かれていない、口《くち》だけの約束《やくそく》。

[例] 口約束《くちやくそく》では信《しん》じられない。

376
束縛《そくばく》
人《ひと》の動《うご》きをしばって、自由《じゆう》でなくすること。

[例] あまり束縛《そくばく》すると、嫌《きら》われるよ。

学んだ日
／
／
／
／
／

377 思《おも》い上《あ》がる

いい気《き》になる。

[例] 勉強《べんきょう》しなくてもいい点《てん》が取《と》れると、思《おも》い上《あ》がっていた。

378 頭《あたま》が上《あ》がらない

引《ひ》け目《め》があり、かなわないと感《かん》じる。強《つよ》く出《で》られない。

[例] お世話《せわ》になっている人《ひと》には、頭《あたま》が上《あ》がらない。

[頭《あたま》のつくことわざ・慣用句《かんようく》]

379 **頭《あたま》が固《かた》い**…自分《じぶん》の考《かんが》えにこだわっていて柔軟《じゅうなん》でない。

380 **頭《あたま》が切《き》れる**…頭《あたま》の回転《かいてん》が速《はや》い。考《かんが》えが鋭《するど》い。

381 **頭《あたま》に血《ち》がのぼる**…興奮《こうふん》してかっとなる。

382 **頭《あたま》を抱《かか》える**…悩《なや》みごとがあって困《こま》り果《は》てる。

383 **頭《あたま》をひねる**…わからないことや難《むずか》しいことを考《かんが》える。

学んだ日

／

／

／

／

／

384
歯《は》を食《く》いしばる
苦《くる》しみや悔《くや》しさを懸命《けんめい》にこらえる。

[例] 歯《は》を食《く》いしばって踏《ふ》みとどまった。

385
はつらつ
元気《げんき》がよく、生《い》き生《い》きとしている様子《ようす》。

[例] 彼女《かのじょ》はどんな時《とき》でもはつらつとしている。

386
着々《ちゃくちゃく》
仕事《しごと》などがはかどっている様子《ようす》。

[例] 遠足《えんそく》の準備《じゅんび》を着々《ちゃくちゃく》と進《すす》める。

学んだ日
／
／
／
／
／

387 **挽回《ばんかい》**

失《うしな》ったものを取《と》り返《かえ》すこと。元《もと》の状態《じょうたい》に戻《もど》すこと。

[例] ここからでは、挽回《ばんかい》するのは難《むずか》しい。

388 **着実《ちゃくじつ》**

確実《かくじつ》なさま。

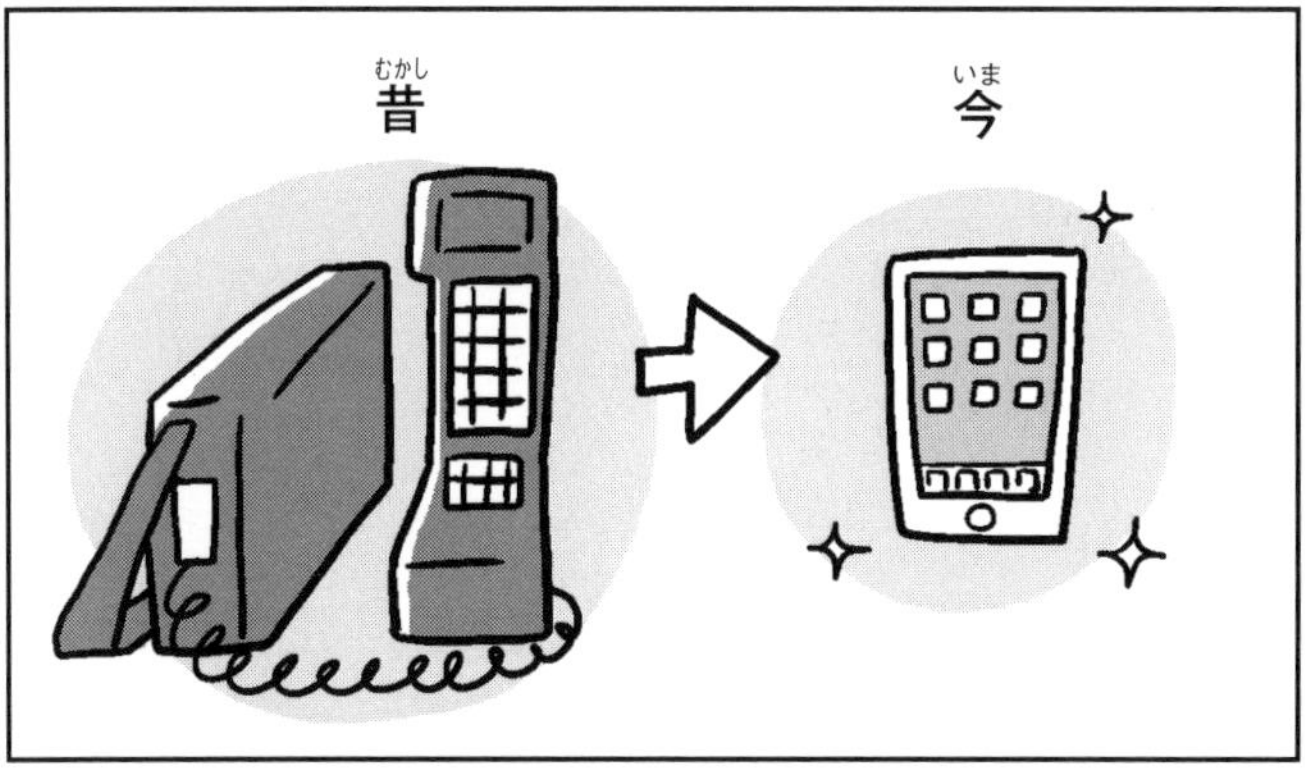

[例] 通信《つうしん》技術《ぎじゅつ》は着実《ちゃくじつ》に進歩《しんぽ》している。

389 **分担《ぶんたん》**

作業《さぎょう》や仕事《しごと》を分《わ》けて行《おこな》うこと。

[例] 文化祭《ぶんかさい》での役割《やくわり》を分担《ぶんたん》する。

学んだ日
／
／
／
／
／

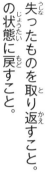

どっちが入《はい》るかな？

390

（　）の手《て》も借《か》りたい

小《ちい》さな助《たす》けでも欲《ほ》しいほど忙《いそが》しいこと。

↓

① 猫《ねこ》

② ねずみ

[例] お客《きゃく》さんが急《きゅう》に増《ふ》えて、猫《ねこ》の手《て》も借《か》りたいほど忙《いそが》しくなった。

答え…①

[似た言葉] **391** **犬《いぬ》の手《て》も人《ひと》の手《て》にしたい**
…誰《だれ》でもいいので手伝《てつだ》ってもらいたいほど忙《いそが》しい。

学んだ日
／
／
／
／
／

392
そぐわない
似合《にあ》わない。釣《つ》り合《あ》わない。

[例] 君《きみ》の服装《ふくそう》はこの場所《ばしょ》にそぐわないよ。

393
反論《はんろん》
相手《あいて》の考《かんが》えと反対《はんたい》の意見《いけん》を言《い》うこと。

[例] 校長先生《こうちょうせんせい》に反論《はんろん》するなんて、勇気《ゆうき》がある。

394
妨害《ぼうがい》
邪魔《じゃま》をすること。

[例] 列車《れっしゃ》の運行《うんこう》を妨害《ぼうがい》してはいけない。

学んだ日
／
／
／
／
／

395
困惑《こんわく》
どうするべきかわからずに困《こま》ったり、迷《まよ》ったりすること。

[例] 先生《せんせい》に急《きゅう》に指名《しめい》されて、困惑《こんわく》した。

[似た言葉] 396 **戸惑《とまど》う**…どうしていいかわからずまごつく。

[似た言葉] 397 **取《と》り乱《みだ》す**…落《お》ち着《つ》きを失《うしな》う。

398
豊富《ほうふ》
たくさんあること。豊《ゆた》かなこと。

[例] 豊富《ほうふ》なファッションの知識《ちしき》を生《い》かして働《はたら》く。

[反対の言葉] 399 **欠乏《けつぼう》**…物《もの》が不足《ふそく》する。

[反対の言葉] 400 **貧弱《ひんじゃく》**…みすぼらしい、十分《じゅうぶん》でない。

学んだ日
／
／
／
／
／

クイズ 《頭《あたま》》のつくことわざ・慣用句《かんようく》

意味《いみ》に合《あ》うように、正《ただ》しい方《ほう》の言葉《ことば》を選《えら》ぼう。

①自分《じぶん》の考《かんが》えにこだわっていて柔軟《じゅうなん》でない。

頭《あたま》が

固《かた》い ／ 厚《あつ》い

②興奮《こうふん》してかっとなる。

頭《あたま》に

火《ひ》 ／ 血《ち》

がのぼる

③悩《なや》みごとがあって困《こま》り果《は》てる。

頭《あたま》を

回《まわ》す ／ 抱《かか》える

④頭《あたま》の回転《かいてん》が速《はや》い。考《かんが》えが鋭《するど》い。

頭《あたま》が

切《き》れる ／ 割《わ》れる

学んだ日

／

／

／

／

／

➡答《こた》えはP137へ

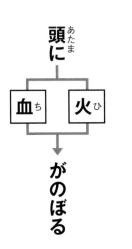

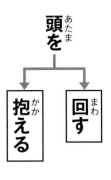

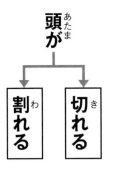

レベル２

レベル１よりも少《すこ》し難《むずか》しい言葉《ことば》が出《で》てくるぞ。聞《き》き慣《な》れない言葉《ことば》が増《ふ》えてくるかもしれないけれど、覚《おぼ》えておけば学校《がっこう》でも日常生活《にちじょうせいかつ》でも役《やく》立《だ》つこと間違《まちが》いなしだ！

放課後《ほうかご》―
どうした健吾《けんご》?
うーーん
うーーん
先生《せんせい》〜!!
覚《おぼ》える言葉《ことば》が多《おお》すぎて…
覚《おぼ》えるのは根気《こんき》がいるからな。
言葉《ことば》を覚《おぼ》えるにはコツがあるのよ。
!?
言葉《ことば》に悩《なや》む子《こ》どもがいる限《かぎ》り
私《わたし》はどこにでも現《あらわ》れる…
ジャーーン
ヒラヒラ…
人呼《ひとよ》んで…
オーホホホホ
言葉《ことば》の魔術師《まじゅつし》!!
ポカーン
教頭先生《きょうとうせんせい》…何《なに》してるんですか?
プンプン
ちょっと!教頭《きょうとう》って言《い》っちゃダメよ!!
サッカーやろうぜ〜
あっ たくや
ゴゴゴゴゴ
どこ行《い》くの…?
これから言葉《ことば》のレッスンよ。
は…はいぃ
教頭先生《きょうとうせんせい》…!?

言葉《ことば》を覚《おぼ》えるときは類義語《るいぎご》を一緒《いっしょ》に覚《おぼ》えるとラクよ。
なんでおれまで… 類義語《るいぎご》?
簡単《かんたん》に言《い》うと同《おな》じ意味《いみ》や似《に》た意味《いみ》を持《も》つ言葉《ことば》のことよ。
●「勉強《べんきょう》する」の類義語《るいぎご》
⬇「学習《がくしゅう》する」など
他《ほか》にもたとえば「重要《じゅうよう》」の類義語《るいぎご》は…。
ビク
「大切《たいせつ》」!
シュビッ!!
正解《せいかい》!
な…なぜ急《きゅう》にやる気《き》に…?
フッ…
ハッ…!!
みなみちゃんがこっちを見《み》ている…!
教頭先生《きょうとうせんせい》おもしろいかっこうしてる♡
本当《ほんとう》だぁ
まさかたくやもみなみちゃんのことが…?
つまり…類義語《るいぎご》を一緒《いっしょ》に覚《おぼ》えれば1回《かい》で2語《ご》以上《いじょう》覚《おぼ》えられるということですね…!
キリッ…
まさに一石二鳥《いっせきにちょう》…
そ…そうよ…
この子《こ》たち急《きゅう》にどうしたの…?

似《に》た意味《いみ》だけじゃなくて反対《はんたい》の意味《いみ》の対義語《たいぎご》も一緒《いっしょ》に覚《おぼ》えるといいわ。
では問題《もんだい》！さっきの「重要《じゅうよう》」の対義語《たいぎご》は？
う〜む…
重要《じゅうよう》ではない…？
そういうのは対義語《たいぎご》とは言《い》わないわ。
正解《せいかい》は「些細《ささい》」よ！
重要《じゅうよう》
今日《きょう》はお肉《にく》とお魚《さかな》どっちに…
絶対《ぜったい》肉《にく》!!
些細《ささい》
じゃあおみそ汁の具《ぐ》はどっちがいい？
それはどーでもいいや…
ホ〜
ナルホド
じゃあこの「冷《つめ》たい」の対義語《たいぎご》は？
例文《れいぶん》 困《こま》っている人《ひと》を放《ほお》っておくなんて「冷《つめ》たい」人《ひと》だ
冷《つめ》たい
熱《あつ》い
ハーイ
あつ…熱《あつ》い!!
ハイ!!

おれが先《さき》に言《い》いかけたのに!!

ハッハッハッ…

残念《ざんねん》!

えっ?

この場合《ばあい》の「冷《つめ》たい」は温度《おんど》のことを言《い》っているわけじゃないから
ホホホホ
「優《やさ》しい」や「親切《しんせつ》な」が正解《せいかい》になるのよ。

なにぃ!?

ガーン…

言葉《ことば》は話《はなし》の流《なが》れによっていろいろな意味《いみ》になるんだから当然《とうぜん》、類義語《るいぎご》や対義語《たいぎご》も変《か》わってくるわよ。

注意《ちゅうい》してね!
●困《こま》っている人《ひと》を放《ほお》っておくなんて「冷《つめ》たい」人《ひと》だ
⬇「優《やさ》しい」「親切《しんせつ》な」など
●「冷《つめ》たい」かき氷《ごおり》
⬇「熱《あつ》い」など
ちゃんと問題《もんだい》を読《よ》まなきゃねぇ…
プププ…
こいつ…
みなみちゃんのためにももう間違《まちが》えられない…!!
あ〜リボンカワイイ〜
でしょ〜♡
全《また》く見《み》てない
バチバチ…

401
もどかしい

物事《ものごと》が思《おも》うようにいかずいらいらする。

[例] なかなか仕事《しごと》を進《すす》めることができずもどかしい。

402
抜《ぬ》け目《め》

抜《ぬ》けたところ。「抜《ぬ》け目《め》がない」でうまく立《た》ち回《まわ》ること。

[例] 末《すえ》っ子《こ》は抜《ぬ》け目《め》がない。

403
関《せき》の山《やま》

がんばってできる精一杯《せいいっぱい》の限度《げんど》。

[例] 今《いま》の成績《せいせき》では、第三志望《だいさんしぼう》の学校《がっこう》へ行《い》くのが関《せき》の山《やま》だろう。

学んだ日
／
／
／
／
／

404

推《お》し量《はか》る

見当《けんとう》をつけること。推測《すいそく》すること。

[例] 相手《あいて》の気持《きも》ちを推《お》し量《はか》ることが大切《たいせつ》だ。

[似た言葉] 405 **推理《すいり》**…知《し》っていることをもとに、知《し》らないことの見当《けんとう》をつけること。

406

ねぎらう

相手《あいて》のがんばりに感謝《かんしゃ》すること。

[例] 監督《かんとく》が選手《せんしゅ》たちをねぎらった。

[似た言葉] 407 **慰労《いろう》する**…なぐさめ、いたわる。

[似た言葉] 408 **いたわる**…弱《よわ》い人《ひと》などを大切《たいせつ》にする。

学んだ日
／
／
／
／
／

[P130のクイズの答《こた》え] ①固《かた》い ②血《ち》 ③抱《かか》える ④切《き》れる

409 うろ覚《おぼ》え

確《たし》かに覚《おぼ》えていないこと。

[例] 携帯電話《けいたいでんわ》ばかり使《つか》っていて、家《いえ》の電話番号《でんわばんごう》がうろ覚《おぼ》えだ。

410 目《め》白《じろ》押《お》し

多《おお》くのものが集《あつ》まって並《なら》ぶこと。

[例] 今週《こんしゅう》はイベントが目白押《めじろお》しだ。

411 不《ふ》得《え》手《て》

得意《とくい》でないこと。苦手《にがて》なこと。

[例] 知識《ちしき》の豊富《ほうふ》な彼《かれ》にも、不得手《ふえて》な分野《ぶんや》はあるものだ。

学んだ日
／
／
／
／
／

412
なけなし
ほんの少《すこ》ししかないこと。

[例] これは、なけなしのお小遣《こづか》いで買《か》った宝物《たからもの》だ。

413
口《くち》が重《おも》い
口数《くちかず》が少《すく》ない。

[例] 兄《あに》は、成績《せいせき》の話《はなし》になると口《くち》が重《おも》くなる。

414
土踏《つちふ》まず
足《あし》の裏《うら》のくぼみ。

[例] 歩《ある》きすぎて、土踏《つちふ》まずが痛《いた》い。

学んだ日
／
／
／
／
／

どっちが入《はい》るかな？

415

（　）の耳《みみ》に念仏《ねんぶつ》

どれだけ言《い》い聞《き》かせても効果《こうか》がないこと。

↓

① 馬《うま》　② 牛《うし》

［例］ありがたい教《おし》えを聞《き》かせても、馬《うま》の耳《みみ》に念仏《ねんぶつ》だ。

答え…①

［似た言葉］ 416 のれんに腕押《うでお》し…何《なん》の手《て》ごたえもないようなこと。

［似た言葉］ 417 馬耳東風《ばじとうふう》…他人《たにん》の言《い》うことをただただ聞《き》き流《なが》すこと。

学んだ日
／
／
／
／
／

418 そねむ

うらやむこと。ねたむこと。

[例] 彼女《かのじょ》の才能《さいのう》をそねむ。

419 めかす

おしゃれな服《ふく》を着《き》たり、化粧《けしょう》をしたりして自分《じぶん》を飾《かざ》る。

[例] あんなにめかしてどこへ行《い》くんだろう。

420 ユーモア

気《き》が利《き》いていて、人《ひと》の心《こころ》を和《なご》ませる冗談《じょうだん》。

[例] ユーモアのある人《ひと》になりたい。

学んだ日
／
／
／
／
／

421 あげ足《あし》を取《と》る

相手《あいて》の細《こま》かいミスなどを取《と》り上《あ》げて、困《こま》らせること。

[例] 注意《ちゅうい》されて、相手《あいて》のあげ足《あし》を取《と》った。

[似た言葉] 422 **あら探《さが》し**…人《ひと》の欠点《けってん》を探《さが》して悪《わる》く言《い》う。

[似た言葉] 423 **重箱《じゅうばこ》の隅《すみ》をつつく**…どうでもいいことをうるさく言《い》う。

424 いさかい

けんかや言《い》い合《あ》い。

[例] 彼《かれ》らの間《あいだ》でいさかいが起《お》こった。

[似た言葉] 425 **いざこざ**…ごたごた。もめごと。

[似た言葉] 426 **口論《こうろん》**…言《い》い合《あ》いのこと。

学んだ日
／
／
／
／
／

クイズ　同音異義語《どうおんいぎご》③

同《おな》じ読《よ》み方《かた》で意味《いみ》の異《こと》なる複数《ふくすう》の語《ご》を、後《あと》の文章《ぶんしょう》の意味《いみ》に合《あ》うように（　　）に一《ひと》つずつ入《い》れよう。

①かてい

427 **仮定《かてい》**
決《き》まっていないことやわからないことを、仮《かり》にそうだとすること。

428 **過程《かてい》**
物事《ものごと》が進《すす》んでいく道《みち》すじ。

㋐結果以上《けっかいじょう》に、そこに至《いた》るまでの（　　）を大事《だいじ》にしたい。

㋑彼《かれ》がリレーの選手《せんしゅ》に選《えら》ばれたと（　　）すると、3種目《しゅもく》も出《で》ることになる。

---

②きしょう

429 **希少《きしょう》**
少《すく》なくて珍《めずら》しいこと。

430 **気性《きしょう》**
生《う》まれついての性質《せいしつ》や性格《せいかく》。

㋐その鳥《とり》は日本《にほん》では（　　）な存在《そんざい》だ。

㋑（　　）が激《はげ》しいのが彼女《かのじょ》の短所《たんしょ》だ。

学んだ日
／
／
／
／
／

➡答《こた》えはP145へ

431
黙殺《もくさつ》
気《き》にかけないこと。取《と》り合《あ》わないこと。

[例] 僕《ぼく》の意見《いけん》は黙殺《もくさつ》されてしまった。

432
知《し》ったかぶり
知《し》らないのに、知《し》っているふりをすること。

[例] 知《し》ったかぶりをしているのがすぐわかる。

433
ぎくしゃく
うまくいっていない。動《うご》きなどがなめらかでない。

[例] あれ以来《いらい》、友達《ともだち》とぎくしゃくしている。

学んだ日
／
／
／
／
／

どっちが入《はい》るかな？

434

太鼓判《たいこばん》を（　）

絶対《ぜったい》によいものだと保証《ほしょう》する。

⬇

① 叩《たた》く

② 押《お》す

［例］プロが太鼓判《たいこばん》を押《お》した商品《しょうひん》が大《だい》ヒットした。

答え…②

学んだ日
／
／
／
／
／

［似た言葉］ 435 **お墨付《すみつ》き**…偉《えら》い人《ひと》が大丈夫《だいじょうぶ》だと認《みと》めること。

［P143のクイズの答《こた》え］①-㋐過程《かてい》　①-㋑仮定《かてい》　②-㋐希少《きしょう》　②-㋑気性《きしょう》

436 心苦《こころぐる》しい

すまない気持《きも》ちになる。

[例] 必要《ひつよう》な連絡《れんらく》を忘《わす》れてしまい、心苦《こころぐる》しい。

437 紡《つむ》ぐ

詩《し》や文章《ぶんしょう》を作《つく》り上《あ》げる。

[例] 1行《ぎょう》1行《ぎょう》言葉《ことば》を紡《つむ》いで、ラブレターを書《か》いた。

438 百発百中《ひゃっぱつひゃくちゅう》

ねらいや予想《よそう》などがすべて当《あ》たること。

[例] 彼《かれ》の出題《しゅつだい》予想《よそう》は百発百中《ひゃっぱつひゃくちゅう》だ。

学んだ日
／
／
／
／
／

439

天性《てんせい》

生《う》まれつきの性質《せいしつ》や特徴《とくちょう》。

[例] 彼《かれ》は天性《てんせい》の明《あか》るい人間《にんげん》だ。

440

取《と》り繕《つくろ》う

都合《つごう》の悪《わる》いことをごまかす。

[例] 余計《よけい》なことを言《い》ってしまい、その場《ば》を取《と》り繕《つくろ》う。

441

知性《ちせい》

考《かんが》えたり、判断《はんだん》したりする知的《ちてき》な能力《のうりょく》のこと。

[例] 彼《かれ》は知性《ちせい》にあふれている。

学んだ日
／
／
／
／
／

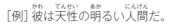

442 熱《ねつ》を上《あ》げる

夢中《むちゅう》になっていること。

[例] 兄《あに》は今《いま》、アイドルに熱《ねつ》を上《あ》げている。

443 首《くび》を長《なが》くする

期《き》待《たい》しながら待《ま》ちこがれること。

[例] 大会《たいかい》の日《ひ》を首《くび》を長《なが》くして待《ま》つ。

[首《くび》のつくことわざ・慣用句《かんようく》]

444 **首《くび》が回《まわ》らない**…払《はら》うべきお金《かね》や借金《しゃっきん》が多《おお》く、やりくりが大変《たいへん》だ。

445 **首《くび》になる**…雇《やと》い主《ぬし》から、仕事《しごと》などを辞《や》めさせられる。

446 **首《くび》をかしげる**…疑問《ぎもん》を感《かん》じる。

447 **首《くび》をつっこむ**…ある物事《ものごと》に関心《かんしん》を持《も》ってかかわろうとする。

448 **首《くび》を縦《たて》にふる**…（うなずく動作《どうさ》から）了解《りょうかい》する。賛成《さんせい》する。

学んだ日
／
／
／
／
／

449

のどか

のんびりとしていること。天気《てんき》が穏《おだ》やかなこと。

[例] のどかな春《はる》の昼下《ひるさ》がりは、つい眠《ねむ》くなってしまう。

450

二《に》階《かい》から目《め》薬《ぐすり》

2階《かい》から、下《した》の階《かい》にいる人《ひと》に目《め》薬《ぐすり》を差《さ》すようにもどかしい。

[例] 二階《にかい》から目薬《めぐすり》を差《さ》すようなやり方《かた》に辟易《へきえき》する。

451

喘《あえ》ぐ

うまくいかないことに悩《なや》み、苦《くる》しむこと。

[例] 疲《つか》れからくる不調《ふちょう》に喘《あえ》ぐ。

学んだ日
／
／
／
／
／

452
偏見《へんけん》

かたよった考《かんが》え。根拠《こんきょ》のない決《き》めつけ。

[例] 出身地《しゅっしんち》によって偏見《へんけん》を持《も》たないように。

[似た言葉] 453 **先入観《せんにゅうかん》**…思《おも》い込《こ》み。前《まえ》もってつくられた考《かんが》え。
[似た言葉] 454 **色眼鏡《いろめがね》**…物事《ものごと》を素直《すなお》に見《み》ず、思《おも》い込《こ》みをもとに見《み》ること。

455
無我夢中《むがむちゅう》

何《なに》かに熱中《ねっちゅう》して、我《われ》を忘《わす》れること。

[例] 無我夢中《むがむちゅう》で毛糸《けいと》にじゃれついた。

[似た言葉] 456 **一心不乱《いっしんふらん》**…一《ひと》つのことに集中《しゅうちゅう》し、心《こころ》が乱《みだ》れないこと。
[似た言葉] 457 **死《し》に物狂《ものぐる》い**…死《し》ぬことも恐《おそ》れないほど真剣《しんけん》な様子《ようす》。

学んだ日
／
／
／
／
／

どっちが入《はい》るかな？

458

（　）を引《ひ》っ張《ぱ》る

他人《たにん》の行動《こうどう》や成功《せいこう》のじゃまをする。

↓

物事《ものごと》の進行《しんこう》を妨《さまた》げる。

①足《あし》　②腕《うで》

［例］友達《ともだち》の足《あし》を引《ひ》っ張《ぱ》る。

答え…①

学んだ日

459
促《うなが》す
早《はや》くするように急《いそ》がせること。

[例] 母《はは》はおもちゃ売《う》り場《ば》を離《はな》れるよう子《こ》どもを促《うなが》した。

460
白々《しらじら》しい
嘘《うそ》をついているとはっきりわかること。

[例] 白々《しらじら》しい嘘《うそ》をつくより、正直《しょうじき》でいたいものだ。

461
挫折《ざせつ》
途中《とちゅう》で失敗《しっぱい》すること。計画《けいかく》などがだめになること。

[例] 百戦《ひゃくせん》負《ま》けなしの彼《かれ》が、挫折《ざせつ》を経験《けいけん》する。

学んだ日
／
／
／
／
／

462 かけがえのない

大切《たいせつ》でかわりがいないこと。

[例] シロはかけがえのない友達《ともだち》だ。

463 隔《へだ》たり

考《かんが》えの違《ちが》いや程度《ていど》の差《さ》。

[例] 僕《ぼく》と叔父《おじ》さんの考《かんが》えには隔《へだ》たりがある。

464 まんざら

必《かなら》ずしも。

[例] 注目《ちゅうもく》を集《あつ》め、まんざら嫌《いや》でもなさそうだ。

学んだ日
／
／
／
／
／

どっちが入《はい》るかな？

465

（　　）に火《ひ》がつく

期限《きげん》などが近《ちか》くなり、あわてる。

⬇

① 頭《あたま》

② 尻《しり》

[例] あのマンガ家《か》は、締《し》め切《き》りが近《ちか》づき、ようやく尻《しり》に火《ひ》がついた。

答え…②

[似た言葉] 466 **足元《あしもと》に火《ひ》がつく**…危険《きけん》が迫《せま》ってきていること。

学んだ日
／
／
／
／
／

467

長《なが》い目《め》で見《み》る

今《いま》だけで判断《はんだん》せずに、将来《しょうらい》をあたたかく見守《みまも》る。

[例] これからがんばるので、長《なが》い目《め》で見《み》てほしい。

468

あっけにとられる

意外《いがい》なことに驚《おどろ》き、あきれる。

[例] お弁当箱《べんとうばこ》を開《あ》けたら空《から》っぽで、あっけにとられた。

469

惑《まど》う

どうしたら良《い》いかわからなくなって迷《まよ》う。

[例] ややこしい看板《かんばん》を前《まえ》にして惑《まど》う。

学んだ日
／
／
／
／
／

クイズ 同音異義語《どうおんいぎご》④

同《おな》じ読《よ》み方《かた》で意味《いみ》の異《こと》なる複数《ふくすう》の語《ご》を、後《あと》の文章《ぶんしょう》の意味《いみ》に合《あ》うように（　　）に一《ひと》つずつ入《い》れよう。

①しじ

470 **指示《しじ》**
何《なに》かをするように指図《さしず》すること。

471 **支持《しじ》**
意見《いけん》や考《かんが》え方《かた》に賛成《さんせい》して、後押《あとお》しすること。

㋐部長《ぶちょう》から（　　）された仕事《しごと》を優先的《ゆうせんてき》にこなす。

㋑私《わたし》はあの政治家《せいじか》の主張《しゅちょう》する政策《せいさく》を（　　）している。

---

②たいしょう

472 **対照《たいしょう》**
二《ふた》つの物事《ものごと》を比《くら》べること。

473 **対象《たいしょう》**
物事《ものごと》の目標《もくひょう》や相手《あいて》となるもの。

㋐全国《ぜんこく》の小学生《しょうがくせい》を（　　）にしたテストを行《おこな》う。

㋑二人《ふたり》の話《はなし》に食《く》い違《ちが》いがないかどうか（　　）する。

➡答《こた》えはP159へ

学んだ日
／
／
／
／
／

474

プライバシー

他《ほか》の人《ひと》に知《し》られたくない個人《こじん》の秘密《ひみつ》。また、秘密《ひみつ》を守《まも》る権利《けんり》。

[例] 家族《かぞく》といえども、プライバシーを侵害《しんがい》しないでほしい。

475

ユニーク

他《ほか》と違《ちが》っていて独特《どくとく》な様子《ようす》。

[例] 彼女《かのじょ》はいつもユニークな帽子《ぼうし》をかぶっている。

[その他のカタカナ語③]

476 **ニュアンス**…微妙《びみょう》な違《ちが》いや意味合《いみあ》いのこと。

477 **メンタル**…心《こころ》についてのこと。

478 **モチベーション**…何《なに》かをするための意欲《いよく》・やる気《き》。

479 **モラル**…良《よ》いこと、悪《わる》いことについての考《かんが》え。

480 **リテラシー**…読《よ》み書《か》きをする能力《のうりょく》。あることに関《かん》する知識《ちしき》・能力《のうりょく》。

学んだ日

／

／

／

／

／

481
取《と》り巻《ま》き
人気者《にんきもの》や権力者《けんりょくしゃ》のまわりにいて、機嫌《きげん》をとる人《ひと》たち。

[例] あの有名人《ゆうめいじん》には多《おお》くの取《と》り巻《ま》きがいる。

482
手当《てあ》たり次第《しだい》
手《て》の届《とど》くものは何《なん》でも。片《かた》っ端《ぱし》から。

[例] 冬眠《とうみん》に備《そな》えて、手当《てあ》たり次第《しだい》に食《た》べ物《もの》を集《あつ》める。

483
手間取《てまど》る
思《おも》ったより時間《じかん》がかかる。

[例] 母《はは》は支度《したく》に手間取《てまど》っている。

学んだ日
／
／
／
／
／

484

他意《たい》

隠《かく》している別《べつ》の気持《きも》ちや考《かんが》え。

[例] 思《おも》ったままを言《い》っただけで、他意《たい》はない。

485

能《のう》あるたかは爪《つめ》を隠《かく》す

能力《のうりょく》がある人《ひと》は、それを見《み》せびらかしたりしない。

[例] 能《のう》あるたかは爪《つめ》を隠《かく》すで、彼《かれ》は満点《まんてん》を自慢《じまん》したりしない。

486

おびただしい

数《かず》や量《りょう》がものすごく多《おお》いこと。

[例] 引《ひ》き出《だ》しには、おびただしい枚数《まいすう》のテストがあった。

[P156のクイズの答《こた》え] ①-㋐指示《しじ》 ①-㋑支持《しじ》 ②-㋐対象《たいしょう》 ②-㋑対照《たいしょう》

学んだ日
／
／
／
／
／

どっちが入《はい》るかな？

487

壁《かべ》に耳《みみ》あり障子《しょうじ》に（　　）あり

何事《なにごと》もどこで誰《だれ》が見聞《みき》きしているかわからないものだということ。

↓

①目《め》　②鼻《はな》

[例] 壁《かべ》に耳《みみ》あり障子《しょうじ》に目《め》ありというから、注意《ちゅうい》しないといけない。

答え…①

[目《め》のつくことわざ・慣用句《かんようく》]

488 **目《め》が利《き》く**…ものの良《よ》し悪《あ》しを見分《みわ》ける能力《のうりょく》がある。

489 **目《め》が肥《こ》える**…経験《けいけん》から良《よ》いものと悪《わる》いものを見分《みわ》ける力《ちから》が増《ま》す。

490 **目《め》が点《てん》になる**…驚《おどろ》く。驚《おどろ》きあきれた表情《ひょうじょう》になる。

491 **目《め》がない**…我《われ》を失《うしな》うほど好《す》きである。

492 **目《め》に浮《う》かぶ**…見《み》ているように想像《そうぞう》できる。

493 **目《め》を引《ひ》く**…人《ひと》の注意《ちゅうい》を引《ひ》きつける。

学んだ日
／
／
／
／
／

494
五十歩百歩《ごじっぽひゃっぽ》
似《に》たり寄《よ》ったりであること。

[例] 遅刻《ちこく》した者同士《ものどうし》、五十歩百歩《ごじっぽひゃっぽ》だ。

495
あいにく
都合《つごう》が悪《わる》く、残念《ざんねん》なこと。

[例] えみちゃんはあいにく、あきらくんのことが好《す》きだ。

496
共倒《ともだお》れ
共《とも》にだめになってしまうこと。

[例] 競《せ》り合《あ》った末《すえ》に、共倒《ともだお》れしてしまった。

学んだ日
／
／
／
／
／

497 前代未聞《ぜんだいみもん》

これまでに聞《き》いたことがないような状態《じょうたい》。

[例] パジャマのまま学校《がっこう》に来《く》るなんて、前代未聞《ぜんだいみもん》だ。

[似た言葉] 498 空前《くうぜん》…今《いま》までに例《れい》のないこと。

[似た言葉] 499 画期的《かっきてき》…これまでにない、まったく新《あたら》しいこと。

500 あわや

あやうく。もう少《すこ》しのところで危険《きけん》なことになる様子《ようす》。

[例] あわやぶつかるところだった。

[似た言葉] 501 紙一重《かみひとえ》…紙一枚《かみいちまい》くらいのわずかな差《さ》。

[似た言葉] 502 間一髪《かんいっぱつ》…髪一本《かみいっぽん》の隙間《すきま》しかないほど差《さ》し迫《せま》った様子《ようす》。

学んだ日
／
／
／
／
／

503
白羽《しらは》の矢《や》が立《た》つ
多数《たすう》の中《なか》から選《えら》ばれる。

[例] 思《おも》わぬところに白羽《しらは》の矢《や》が立《た》った。

504
矢面《やおもて》
質問《しつもん》や批判《ひはん》、抗議《こうぎ》をまともに受《う》ける立場《たちば》。

[例] 約束《やくそく》を守《まも》れず、批判《ひはん》の矢面《やおもて》に立《た》ってしまった。

505
険悪《けんあく》
人間関係《にんげんかんけい》や雰囲気《ふんいき》が悪《わる》くなり、和《なご》やかではないこと。

[例] 彼《かれ》らの仲《なか》は、最近険悪《さいきんけんあく》になっている。

学んだ日
／
／
／
／
／

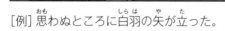

506
漁夫《ぎょふ》の利《り》

誰《だれ》かと誰《だれ》かが争《あらそ》っている間《あいだ》に、別《べつ》の者《もの》が得《とく》をすること。

[例] 運《うん》がいいことに、漁夫《ぎょふ》の利《り》を得《え》た。

507
尻目《しりめ》

見《み》ていても、気《き》にしないこと。

[例] ほえる犬《いぬ》を尻目《しりめ》に、一休《ひとやす》みする。

508
些細《ささい》

取《と》るに足《た》りない細《こま》かいこと。

[例] 夏子《なつこ》はどんな些細《ささい》なことも記憶《きおく》している。

学んだ日
／
／
／
／
／

509
一躍《いちやく》
急《きゅう》に。いっぺんに。

[例] 動画《どうが》を投稿《とうこう》したら、一躍有名人《いちやくゆうめいじん》になった。

510
一進一退《いっしんいったい》
物事《ものごと》が進《すす》んだり戻《もど》ったり、よくなったり悪《わる》くなったりすること。

[例] 一進一退《いっしんいったい》の攻防《こうぼう》がくり返《かえ》されている。

[一のつくことわざ・慣用句]

511 **一期一会《いちごいちえ》**…人《ひと》との出会《であ》いは一生《いっしょう》に一度《いちど》きりであるということ。
512 **一日千秋《いちじつせんしゅう》**…一日《いちにち》がとても長《なが》く感《かん》じられるほど待《ま》ちこがれている。
513 **一《いち》も二《に》もなく**…あれこれ言《い》わず、すぐに。
514 **一世一代《いっせいちだい》**…一生《いっしょう》に一度《いちど》だけのこと。
515 **一線《いっせん》を画《かく》す**…はっきり区別《くべつ》すること。

学んだ日
／
／
／
／
／

クイズ カタカナ語《ご》

上《うえ》の言葉《ことば》に合《あ》う意味《いみ》を線《せん》で結《むす》ぼう。

①コミュニケーション
②プロセス
③キャリア
④モチベーション
⑤リテラシー

㋐物事《ものごと》を進《すす》めていく道《みち》すじ。
㋑読《よ》み書《か》きをする能力《のうりょく》。あることに関《かん》する知識《ちしき》・能力《のうりょく》。
㋒言葉《ことば》や身振《みぶ》りを使《つか》って、考《かんが》えていることを伝《つた》え合《あ》うこと。
㋓仕事《しごと》などの経験《けいけん》や経歴《けいれき》。
㋔何《なに》かをするための意欲《いよく》・やる気《き》。

学んだ日
／
／
／
／
／

➡答《こた》えはP169へ

516
手《て》こずる
手間《てま》どること。

[例] 夏休《なつやす》みの読書感想文《どくしょかんそうぶん》に手《て》こずる。

517
地団駄《じだんだ》を踏《ふ》む
悔《くや》しがり、地面《じめん》を激《はげ》しく踏《ふ》みつけること。

[例] 最後《さいご》の１つを食《た》べられて、地団駄《じだんだ》を踏《ふ》む。

518
高《たか》をくくる
大《たい》したことはないと甘《あま》く見《み》る。

[例] 高《たか》をくくっていると、大変《たいへん》なことになる。

学んだ日
／
／
／
／
／

どっちが入《はい》るかな？

519

起《き》承《しょう》（　）結《けつ》

話《はなし》の組《く》み立《た》てや物事《ものごと》の順序《じゅんじょ》。

↓

① 歩《ほ》

② 転《てん》

[例] このドラマは起承転結《きしょうてんけつ》がしっかりしている。

答え…②

学んだ日
／
／
／
／
／

520
そりが合《あ》わない
気《き》が合《あ》わない。相性《あいしょう》が悪《わる》い。

[例] 監督《かんとく》とそりが合《あ》わず、レギュラーを外《はず》された。

521
仲違《なかたが》い
仲《なか》が悪《わる》くなること。

[例] 彼《かれ》らはどんぐりの分《わ》け前《まえ》をめぐって仲違《なかたが》いしている。

522
念《ねん》じる
心《こころ》で強《つよ》く願《ねが》うこと、祈《いの》ること。

[例] 先生《せんせい》に当《あ》てられませんようにと念《ねん》じる。

学んだ日
／
／
／
／
／

[P166のクイズの答《こた》え] ①ウ　②ア　③エ　④オ　⑤イ

523 気《き》まずい

気《き》詰《づ》まりで落《お》ち着《つ》かない様子《ようす》。

[例] お互《たが》いの服装《ふくそう》を見《み》たとたん、気《き》まずい沈黙《ちんもく》が流《なが》れた。

524 胸《むね》をなで下《お》ろす

安心《あんしん》する。ほっとする。

[例] 今日《きょう》が休日《きゅうじつ》だと気《き》づいて胸《むね》をなで下《お》ろした。

[胸《むね》のつくことわざ・慣用句《かんようく》]

525 **胸《むね》が騒《さわ》ぐ**…ドキドキして落《お》ち着《つ》かない。

526 **胸《むね》がすく**…心《こころ》がすっとする。

527 **胸《むね》を打《う》つ**…感動《かんどう》させる。

528 **胸《むね》を張《は》る**…胸《むね》をそらせて、得意《とくい》げになる。

529 **胸《むね》を膨《ふく》らませる**…希望《きぼう》に満《み》ちている様子《ようす》。

学んだ日
／
／
／
／
／

530

顔《かお》ぶれ

参加《さんか》するメンバーのこと。

[例] いつもと同《おな》じ顔《かお》ぶれがそろった。

531

奇《き》想《そう》天《てん》外《がい》

思《おも》いもよらない風《ふう》変《が》わりなこと。

[例] 子《こ》どもは時《とき》に奇想天外《きそうてんがい》なことを考《かんが》える。

532

分《ぶ》が悪《わる》い

不利《ふり》だ。うまくいきそうにない。

[例] リレーの選手《せんしゅ》たちと争《あらそ》っては、分《ぶ》が悪《わる》い。

学んだ日
／
／
／
／
／

533
ほくそ笑《え》む
うまくいったと一人《ひとり》でこっそり笑《わら》う。

[例] 作戦《さくせん》がうまくいき、ほくそ笑《え》んだ。

534
鼻《はな》が高《たか》い
誇《ほこ》りに思《おも》う。得意《とくい》になる。

[例] 子《こ》どもが金《きん》メダルを取《と》って鼻《はな》が高《たか》い。

535
身《み》を引《ひ》く
今《いま》の地位《ちい》や立場《たちば》から、自《みずか》ら離《はな》れる。

[例] まだ50才《さい》の社長《しゃちょう》が、あっさり身《み》を引《ひ》いた。

学んだ日
／
／
／
／
／

536 漫然《まんぜん》

ぼんやり。いい加減《かげん》な様子《ようす》。

[例] 漫然《まんぜん》としていては、仕事《しごと》はうまくいかない。

537 切羽詰《せっぱつ》まる

追《お》い詰《つ》められて、どうにもならない状態《じょうたい》。

[例] 切羽詰《せっぱつ》まって、仮病《けびょう》を使《つか》ってしまった。

538 未知《みち》

まだ知《し》らないこと。知《し》られていないこと。

[例] 未知《みち》の世界《せかい》に胸《むね》がときめく。

学んだ日
／
／
／
／
／

539

典型的《てんけいてき》

その種類《しゅるい》のものの特徴《とくちょう》がよく出《で》ていること。

[例] それは典型的《てんけいてき》な言《い》い訳《わけ》だ。

540

茶化《ちゃか》す

話《はなし》をまじめに取《と》り合《あ》わず、冗談《じょうだん》めかす。からかう。

[例] まじめな話《はなし》を茶化《ちゃか》してはいけない。

541

うのみ

言《い》われたことをよく理解《りかい》せず受《う》け入《い》れること。

[例] 人《ひと》の話《はなし》をうのみにして、痛《いた》い目《め》にあった。

学んだ日
／
／
／
／
／

542
同調《どうちょう》
他《ほか》の人《ひと》と意見《いけん》や調子《ちょうし》が同《おな》じであること。

[例] 家族会議《かぞくかいぎ》で兄《あに》の意見《いけん》に同調《どうちょう》した。

[似た言葉] 543 **共感**《きょうかん》…他《ほか》の人《ひと》の考《かんが》えに対《たい》して、そうだと思《おも》うこと。
[似た言葉] 544 **迎合**《げいごう》…自分《じぶん》の考《かんが》えを曲《ま》げて、他《ほか》の人《ひと》に合《あ》わせること。

545
とがめる
失敗《しっぱい》や罪《つみ》を責《せ》める。

[例] 約束《やくそく》を守《まも》れなかったことをとがめられた。

[似た言葉] 546 **責**《せ》**める**…他人《たにん》の失敗《しっぱい》などを非難《ひなん》する。
[似た言葉] 547 **追及**《ついきゅう》…追《お》い詰《つ》めたり問《と》いただしたりすること。
[似た言葉] 548 **なじる**…他人《たにん》の悪《わる》い点《てん》を問《と》い詰《つ》めること。

学んだ日
／
／
／
／
／

549 五《ご》里《り》霧《む》中《ちゅう》

手《て》がかりがなく、先《さき》の見通《みとお》しが立《た》たないこと。

[例] 勉強《べんきょう》の見通《みとお》しが立《た》たず、五里霧中《ごりむちゅう》の状態《じょうたい》だ。

550 挑発《ちょうはつ》

相手《あいて》の気持《きも》ちを乱《みだ》して、何《なに》かが起《お》こるように仕向《しむ》けること。

[例] 相手《あいて》の挑発《ちょうはつ》に乗《の》ってしまった。

551 場違《ばちが》い

その場《ば》に相応《ふさわ》しくないこと。

[例] 場違《ばちが》いな格好《かっこう》をしてきてしまった。

学んだ日
／
／
／
／
／

552
何《なに》しろ

とにかく。何《なに》にせよ。

[例] 何《なに》しろ暑《あつ》いので、冷《つめ》たいものが食《た》べたい。

553
陥《おとしい》れる

だまして大変《たいへん》な状況《じょうきょう》にさせること。

[例] 猿《さる》はカニを陥《おとしい》れて、柿《かき》を手《て》に入《い》れた。

554
願《ねが》ったり叶《かな》ったり

願《ねが》った通《とお》りになること。

[例] 好《す》きな人《ひと》から告白《こくはく》されるなんて、願《ねが》ったり叶《かな》ったりだ。

学んだ日
／
／
／
／
／

どっちが入《はい》るかな？

555

（　　）が広《ひろ》い

付《つ》き合《あ》いの範囲《はんい》が広《ひろ》く、知《し》り合《あ》いが多《おお》い。

↓

① 顔《かお》　② 耳《みみ》

[例] 彼女《かのじょ》は顔《かお》が広《ひろ》く、多《おお》くの人《ひと》に好《す》かれている。

答え…①

[似た言葉] 556 **人脈《じんみゃく》**…ある集《あつ》まりの中《なか》での、人《ひと》のつながり。

[似た言葉] 557 **社交的《しゃこうてき》**…人付《ひとづ》き合《あ》いに積極的《せっきょくてき》なこと。

学んだ日
／
／
／
／
／

558

ばつが悪《わる》い

はずかしい思《おも》いがしてその場《ば》に居《い》づらい。

[例] 授業《じゅぎょう》の用意《ようい》を忘《わす》れてしまってばつが悪《わる》い思《おも》いをした。

[似た言葉] 559 **きまりが悪《わる》い**…他《ほか》の人《ひと》に対《たい》してはずかしい。

[似た言葉] 560 **立《た》つ瀬《せ》がない**…立場《たちば》がなく、苦《くる》しい思《おも》いをする。

561

半信半疑《はんしんはんぎ》

半分《はんぶん》は信《しん》じていても半分《はんぶん》は疑《うたが》っていること。

[例] 半信半疑《はんしんはんぎ》ながら、彼女《かのじょ》は興味《きょうみ》がありそうだった。

[似た言葉] 562 **釈然《しゃくぜん》としない**…すっきりしない。

[似た言葉] 563 **けげん**…納得《なっとく》がいかない。

学んだ日

564
苦《くる》し紛《まぎ》れ
追《お》い込《こ》まれて無理《むり》のあることをしてしまうこと。

[例] 宿題《しゅくだい》を忘《わす》れて、苦《くる》し紛《まぎ》れの言《い》い訳《わけ》をした。

565
踏《ふ》みにじる
踏《ふ》んで台無《だいな》しにする。人《ひと》の気持《きも》ちなどを傷《きず》つける。

[例] 妹《いもうと》の気持《きも》ちを踏《ふ》みにじるつもりはなかった。

566
飽《あ》き足《た》りない
十分《じゅうぶん》に満足《まんぞく》できない。

[例] 二度寝《にどね》では飽《あ》き足《た》らず、目覚《めざ》ましを壊《こわ》して遅刻《ちこく》した。

学んだ日
／
／
／
／
／

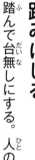

クイズ 《首《くび》》のつくことわざ・慣用句《かんようく》

（　　）に入《はい》る語《ご》を［　　　］の中《なか》から選《えら》ぼう。

①払《はら》うべきお金《かね》や借金《しゃっきん》が多《おお》く、やりくりが大変《たいへん》だ。
首《くび》が（　　）

②了解《りょうかい》する。賛成《さんせい》する。うなずく動作《どうさ》から。
首《くび》を（　　）

③ある物事《ものごと》に関心《かんしん》を持《も》ってかかわろうとする。
首《くび》を（　　）

④雇《やと》い主《ぬし》から、仕事《しごと》などを辞《や》めさせられる。
首《くび》に（　　）

⑤疑問《ぎもん》を感《かん》じる。
首《くび》を（　　）

突《つ》っ込《こ》む	**かしげる**	**縦《たて》にふる**	**回《まわ》らない**	**なる**

学んだ日
／
／
／
／
／

➡答《こた》えはP183へ

567 物腰《ものごし》

他人《たにん》に対《たい》する立《た》ち居振《いふ》る舞《ま》いや言葉《ことば》づかい。

[例] 彼《かれ》は若者《わかもの》とは思《おも》えないほど物腰《ものごし》が柔《やわ》らかい。

568 仰《あお》ぐ

上《うえ》の方《ほう》を見《み》る。見上《みあ》げる。

[例] ふと夜空《よぞら》を仰《あお》いだら、UFO《ゆーふぉー》を見《み》つけた。

569 耳《みみ》が痛《いた》い

他人《たにん》の言葉《ことば》が自分《じぶん》の弱点《じゃくてん》を的確《てきかく》についていて、聞《き》くのがつらい。

[例] なまけていたことを言《い》われると耳《みみ》が痛《いた》い。

学んだ日
／
／
／
／
／

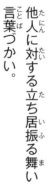

570

丸《まる》め込《こ》む

他人《たにん》を言《い》いくるめて思《おも》うように操《あやつ》る。

[例] 言葉巧《ことばたく》みに相手《あいて》を丸《まる》め込《こ》んで味方《みかた》にした。

[似た言葉] 571 **説《と》き伏《ふ》せる**…話《はなし》をして、相手《あいて》を納得《なっとく》させる。

[似た言葉] 572 **説得《せっとく》する**…話《はなし》をして、相手《あいて》にわかってもらう。

573

はしたない

礼儀《れいぎ》に欠《か》けていて品《ひん》がない。

[例] 落《お》ちたものを拾《ひろ》って食《た》べるなんて、はしたない。

[似た言葉] 574 **見苦《みぐる》しい**…見《み》るのも嫌《いや》なほど、よくない。

[似た言葉] 575 **みっともない**…見《み》たくないと思《おも》うような様子《ようす》。

学んだ日
／
／
／
／
／

[P181のクイズの答《こた》え] ①回《まわ》らない ②縦《たて》にふる ③突《つ》っ込《こ》む ④なる ⑤かしげる

576
帳尻《ちょうじり》（を合《あ》わせる）
最後《さいご》につじつまを合《あ》わせる。

[例] 無駄遣《むだづか》いをしたので、節約《せつやく》して帳尻《ちょうじり》を合《あ》わせた。

577
矢継《やつ》ぎ早《ばや》
続《つづ》けざまに行《おこな》うさま。

[例] 矢継《やつ》ぎ早《ばや》に質問《しつもん》されて混乱《こんらん》した。

578
意図《いと》
しようとしていること。考《かんが》え。

[例] 注文《ちゅうもん》の意図《いと》を美容師《びようし》さんに伝《つた》える。

学んだ日
／
／
／
／
／

どっちが入《はい》るかな？

579

上《うわ》の（　）

他《ほか》のことが気《き》になって、今《いま》していることに注意《ちゅうい》が向《む》かないこと。

↓

① 空《そら》　② 雲《くも》

［例］叱《しか》られている間《あいだ》、彼《かれ》はずっと上《うわ》の空《そら》だった。

答え…①

［似た言葉］ 580 **心《こころ》ここにあらず**…気《き》になることがあって集中《しゅうちゅう》できない。

［似た言葉］ 581 **うつろ**…ぼんやりしている。からっぽである。

学んだ日
／
／
／
／
／

582 **理性《りせい》**

物事《ものごと》を筋道《すじみち》立《だ》てて考《かんが》える働《はたら》き。

[例] ごちそうを前《まえ》に理性《りせい》を失《うしな》った。

583 **食《く》ってかかる**

激《はげ》しい態度《たいど》で相手《あいて》に向《む》かっていく。

[例] その食《く》ってかかったような態度《たいど》は何《なん》だ!

584 **ひっきりなし**

途切《とぎ》れることなく続《つづ》くさま。

[例] ひっきりなしに車《くるま》が通《とお》るのでなかなか渡《わた》れない。

学んだ日
／
／
／
／
／

585

棚《たな》に上《あ》げる

自分《じぶん》に不利《ふり》なことは知《し》らないふりをする。

[例] 母《はは》は、自分《じぶん》のことは棚《たな》に上《あ》げて、父《ちち》に怒《おこ》っている。

586

たわむれる

じゃれて遊《あそ》ぶこと。

[例] 彼女《かのじょ》は今《いま》、犬《いぬ》とたわむれている。

587

目《め》が高《たか》い

良《よ》いものと悪《わる》いものを見分《みわ》ける能力《のうりょく》が高《たか》い。

[例] そのつぼの価値《かち》がわかるとはお目《め》が高《たか》い。

学んだ日
／
／
／
／
／

どっちが入《はい》るかな？

588

（　　）を差《さ》す

うまくいっていることに対《たい》して、横《よこ》からじゃまをする。

① 水《みず》
② 油《あぶら》

[例] せっかく決心《けっしん》をしたのに、水《みず》を差《さ》すことを言《い》わないでほしい。

答え…①

[似た言葉] 589 **出鼻《でばな》をくじく**…始《はじ》めたばかりのときに邪魔《じゃま》をする。

[似た言葉] 590 **腰《こし》を折《お》る**…話《はなし》を途中《とちゅう》でさえぎる。

[似た言葉] 591 **横槍《よこやり》を入《い》れる**…関係《かんけい》ない人《ひと》が口《くち》を出《だ》すこと。

[水《みず》のつくことわざ・慣用句《かんようく》]

592 **水入《みずい》らず**…家族《かぞく》や仲間《なかま》だけで集《あつ》まってじゃまされない状態《じょうたい》。

593 **水臭《みずくさ》い**…親《した》しい間柄《あいだがら》にもかかわらず、よそよそしい。

594 **水《みず》に流《なが》す**…過去《かこ》のいざこざをなかったことにする。

595 **水《みず》の泡《あわ》**…やってきたことや努力《どりょく》が無駄《むだ》になること。

596 **水《みず》をあける**…競《きそ》っている相手《あいて》を大《おお》きく引《ひ》き離《はな》す。

学んだ日
／
／
／
／
／

597

ことごとく

残《のこ》らず、すべて。

[例] 練習《れんしゅう》したが、本番《ほんばん》でことごとく失敗《しっぱい》した。

598

プライド

自信《じしん》を持《も》つ気持《きも》ち。誇《ほこ》り。

[例] 彼《かれ》は自分《じぶん》の役割《やくわり》にプライドを持《も》っている。

599

リタイア

引退《いんたい》、退職《たいしょく》すること。

[例] その歳《とし》になってもリタイアしないのはすごいことだ。

学んだ日
／
／
／
／
／

600
足《あし》がすくむ

怖《こわ》くなったり緊張《きんちょう》したりして、足《あし》が動《うご》かなくなる。

[例] タワーの展望台《てんぼうだい》で足《あし》がすくむ。

601
足《あし》が棒《ぼう》になる

長《なが》い時間《じかん》歩《ある》くなどして、足《あし》が疲《つか》れて動《うご》かなくなる。

[例] 母《はは》のショッピングに付《つ》き合《あ》うと、足《あし》が棒《ぼう》になる。

[足《あし》のつくことわざ・慣用句《かんようく》]

602 **足《あし》が出《で》る**…支出《ししゅつ》が予算《よさん》を超《こ》える。

603 **足《あし》が早《はや》い**…食《た》べ物《もの》などが腐《くさ》りやすい。商品《しょうひん》の売《う》れ行《ゆ》きが良《よ》い。

604 **足手《あしで》まとい**…動《うご》きの自由《じゆう》をうばってじゃまになるもの。

605 **足元《あしもと》を見《み》る**…弱《よわ》みにつけこむ。

606 **足《あし》を洗《あら》う**…習慣《しゅうかん》や仕事《しごと》をやめる。（主《おも》に悪《わる》い習慣《しゅうかん》・仕事《しごと》に使《つか》う）

学んだ日
／
／
／
／
／

607 本末転倒《ほんまつてんとう》

大事《だいじ》なこととそうでないことが逆《ぎゃく》になること。

[例] ダイエットのために体調《たいちょう》を崩《くず》しては本末転倒《ほんまつてんとう》だ。

608 持《も》て余《あま》す

どうしたらいいかわからず困《こま》る。

[例] 大量《たいりょう》の食料《しょくりょう》を持《も》て余《あま》す。

609 つじつま

物事《ものごと》の道理《どうり》、筋道《すじみち》。

[例] 話《はなし》のつじつまが合《あ》わず、母《はは》に疑《うたが》われる。

学んだ日
／
／
／
／
／

610 見《み》せしめ

他《ほか》の人《ひと》に見《み》せるように罰《ばっ》すること。

[例] 見《み》せしめとしてみんなの前《まえ》で叱《しか》られた。

611 仕向《しむ》ける

人《ひと》にあることをさせようと働《はたら》きかける。

[例] おにぎりを渡《わた》すよう、仕向《しむ》ける。

612 似《に》たり寄《よ》ったり

あまり差《さ》がないこと。

[例] どの出《だ》し物《もの》も、似《に》たり寄《よ》ったりだ。

学んだ日
／
／
／
／
／

どっちが入《はい》るかな？

613

一《いち》を聞《き》いて（　）を知《し》る

物事《ものごと》の一部《いちぶ》を聞《き》いただけで全体《ぜんたい》を理解《りかい》するほど賢《かしこ》い。

↓

① 十《じゅう》　② 百《ひゃく》

[例] 彼女《かのじょ》は一《いち》を聞《き》いて十《じゅう》を知《し》るような子《こ》だ。

答え…①

[似た言葉] 614 察《さっ》しがいい…人《ひと》の気持《きも》ちなどを正《ただ》しく感《かん》じ取《と》る。

[似た言葉] 615 飲《の》み込《こ》みが早《はや》い…物事《ものごと》を理解《りかい》するのが早《はや》い。

学んだ日
／
／
／
／
／

616
うなぎのぼり
急《きゅう》に上《あ》がること。

[例] 彼《かれ》の人気《にんき》はうなぎのぼりだ。

617
プログラム
計画《けいかく》や予定《よてい》。または、コンピューターへの命令《めいれい》。

[例] ピアノの発表会《はっぴょうかい》のプログラムが配《くば》られた。

618
開《ひら》き直《なお》る
思《おも》い切《き》って覚悟《かくご》を決《き》め、きつい態度《たいど》になる。ふてぶてしくなる。

[例] 開《ひら》き直《なお》って、思《おも》った通《とお》りのことを言《い》う。

学んだ日
／
／
／
／
／

619

企《くわだ》てる

（主《おも》に悪《わる》いことを）計画《けいかく》する。

[例] 選挙《せんきょ》で不正《ふせい》をしようと企《くわだ》てる。

620

気《き》まぐれ

思《おも》いつきで行動《こうどう》すること。気分《きぶん》が変《か》わりやすいこと。

[例] あの子《こ》は気《き》まぐれな性格《せいかく》だ。

621

無様《ぶざま》

とても格好悪《かっこうわる》いこと。見苦《みぐる》しいこと。

[例] 自転車《じてんしゃ》を立《た》ちこぎしていて、無様《ぶざま》にこけてしまった。

学んだ日

／

／

／

／

／

ただいま〜
あれっ？お母《かあ》さんと青葉《あおば》は？
おかえり
二人《ふたり》そろって買《か》い物《もの》じゃ。
ショッピング行《い》ってくるから
キャッ
夕飯《ゆうはん》少《すこ》し遅《おそ》くなるわよ♡
キャッ
ええ〜
お腹《なか》すいてるのにぃ
グゥゥ…
まぁいいや
ゆっくりゲームしよ〜っと！
ん？
ムクリ
ほう…ゲームとな。
今日《きょう》はゆっくり言葉《ことば》のゲームじゃ！
ワシが作《つく》った
ひょい
イヤーッ
おれのゲーム〜!!
健吾《けんご》にはこのステージにチャレンジしてもらう！
わくわく言葉《ことば》ゲーム
『文章《ぶんしょう》を作《つく》る』
ぶ…ぶんしょう!?
ヒイイッ
バーン
作文《さくぶん》コワイ
作文《さくぶん》コワイ…
そんなに怖《こわ》がらんでも大丈夫《だいじょうぶ》じゃ。
ブルブル…

覚《おぼ》えた言葉《ことば》で自分《じぶん》なりに例文《れいぶん》をひとつ作《つく》ってみるだけじゃ！
たとえば「上《うわ》の空《そら》」という言葉《ことば》を学《まな》んだら…
健吾《けんご》は授業中《じゅぎょうちゅう》
ボー…
いつも上《うわ》の空《そら》だ。
うっ…
違《ちが》うと言《い》い切《き》れない…
言葉《ことば》を覚《おぼ》えるたびに例文《れいぶん》を作《つく》るようにすると書《か》く力《ちから》もつくぞ！
より理解《りかい》も深《ふか》まるぞ！
作文《さくぶん》は苦手《にがて》だけどこれくらいならできそう！
では「途方《とほう》に暮《く》れる」で例文《れいぶん》をつくってみよう。
例文《れいぶん》
う～ん…
覚《おぼ》える言葉《ことば》が多《おお》すぎて
途《と》方《ほう》に暮《く》れている——…
お前《まえ》、まだ苦《くる》しんでいるんじゃな…
文章《ぶんしょう》はよくできてるけど…

622

異口同音《いくどうおん》

みんなが同《おな》じことを言《い》うこと。

[例] 委員長《いいんちょう》の提案《ていあん》に異口同音《いくどうおん》に賛成《さんせい》した。

[似た言葉] 623 **口《くち》をそろえる**…みな同《おな》じことを言《い》う。
[似た言葉] 624 **満場一致《まんじょういっち》**…全員《ぜんいん》の意見《いけん》が合《あ》うこと。

625

あながち

必《かなら》ずしも（打《う》ち消《け》しの言葉《ことば》があとに続《つづ》く）。

[例] 彼《かれ》の言《い》うことは、あながち嘘《うそ》ではない。

[似た言葉] 626 **一概《いちがい》に**…ひっくるめて。一口《ひとくち》に言《い》って。
[似た言葉] 627 **必《かなら》ずしも**…（打《う》ち消《け》しの言葉《ことば》があとに続《つづ》いて）必《かなら》ず…というわけではない。

学んだ日
／
／
／
／
／

628

借《か》りてきた猫《ねこ》

いつもと違《ちが》っておとなしいこと。

[例] 彼《かれ》は、好《す》きな子《こ》の前《まえ》では借《か》りてきた猫《ねこ》のようだ。

629

出《で》る杭《くい》は打《う》たれる

才能《さいのう》がある人《ひと》が目立《めだ》つことをすると、憎《にく》まれやすい。

[例] 優秀《ゆうしゅう》な彼《かれ》が批判《ひはん》された。出《で》る杭《くい》は打《う》たれるだ。

630

たどたどしい

もたついている様《よう》子《す》。未熟《みじゅく》な様《よう》子《す》。

[例] たどたどしい読《よ》み方《かた》で教科書《きょうかしょ》を音読《おんどく》する。

学んだ日
／
／
／
／
／

631 肩《かた》を持《も》つ

片方《かたほう》の味方《みかた》をする。

[例] 母《はは》はいつも、弱《よわ》いほうの肩《かた》を持《も》つ。

632 至《いた》れり尽《つ》くせり

気配《きくば》りがよく行《い》き届《とど》いていること。

[例] 至《いた》れり尽《つ》くせりのもてなしをする。

633 否《いな》めない

そうではないと打《う》ち消《け》すことはできない。

[例] 部長《ぶちょう》が音痴《おんち》であることは否《いな》めない。

学んだ日
／
／
／
／
／

レベル2

クイズ 《目《め》》のつくことわざ・慣用句《かんようく》

上《うえ》の言葉《ことば》に合《あ》う意味《いみ》を線《せん》で結《むす》ぼう。

① 目《め》が肥《こ》えた
② 目《め》に浮《う》かぶ
③ 目《め》が点《てん》になる
④ 長《なが》い目《め》で見《み》る
⑤ 目《め》がない

ア 今《いま》だけで判断《はんだん》せずに、将来《しょうらい》をあたたかく見守《みまも》る。
イ 経験《けいけん》から良《よ》いものと悪《わる》いものを見分《みわ》ける力《ちから》がある。
ウ 我《われ》を失《うしな》うほど好《す》きである。
エ 見《み》ているように想像《そうぞう》できる。
オ 驚《おどろ》く。驚《おどろ》きあきれた表情《ひょうじょう》になる。

学んだ日
／
／
／
／
／

➡答《こた》えはP203へ

634 あらまし

だいたい。おおよその内容《ないよう》。

[例] 母《はは》の留守中《るすちゅう》に起《お》こったことのあらましを説明《せつめい》する。

[似た言葉] 635 **概要《がいよう》**…だいたいの内容《ないよう》。
[似た言葉] 636 **筋書《すじが》き**…あらすじ。

637 ひときわ

他《ほか》と比《くら》べて特《とく》に。際立《きわだ》って。

[例] この家《いえ》はひときわ頑丈《がんじょう》だ。

[似た言葉] 638 **特《とく》に**…他《ほか》より目立《めだ》って。
[似た言葉] 639 **殊《こと》に**…なかでも、著《いちじる》しく。
[似た言葉] 640 **とりわけ**…特別《とくべつ》に。

学んだ日
／
／
／
／
／

641
ぬか喜《よろこ》び

勘違《かんちが》いで喜《よろこ》んで、あとでがっかりすること。

[例] 得点《とくてん》を見間違《みまちが》えて、ぬか喜《よろこ》びする。

642
抽象的《ちゅうしょうてき》

実際《じっさい》の状態《じょうたい》からかけ離《はな》れて、具《ぐ》体的《たいてき》ではないこと。↔ 具体的《ぐたいてき》

[例] 説明《せつめい》が抽象的《ちゅうしょうてき》でわからない。

643
具体的《ぐたいてき》

はっきりとしていてわかりやすいこと。↔ 抽象的《ちゅうしょうてき》

[例] 目標《もくひょう》は具体的《ぐたいてき》にしたほうが実現《じつげん》しやすい。

学んだ日
／
／
／
／
／

[P201のクイズの答《こた》え] ①イ ②エ ③オ ④ア ⑤ウ

644

好転《こうてん》

状況《じょうきょう》がよくなること。

[例] テストで満点《まんてん》を取《と》ってから、運気《うんき》が好転《こうてん》した。

645

心外《しんがい》

思《おも》いもかけないことに、残念《ざんねん》な気持《きも》ちになること。

[例] そんなふうに言《い》われるなんて、心外《しんがい》だ。

646

無縁《むえん》

関係《かんけい》がないこと。

[例] 都会《とかい》とは無縁《むえん》の生活《せいかつ》をしてきたので、高層《こうそう》ビルは新鮮《しんせん》だ。

学んだ日
／
／
／
／
／

647
わずらわしい
複雑《ふくざつ》でめんどうなこと。

[例] 予定《よてい》を細《こま》かく立《た》てすぎるのはわずらわしい。

648
見《み》かけ倒《だお》し
外見《がいけん》は立派《りっぱ》だが、中身《なかみ》がよくないこと。

[例] 立派《りっぱ》な格好《かっこう》も、見《み》かけ倒《だお》しでは意味《いみ》がない。

649
高飛車《たかびしゃ》
見下《みくだ》した態度《たいど》をとること。

[例] 高飛車《たかびしゃ》な態度《たいど》をとると、嫌《きら》われる。

学んだ日
／
／
／
／
／

650 **徒労《とろう》**

むだな苦労《くろう》や努力《どりょく》のこと。

[例] テスト勉強《べんきょう》は徒労《とろう》に終《お》わった。

[似た言葉] 651 **焼《や》け石《いし》に水《みず》**…少《すこ》しの助《たす》けでは何《なん》の役《やく》にも立《た》たないこと。
[似た言葉] 652 **悪《わる》あがき**…焦《あせ》ってむだなことをする。
[似た言葉] 653 **骨《ほね》折《お》り損《ぞん》**…苦労《くろう》がむだになる。

654 **緻密《ちみつ》**

細《こま》かいところまでうまくできていて、ミスがないこと。

[例] 緻密《ちみつ》な仕事《しごと》ぶりが評価《ひょうか》される。

[反対の言葉] 655 **散漫《さんまん》**…集中《しゅうちゅう》していないこと。まとまりがないこと。
[反対の言葉] 656 **粗雑《そざつ》**…大《おお》ざっぱなこと。

学んだ日
／
／
／
／
／

657 待《ま》ちかねる

長《なが》い間《あいだ》待《ま》っていて、これ以上《いじょう》待《ま》つのに耐《た》えられない。

[例] 彼《かれ》からの返事《へんじ》を待《ま》ちかねる。

658 無《む》理《り》強《じ》い

強引《ごういん》にやらせること。

[例] 値下《ねさ》げを無理強《むりじ》いされた。

659 日進月歩《にっしんげっぽ》

絶《た》えず、どんどん進歩《しんぽ》していること。

[例] 家電製品《かでんせいひん》の技術《ぎじゅつ》は日進月歩《にっしんげっぽ》だ。

学んだ日

／

／

／

／

／

どっちが入《はい》るかな？

660

石橋《いしばし》を（　）渡《わた》る

用心《ようじん》の上《うえ》にも用心《ようじん》を重《かさ》ねること。

① 走《はし》って

② 叩《たた》いて

[例] 彼《かれ》は、石橋《いしばし》を叩《たた》いて渡《わた》る用心深《ようじんぶか》い性格《せいかく》だ。

答え…②

[似た言葉] 661 **転《ころ》ばぬ先《さき》の杖《つえ》**…あらかじめ用心《ようじん》していれば失敗《しっぱい》しない。

[似た言葉] 662 **念《ねん》には念《ねん》を入《い》れる**…注意《ちゅうい》に注意《ちゅうい》を重《かさ》ねる。

学んだ日
／
／
／
／
／

663

有害《ゆうがい》

悪《わる》い効果《こうか》や影響《えいきょう》があること。

[例] たばこは体《からだ》に有害《ゆうがい》だ。

664

ただならぬ

普通《ふつう》ではないこと。

[例] 母《はは》のただならぬ気配《けはい》を感《かん》じ、ぞくっとした。

665

涙《なみだ》ぐましい

感動《かんどう》のあまり涙《なみだ》が出《で》そうなくらいの。

[例] ダイエットのため涙《なみだ》ぐましい努力《どりょく》をする。

学んだ日
／
／
／
／
／

666
はぐらかす

話《はなし》の大事《だいじ》なところをずらしたり話題《わだい》を変《か》えたりしてごまかす。

[例] はぐらかさないで、ちゃんと答《こた》えてほしい。

[似た言葉] 667 **煙《けむ》に巻《ま》く**…よくわからないことを言《い》ってごまかす。

668
瓜二《うりふた》つ

二《ふた》つに割《わ》った瓜《うり》のように、顔《かお》かたちがそっくりなこと。

[例] 父親《ちちおや》に瓜二《うりふた》つの息子《むすこ》が生《う》まれる。

[植物《しょくぶつ》にまつわることわざ・慣用句《かんようく》]

669 **竹《たけ》を割《わ》ったよう**…素直《すなお》でまっすぐな性格《せいかく》である。

670 **根《ね》に持《も》つ**…何《なに》かされたことを忘《わす》れず、いつまでも恨《うら》みに思《おも》う。

671 **根《ね》も葉《は》もない**…まったく根拠《こんきょ》がない。

672 **道草《みちくさ》を食《く》う**…何《なに》かをしている途中《とちゅう》で他《ほか》ごとをして時間《じかん》を使《つか》う。

673 **両手《りょうて》に花《はな》**…二《ふた》つの良《よ》いものを同時《どうじ》に持《も》っていること。

学んだ日
／
／
／
／
／

674

大《だい》それた

常識《じょうしき》からかけはなれた、とんでもない。

[例] 宇宙旅行《うちゅうりょこう》をしたいという、大《だい》それた夢《ゆめ》を描《えが》く。

675

省《はぶ》く

余分《よぶん》なもの、なくてもいいものを取《と》り除《のぞ》いて減《へ》らす。

[例] 細《こま》かい説明《せつめい》を省《はぶ》く。

676

ひけらかす

見《み》せびらかす。自慢《じまん》する。

[例] 自分《じぶん》の能力《のうりょく》をひけらかすのは感《かん》じが悪《わる》い。

学んだ日
／
／
／
／
／

677
てきめん

結果《けっか》や効果《こうか》がすぐに出《で》てくること。

[例] さつまいもは便秘解消《べんぴかいしょう》に効果《こうか》てきめんだ。

678
歯《は》がゆい

思《おも》うようにいかず、いらだたしい。

[例] 納得《なっとく》のいく絵《え》が描《か》けず、歯《は》がゆい思《おも》いをした。

679
願《ねが》ってもない

叶《かな》いそうにないことが運《うん》よく起《お》こること。

[例] 好《す》きな子《こ》の隣《となり》の席《せき》になるなんて、願《ねが》ってもないチャンスだ。

学んだ日
／
／
／
／
／

680
二《に》の舞《まい》

他《ほか》の人《ひと》と似《に》たような失敗《しっぱい》をすること。

[例] このままでは彼《かれ》の二《に》の舞《まい》だ。

[似た言葉] 681 **てつを踏《ふ》む**…前《まえ》の人《ひと》の失敗《しっぱい》をくり返《かえ》す。

682
うかつ

うっかりすること。

[例] うかつにも、母《はは》に大事《だいじ》なことを伝《つた》えるのを忘《わす》れていた。

[似た言葉] 683 **うっかり**…注意《ちゅうい》が足《た》りないこと。

[似た言葉] 684 **軽率《けいそつ》**…あまり考《かんが》えず、軽《かる》はずみに行動《こうどう》すること。

[似た言葉] 685 **浅《あさ》はか**…考《かんが》えが足《た》りないこと。

学んだ日
／
／
／
／
／

686 **使《つか》い果《は》たす**

すべて残《のこ》らず使《つか》ってしまうこと。

[例] お小遣《こづか》いを使《つか》い果《は》たし、途方《とほう》に暮《く》れる。

687 **突飛《とっぴ》**

とても変《か》わっている様子《ようす》。

[例] 彼女《かのじょ》は突飛《とっぴ》な発言《はつげん》でみんなをびっくりさせる。

688 **自由自在《じゆうじざい》**

好《す》きなようにできること。

[例] 彼《かれ》は人《ひと》の心《こころ》を自由自在《じゆうじざい》に操《あやつ》ることができる。

学んだ日
／
／
／
／
／

689
都度《つど》
毎回《まいかい》。毎度《まいど》。

[例] 彼《かれ》は点呼《てんこ》の都度《つど》、自分《じぶん》の名前《なまえ》について説明《せつめい》する。

690
さっそう
さわやかできりっとしている様子《ようす》。

[例] 救援《きゅうえん》ピッチャーがさっそうと登場《とうじょう》した。

691
人《ひと》づて
他人《たにん》を通《とお》して。

[例] 人《ひと》づてに聞《き》いた話《はなし》なので、詳《くわ》しくはわからない。

学んだ日
／
／
／
／
／

どっちが入《はい》るかな？

692

とんびが（　　）を生《う》む

平凡《へいぼん》な親《おや》が優《すぐ》れた子《こ》どもを生《う》むこと。

↓

① たか　② つばめ

[例] 自分《じぶん》の子《こ》が画家《がか》になるなんて、まさにとんびがたかを生《う》むだ。

答え…①

[反対の言葉] 693 **かえるの子《こ》はかえる**…親《おや》が平凡《へいぼん》であれば、子《こ》も平凡《へいぼん》である。

学んだ日
／
／
／
／
／

694
蛇足《だそく》
余計《よけい》なものを付《つ》け足《た》してしまうこと。

[例] 最後《さいご》の一言《ひとこと》が蛇足《だそく》だった。

695
ふがいない
情《なさ》けない。まったくだらしない。

[例] 1点《てん》も取《と》れずに負《ま》けるなんて、ふがいない。

696
元《もと》も子《こ》もない
全《すべ》て失《うしな》って何《なに》もなくなる。

[例] 無理《むり》して体《からだ》をこわしては、元《もと》も子《こ》もない。

学んだ日
／
／
／
／
／

クイズ 《足《あし》》のつくことわざ・慣用句《かんようく》

上《うえ》の言葉《ことば》に合《あ》う意味《いみ》を線《せん》で結《むす》ぼう。

①足《あし》を洗《あら》う
②足《あし》が早《はや》い
③足手《あして》まとい
④足元《あしもと》を見《み》る
⑤足《あし》が出《で》る

㋐食《た》べ物《もの》などが腐《くさ》りやすい。商品《しょうひん》の売《う》れ行《ゆ》きが良《よ》い。
㋑弱《よわ》みにつけこむ。
㋒支出《ししゅつ》が予算《よさん》を超《こ》える。
㋓習慣《しゅうかん》や仕事《しごと》をやめる。（主《おも》に悪《わる》い習慣《しゅうかん》・仕事《しごと》に使《つか》う）
㋔動《うご》きの自由《じゆう》をうばってじゃまになるもの。

➡答《こた》えはP221へ

学んだ日
／
／
／
／
／

697

手際《てぎわ》

何《なに》かをするときの腕前《うでまえ》や要領《ようりょう》。

[例] 彼《かれ》は進行《しんこう》の手際《てぎわ》がよい。

698

猫舌《ねこじた》

熱《あつ》い食《た》べ物《もの》を食《た》べるのが苦手《にがて》なこと。また、そのような人《ひと》。

[例] あのシェフは腕《うで》はいいが、猫舌《ねこじた》だ。

699

抜《ぬ》き打《う》ち

予告《よこく》なしで、いきなり何《なに》かを行《おこな》うこと。

[例] 抜《ぬ》き打《う》ち検査《けんさ》で持《も》ち物《もの》を没収《ぼっしゅう》された。

学んだ日
／
／
／
／
／

700
抱負《ほうふ》
目標《もくひょう》や決意《けつい》。

[例] 書《か》き初《ぞ》めのテーマは今年《ことし》の抱負《ほうふ》だ。

701
背《せ》に腹《はら》はかえられない
大事《だいじ》なことのためには他《ほか》のことを犠牲《ぎせい》にしても仕方《しかた》がない。

[例] 雨《あめ》に濡《ぬ》れるのは嫌《いや》だが、背《せ》に腹《はら》はかえられない。

[腹《はら》のつくことわざ・慣用句《かんようく》]

702 **腹《はら》をくくる**…覚悟《かくご》をする。

703 **腹《はら》がすわる**…覚悟《かくご》が決《き》まっていて、どっしりと構《かま》える。

704 **腹《はら》を決《き》める**…決心《けっしん》する。覚悟《かくご》をする。

705 **腹《はら》を探《さぐ》る**…人《ひと》の気持《きも》ちを探《さぐ》ろうとする。

706 **腹《はら》を割《わ》る**…本当《ほんとう》の気持《きも》ちを打《う》ち明《あ》ける。

学んだ日
／
／
／
／
／

707 鉢合《はちあ》わせ

思《おも》いがけずばったり出会《であ》うこと。

[例] 一番会《いちばんあ》いたくない相手《あいて》と鉢合《はちあ》わせした。

708 ぬかに釘《くぎ》

ぬかに釘《くぎ》を打《う》つように手応《てごた》えがなく、効《き》き目《め》がないこと。

[例] 彼《かれ》には何回言《なんかいい》っても、ぬかに釘《くぎ》だ。

709 喉《のど》から手《て》が出《で》る

欲《ほ》しくて欲《ほ》しくてたまらないさま。

[例] 喉《のど》から手《て》が出《で》るほど欲《ほ》しいゲーム機《き》を親《おや》にねだる。

学んだ日
／
／
／
／
／

[P218のクイズの答《こた》え] ①エ ②ア ③オ ④イ ⑤ウ

710
石《いし》の上《うえ》にも三年《さんねん》

辛抱強《しんぼうづよ》くがんばっていれば、いつかはうまくいく、ということ。

[例] 石《いし》の上《うえ》にも三年《さんねん》、ようやく舞台《ぶたい》に立《た》てるときがきた。

711
あたかも

ちょうど。まるで。まさしく。

[例] あたかも勉強《べんきょう》していたかのようなそぶりをする。

712
踊《おど》り場《ば》

階段《かいだん》の途中《とちゅう》にもうけられている、やや広《ひろ》く平《たい》らな場所《ばしょ》。

[例] 踊《おど》り場《ば》で踊《おど》りの練習《れんしゅう》をするのは危《あぶ》ない。

学んだ日
／
／
／
／
／

どっちが入《はい》るかな？

713

口《くち》（　）に乗《の》せられる

巧《たく》みな話《はな》しぶりにだまされる。

↓

①車《ぐるま》　②馬《うま》

[例] 口車《くちぐるま》に乗《の》せられて、偽物《にせもの》を買《か》ってしまった。

答え…①

学んだ日
／
／
／
／
／

[口《くち》のつくことわざ・慣用句《かんようく》]

714 **口《くち》がうまい**…話《はな》し方《かた》が巧《たく》みで、他人《たにん》を説得《せっとく》したりするのが上手《じょうず》なこと。

715 **口《くち》が滑《すべ》る**…言《い》ってはいけないことをうっかり言《い》ってしまう。

716 **口《くち》に合《あ》う**…食《た》べ物《もの》や飲《の》み物《もの》が好《この》みに合《あ》う。

717 **口《くち》を酸《す》っぱくする**…何度《なんど》もくり返《かえ》し言《い》う。

718 **口《くち》を出《だ》す**…他人《たにん》の話《はなし》に意見《いけん》を言《い》う。

719 **口《くち》をとがらせる**…物事《ものごと》に不満《ふまん》を言《い》ったり、そのような態度《たいど》をとる。

720
仲介《ちゅうかい》
間《あいだ》に入《はい》って、まとめること。

[例] 二人《ふたり》の話《はな》し合《あ》いを仲介《ちゅうかい》する。

721
やつれる
病気《びょうき》や疲労《ひろう》でやせおとろえる。

[例] 疲《つか》れでずいぶんやつれてきた。

722
危《あぶ》なげない
危《あぶ》ないところがなく、安心《あんしん》して
見《み》ていられる様子《ようす》。

[例] 大会《たいかい》では危《あぶ》なげない演技《えんぎ》で優勝《ゆうしょう》した。

学んだ日
／
／
／
／
／

723
惑《まど》わす
迷《まよ》わせる。だます。混乱《こんらん》させる。

[例] うまい話《はなし》に惑《まど》わされてはならない。

724
目《め》をかける
ひいきにする。

[例] 入社《にゅうしゃ》したときから、なぜか社長《しゃちょう》がよく目《め》をかけてくれる。

725
的中《てきちゅう》
予想《よそう》などが当《あ》たること。

[例] 悪《わる》い予感《よかん》が的中《てきちゅう》した。

学んだ日
／
／
／
／
／

726 つれない

冷《つめ》たくそっけないこと。

[例] つれない態度《たいど》をとられてショックを受《う》けた。

[似た言葉] 727 **すげない**…愛想《あいそ》がないさま。
[似た言葉] 728 **そっけない**…思《おも》いやりがない様子《ようす》。
[似た言葉] 729 **気《き》がない**…興味《きょうみ》がないような様子《ようす》。

730 妬《ねた》む

うらやんで、憎《にく》むこと。

[例] モテる奴《やつ》を妬《ねた》んでも、しかたない。

[似た言葉] 731 **やっかむ**…うらやましく思《おも》う。
[似た言葉] 732 **嫉妬《しっと》する**…優《すぐ》れた人《ひと》をうらやみ妬《ねた》む。やきもちを焼《や》く。

学んだ日
／
／
／
／
／

733
兆《きざ》し
何《なに》かが起《お》きそうな気配《けはい》。

[例] 体調《たいちょう》が回復《かいふく》する兆《きざ》しが見《み》えた。

734
過言《かごん》（ではない）
（後《うし》ろに打《う》ち消《け》しがついて）言《い》い過《す》ぎではない。

[例] 彼《かれ》は学校一《がっこういち》の人気者《にんきもの》と言《い》っても過言《かごん》ではない。

735
心《こころ》おきなく
気兼《きが》ねなく。思《おも》い切《き》り。

[例] 食《た》べ放題《ほうだい》なので、心《こころ》おきなく食《た》べられる。

学んだ日
／
／
／
／
／

736 とりとめのない

はっきりした目的《もくてき》がないこと。まとまっていないこと。

[例] とりとめのない話《はなし》に時間《じかん》を費《つい》やす。

737 眉《まゆ》をひそめる

心配事《しんぱいごと》や嫌《いや》なことがあって、眉《み》間《けん》にしわを寄《よ》せる。

[例] つまらない番組《ばんぐみ》に眉《まゆ》をひそめた。

738 羽目《はめ》を外《はず》す

調子《ちょうし》に乗《の》って度《ど》を越《こ》す。

[例] 夏休《なつやす》みに入《はい》った嬉《うれ》しさで羽目《はめ》を外《はず》してけがをしてしまった。

学んだ日
／
／
／
／
／

739

侮《あなど》る

相手《あいて》を軽《かる》く見《み》ること。見《み》くびること。

[例] 桃太郎《ももたろう》の実力《じつりょく》を侮《あなど》っていた。

[反対の言葉] 740 **敬《うやま》う**…尊敬《そんけい》し、相手《あいて》を大切《たいせつ》に思《おも》う。

741

白《しろ》い目《め》で見《み》る

相手《あいて》を冷《つめ》たい目《め》つきで見《み》ること。

[例] 目立《めだ》つ格好《かっこう》をしていると、白《しろ》い目《め》で見《み》られる。

[色《いろ》のつくことわざ・慣用句《かんようく》]

742 **赤《あか》の他人《たにん》**…何《なん》のつながりもないまったくの他人《たにん》。

743 **尻《しり》が青《あお》い**…未熟《みじゅく》である。一人前《いちにんまえ》でない。

744 **青息吐息《あおいきといき》**…困《こま》り果《は》てたときに出《で》るため息《いき》。そのため息《いき》が出《で》る状況《じょうきょう》。

745 **腹《はら》が黒《くろ》い**…心《こころ》の中《なか》で悪《わる》いことを考《かんが》えている。

746 **目《め》を白黒《しろくろ》させる**…思《おも》いがけないことに驚《おどろ》く。あわてる。

学んだ日
／
／
／
／
／

747

臨機応変《りんきおうへん》

その場《ば》の状況《じょうきょう》に合《あ》った適切《てきせつ》な行《こう》動《どう》をすること。

[例] 忘《わす》れ物《もの》をしたが、臨機応変《りんきおうへん》に対応《たいおう》した。

748

無難《ぶなん》

危《あぶ》なげないこと。悪《わる》くもないが、特《とく》にすぐれてもいないこと。

[例] 会議《かいぎ》で無難《ぶなん》な意見《いけん》を述《の》べる。

749

優柔不断《ゆうじゅうふだん》

ぐずぐずしてなかなか物事《ものごと》を決《き》められないこと。

[例] 優柔不断《ゆうじゅうふだん》な性格《せいかく》で、いつも時間《じかん》を無駄《むだ》にする。

学んだ日
／
／
／
／
／

どっちが入《はい》るかな？

750
（　）の一声《ひとこえ》

他《ほか》の意見《いけん》に関係《かんけい》なく、みんなが従《したが》うような力《ちから》のある人《ひと》の発言《はつげん》。

⬇

① 鳩《はと》　② 鶴《つる》

[例] 彼女《かのじょ》の鶴《つる》の一声《ひとこえ》で、会社《かいしゃ》のイメージカラーが決《き》まった。

答え…②

[似た言葉] 751 **一存《いちぞん》**…自分《じぶん》だけの考《かんが》えのこと。

[似た言葉] 752 **さじ加減《かげん》**…自分《じぶん》の都合《つごう》で物事《ものごと》を調整《ちょうせい》すること。

[動物《どうぶつ》にまつわることわざ・慣用句《かんようく》①]

753 **閑古鳥《かんこどり》が鳴《な》く**…人《ひと》が訪《おとず》れず、ひっそりとしている。

754 **狐《きつね》につままれる**…思《おも》いがけないことが起《お》こってぽかんとする。

755 **犬猿《けんえん》の仲《なか》**…とても仲《なか》の悪《わる》いこと。

756 **虎《とら》の威《い》を借《か》る狐《きつね》**
…自分《じぶん》は弱《よわ》いのに、力《ちから》のあるものを盾《たて》にしていばる人《ひと》のこと。

757 **二兎《にと》を追《お》う者《もの》は一兎《いっと》をも得《え》ず**…二《ふた》つのことを同時《どうじ》にしようとすると、どちらもうまくいかないということ。

学んだ日
／
／
／
／
／

758
巧《たく》み
上手《じょうず》なこと。手際《てぎわ》がよいこと。

[例] 巧《たく》みな言葉《ことば》で、相手《あいて》を説得《せっとく》した。

759
鼻《はな》を明《あ》かす
他人《たにん》をあっと言《い》わせる。

[例] いつもいじめてくる相手《あいて》の鼻《はな》を明《あ》かしてやった。

760
あからさま
ありのまま、隠《かく》さずに外《そと》に表《あらわ》すこと。

[例] ノートを貸《か》してと頼《たの》んだら、あからさまに嫌《いや》な顔《かお》をされた。

学んだ日
／
／
／
／
／

レベル2

761 ▼ 766

761

妥協《だきょう》

お互《たが》いにゆずり合《あ》って結論《けつろん》を出《だ》すこと。

[例] 意見《いけん》が対立《たいりつ》したときは、妥協《だきょう》することも必要《ひつよう》だ。

[似た言葉] 762 **折《お》り合《あ》いをつける**…ゆずり合《あ》って問題《もんだい》を解決《かいけつ》する。

[似た言葉] 763 **譲歩《じょうほ》**…相手《あいて》の考《かんが》えに歩《あゆ》み寄《よ》る。

764

気《き》兼《が》ね

遠慮《えんりょ》をすること。

[例] 気兼《きが》ねしないで、好《す》きなものを食《た》べましょう。

[似た言葉] 765 **気詰《きづ》まり**…他人《たにん》を気《き》にして窮屈《きゅうくつ》に感《かん》じること。

[似た言葉] 766 **遠慮《えんりょ》**…他《ほか》の人《ひと》を気《き》づかい、することや言《い》うことを控《ひか》える。

学んだ日

／

／

／

／

／

767 わだかまり

心《こころ》に残《のこ》っていてすっきりしない嫌《いや》な気持《きも》ち。

[例] わだかまりを残《のこ》したままにはしたくない。

768 縁《えん》の下《した》の力《ちから》持《も》ち

人目《ひとめ》につかないところでがんばる人《ひと》。

[例] 縁《えん》の下《した》の力《ちから》持《も》ちとして、チームを支《ささ》える。

769 著《いちじる》しい

はっきりしていて明《あき》らかなこと。

[例] 最近《さいきん》、くまくんの体重《たいじゅう》が著《いちじる》しく増加《ぞうか》した。

学んだ日
／
／
／
／
／

770

愛嬌《あいきょう》

かわいらしくて憎《にく》めないこと。

[例] ミケには愛嬌《あいきょう》がある。

771

にもかかわらず

しかし。それなのに。

[例] 彼《かれ》は運動音痴《うんどうおんち》にもかかわらず、女子《じょし》に人気《にんき》がある。

772

能率《のうりつ》

ある時間内《じかんない》に終《お》わる仕事《しごと》の割合《わりあい》。はかどりかた。

[例] このやり方《かた》では、能率《のうりつ》が悪《わる》い。

学んだ日
／
／
／
／
／

773
釣《つ》り合《あ》う
似《に》合《あ》うこと。バランスがとれること。

[例] 彼《かれ》らは互《たが》いに釣《つ》り合《あ》っている。

774
束《つか》の間《ま》
ちょっとの間《あいだ》。短《みじか》い間《あいだ》。

[例] 彼《かれ》と話《はな》せたのは、ほんの束《つか》の間《ま》だった。

775
峠《とうげ》を越《こ》す
一番《いちばん》さかんな時期《じき》や危険《きけん》な時期《じき》を過《す》ぎること。

[例] 忙《いそが》しさの峠《とうげ》を越《こ》したようだ。

学んだ日
／
／
／
／
／

クイズ　植物《しょくぶつ》にまつわることわざ・慣用句《かんようく》

（　）に入《はい》る語《ご》を□の中《なか》から選《えら》ぼう。

①素直《すなお》でまっすぐな性格《せいかく》である。

（　）を割《わ》ったよう

②まったく根拠《こんきょ》がない。

根《ね》も（　）もない

③二《ふた》つの良《よ》いものを同時《どうじ》に持《も》っていること。

両手《りょうて》に（　）

④何《なに》かをしている途中《とちゅう》で他《ほか》ごとをして時間《じかん》を使《つか》う。

道《みち》（　）を食《く》う

⑤何《なに》かされたことを忘《わす》れず、いつまでも恨《うら》みに思《おも》う。

（　）に持《も》つ

葉《は》	根《ね》	竹《たけ》	花《はな》	草《くさ》

学んだ日

／

／

／

／

／

答《こた》えはP239へ

どっちが入《はい》るかな？

776 （　　）をにごす

いい加減《かげん》なことを言《い》ってその場《ば》をごまかす。

① お茶《ちゃ》
② 酒《さけ》

[例] いい意見《いけん》が思《おも》いつかず、ダジャレでお茶《ちゃ》をにごした。

答え…①

[似た言葉] 777 煮《に》え切《き》らない…ぐずぐずしている。決《き》められない。
[似た言葉] 778 言葉《ことば》をにごす…はっきりと言《い》わないこと。

学んだ日
／
／
／
／
／

779 ちなみに

ついでに。関連《かんれん》したことを言《い》うと。

[例] 園《えん》には2頭《とう》のパンダがいる。ちなみに夫婦《ふうふ》だ。

780 致命的《ちめいてき》

生死《せいし》にかかわる、または取《と》り返《かえ》しがつかないほど重大《じゅうだい》なこと。

[例] テストで致命的《ちめいてき》なミスをしてしまった。

781 くまなく

すみずみまで。余《あま》すところなく。

[例] 冷蔵庫《れいぞうこ》をくまなく探《さが》したのに、見《み》つからない。

[P237のクイズの答《こた》え] ①竹《たけ》　②葉《は》　③花《はな》　④草《くさ》　⑤根《ね》

学んだ日
／
／
／
／
／

782
十人十色《じゅうにんといろ》

考《かんが》えなどが人《ひと》それぞれ違《ちが》っていること。

[例] 好《この》みはみな、十人十色《じゅうにんといろ》だ。

[似た言葉] 783 **三者三様《さんしゃさんよう》**…三人《さんにん》いれば三人《さんにん》とも考《かんが》えが違《ちが》う。人《ひと》それぞれ。

[似た言葉] 784 **たで食《く》う虫《むし》も好《す》き好《ず》き**…苦《にが》い植物《しょくぶつ》を好《この》む虫《むし》もいるように、人《ひと》の好《この》みはさまざまであること。

785
かろうじて

なんとか、ギリギリで。

[例] 提出期限《ていしゅつきげん》にかろうじて間《ま》に合《あ》った。

[似た言葉] 786 **命《いのち》からがら**…どうにかこうにか命《いのち》だけは失《うしな》わずに。

[似た言葉] 787 **辛《から》くも**…どうにかこうにか。ギリギリで。

[似た言葉] 788 **ほうほうの体《てい》で**…大変《たいへん》な目《め》にあって、やっとのことで。

学んだ日
／
／
／
／
／

789

紛《まぎ》らわしい

似《に》ていて区別《くべつ》しにくい。間違《まちが》えやすい。

[例] やぎと羊《ひつじ》は紛《まぎ》らわしい。

790

口《くち》が減《へ》らない

あれこれ言《い》い返《かえ》したり、へらず口《ぐち》をきいたりする。

[例] あの新入社員《しんにゅうしゃいん》は口《くち》が減《へ》らないね。

791

顔《かお》から火《ひ》が出《で》る

恥《は》ずかしさのあまり真《ま》っ赤《か》になること。

[例] ラブレターを見《み》られてしまい、顔《かお》から火《ひ》が出《で》る思《おも》いだ。

学んだ日
／
／
／
／
／

792 ぬけぬけ

図々《ずうずう》しい様子《ようす》。

[例] ぬけぬけと自分勝手《じぶんかって》なことを言《い》う。

793 ないがしろ

いい加減《かげん》に、軽《かる》く扱《あつか》うこと。

[例] 親《おや》をないがしろにしてはいけない。

794 途方《とほう》に暮《く》れる

どうしていいのかわからず、困《こま》りはてる。

[例] 新幹線《しんかんせん》に乗《の》り遅《おく》れ、途方《とほう》に暮《く》れる。

学んだ日
／
／
／
／
／

795
慎《つつし》む
気《き》をつける。慎重《しんちょう》になる。

[例] 先生《せんせい》に向《む》かって、言葉《ことば》を慎《つつし》みなさい。

[似た言葉] 796 **控《ひか》える**…やめておく。
[似た言葉] 797 **自粛《じしゅく》する**…自分《じぶん》の考《かんが》えで行動《こうどう》などをやめること。

798
大器晩成《たいきばんせい》
将来大《しょうらいおお》きな成功《せいこう》をする人物《じんぶつ》は、実力《じつりょく》をあらわすのが遅《おそ》いこと。

[例] あの人《ひと》は時間《じかん》をかけて成功《せいこう》した。まさに大器晩成《たいきばんせい》だ。

[その他《た》の四字熟語《よじじゅくご》]
799 **温故知新《おんこちしん》**…昔《むかし》のことを学《まな》んで現代《げんだい》に生《い》かすこと。
800 **意気投合《いきとうごう》**…考《かんが》えなどがぴったり合《あ》うこと。
801 **賛否両論《さんぴりょうろん》**…賛成《さんせい》と否定《ひてい》（反対《はんたい》）の両方《りょうほう》があること。

学んだ日
／
／
／
／
／

802

しらを切《き》る

しらばくれる。わざと知《し》らないふりをする。

[例] 彼《かれ》はどんなに問《と》い詰《つ》められても、しらを切《き》った。

803

虫《むし》がいい

自分《じぶん》に都合《つごう》がいいことばかりを考《かんが》えること。

[例] さぼったくせに宿題《しゅくだい》を写《うつ》したいなんて、虫《むし》がいい話《はなし》だ。

804

やむをえない

それ以外《いがい》に方法《ほうほう》がない。仕方《しかた》がない。

[例] その熱《ねつ》では、早退《そうたい》するのもやむをえない。

学んだ日
／
／
／
／
／

805
気《き》まま

思《おも》うままに行動《こうどう》すること。

[例] 留守番《るすばん》の間《あいだ》は、気《き》ままな暮《く》らしを楽《たの》しんでいる。

806
一向《いっこう》に

全然《ぜんぜん》。まったく。※うしろに「…ない」がつくことが多《おお》い。

[例] 一向《いっこう》に終《お》わる気《き》がしない。

807
的《まと》を射《い》る

要点《ようてん》を的確《てきかく》にとらえている。

[例] 的《まと》を射《い》た指摘《してき》を受《う》ける。

学んだ日
／
／
／
／
／

808
あらわ

はっきり見《み》えること。むき出《だ》しになること。

[例] 僕《ぼく》の秘密《ひみつ》があらわになってしまった。

[似た言葉] 809 **あけすけ**…包《つつ》み隠《かく》さずに。

[似た言葉] 810 **露骨《ろこつ》**…気持《きも》ちをむき出《だ》しで表《あらわ》す。

811
みだりに

きちんとした理由《りゆう》もなく。むやみに。

[例] みだりに仕事《しごと》を引《ひ》き受《う》けると、後《あと》が大変《たいへん》だ。

[似た言葉] 812 **やみくもに**…闇《やみ》の中《なか》で雲《くも》をつかむように、あてもなく。

[似た言葉] 813 **むやみに**…後先《あとさき》を考《かんが》えないで、やたらめったら。

学んだ日
／
／
／
／
／

814 たぬき寝《ね》入《い》り

眠《ねむ》っているふりをする。

[例] 都合《つごう》が悪《わる》くなって、たぬき寝《ね》入《い》りをする。

815 触《ふ》れ込《こ》み

前《まえ》もって知《し》らされていること。

[例] 転校生《てんこうせい》は「柔道《じゅうどう》の黒帯《くろおび》」という触《ふ》れ込《こ》みだ。

816 差《さ》し引《ひ》き

ある数《かず》から他《ほか》の数《かず》を引《ひ》くこと。

[例] 200円《えん》もらったが、100円返《えんかえ》して差《さ》し引《ひ》き100円《えん》だ。

学んだ日
／
／
／
／
／

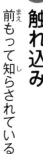

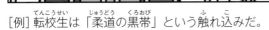

817
手頃《てごろ》

持《も》つのにちょうどいいこと。また、条件《じょうけん》に合《あ》うこと。

[例] 手頃《てごろ》な値段《ねだん》の商品《しょうひん》にひかれる。

818
知《し》らぬが仏《ほとけ》

知《し》っていると気《き》になることも、知《し》らないから穏《おだ》やかでいられる。

[例] 他《ほか》の生徒《せいと》の点数《てんすう》が高《たか》かったことは、知《し》らぬが仏《ほとけ》だ。

819
廃《すた》れる

時《とき》が経《た》つにつれて行《おこな》われなくなる。はやらなくなる。

[例] かつては行列《ぎょうれつ》ができていたお店《みせ》が廃《すた》れてしまった。

学んだ日
／
／
／
／
／

820
丹念《たんねん》
細《こま》かい点《てん》まで丁寧《ていねい》に。

[例] これは職人《しょくにん》が丹念《たんねん》に作《つく》り上《あ》げたお皿《さら》だ。

[似た言葉] 821 細心《さいしん》…細《こま》かいところまで気《き》をつけて。
[似た言葉] 822 念入《ねんい》り…丁寧《ていねい》に。注意《ちゅうい》して。
[似た言葉] 823 綿密《めんみつ》…やり方《かた》が細《こま》かく、ミスのない様子《ようす》。

824
洗《あら》いざらい
残《のこ》らず、すべて。

[例] 自分《じぶん》がしたことを洗《あら》いざらい話《はな》す。

[似た言葉] 825 余《あま》すところなく…残《のこ》らずすべて。
[似た言葉] 826 逐一《ちくいち》…順番《じゅんばん》に一《ひと》つずつ。

学んだ日
／
／
／
／
／

827
くすねる
こっそり盗《ぬす》む。

[例] 売《う》り物《もの》をくすねてはいけない。

828
まんべんなく
全《すべ》て残《のこ》すところなく。

[例] うちの父《ちち》は家中《いえじゅう》をまんべんなく掃除《そうじ》する。

829
よそよそしい
知《し》らない相手《あいて》と接《せっ》するような、親《した》しみのない感《かん》じ。

[例] 今日《きょう》の態度《たいど》はどこかよそよそしい。

学んだ日
／
／
／
／
／

830
鼻《はな》につく
嫌味《いやみ》に感《かん》じられる。

[例] 鼻《はな》につく言《い》い方《かた》はしないほうがいい。

831
もたらす
持《も》ってくる。与《あた》える。

[例] 彼《かれ》との出会《であ》いは、僕《ぼく》に夢《ゆめ》をもたらした。

832
つけ入《い》る
相手《あいて》の弱《よわ》いところなどを利用《りよう》する。つけ込《こ》む。

[例] 相手《あいて》の弱《よわ》いところにつけ入《い》って商売《しょうばい》をする。

学んだ日
／
／
／
／
／

どっちが入《はい》るかな？

833

（　　）をつぶす

非常《ひじょう》に驚《おどろ》く。

↓

① **腹《はら》**

② **肝《きも》**

[例] 後《うし》ろから急《きゅう》に声《こえ》をかけられて、肝《きも》をつぶした。

答え…②

[似た言葉] 834 **肝《きも》を冷《ひ》やす**…ひやっとすること。

[似た言葉] 835 **息《いき》を飲《の》む**…びっくりして息《いき》を止《と》める。

学んだ日
／
／
／
／
／

836
立《た》ち尽《つ》くす
ショックでその場《ば》に立《た》ったままになること。

[例] サヨナラホームランを打《う》たれ、その場《ば》に立《た》ち尽《つ》くした。

837
あわよくば
うまくいけば。運《うん》がよければ。

[例] あわよくば、お小遣《こづか》いがもらえるかもしれないな。

838
以心伝心《いしんでんしん》
口《くち》に出《だ》して言《い》わなくても、互《たが》いの気持《きも》ちが伝《つた》わること。

[例] 両親《りょうしん》は以心伝心《いしんでんしん》だ。

学んだ日
／
／
／
／
／

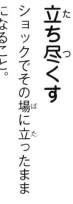

839 こぞって

全員《ぜんいん》で。

[例] 女子高生《じょしこうせい》はこぞって流行《りゅうこう》の格好《かっこう》をする。

840 たわいない

取《と》るに足《た》りない。幼《おさな》い。

[例] たわいないいたずらに、笑《わら》ってしまった。

841 是正《ぜせい》

よくない状態《じょうたい》や間違《まちが》った状態《じょうたい》を正《ただ》しく直《なお》すこと。

[例] 不平等《ふびょうどう》な状態《じょうたい》は是正《ぜせい》するべきだ。

学んだ日
／
／
／
／
／

842
味気《あじけ》ない

つまらないこと。

[例] 緊張《きんちょう》で味気《あじけ》ない自己紹介《じこしょうかい》になってしまった。

[似た言葉] 843 **無粋《ぶすい》な**…やぼで面白《おもしろ》さがわからないこと。
[似た言葉] 844 **無味乾燥《むみかんそう》**…面白《おもしろ》みのないこと。
[似た言葉] 845 **殺風景《さっぷうけい》な**…単調《たんちょう》でかざりけのない。

846
創造《そうぞう》

これまでにないものをつくりだすこと。

[例] 彼《かれ》には創造《そうぞう》する力《ちから》がある。

[反対の言葉] 847 **破壊《はかい》**…こわすこと。
[反対の言葉] 848 **模倣《もほう》**…まねすること。似《に》せること。

学んだ日
／
／
／
／
／

849
おおらか

細《こま》かいことは気《き》にせず、ゆったりしていること。

[例] おおらかな人《ひと》はみんなに好《す》かれる。

850
大同小異《だいどうしょうい》

細《こま》かいところは違《ちが》っても、大《おお》きな差《さ》がないこと。

[例] 集《あつ》まった意見《いけん》はすべて、大同小異《だいどうしょうい》だった。

851
ふてくされる

不満《ふまん》の気持《きも》ちから反抗的《はんこうてき》な態度《たいど》や投《な》げやりな態度《たいど》をとる。

[例] 弟《おとうと》はふてくされて、返事《へんじ》をしない。

学んだ日
／
／
／
／
／

852
いささか
ほんの少《すこ》し。少《すこ》しだけ。

[例] 次《つぎ》の試合《しあい》の結果《けっか》にはいささか自信《じしん》がある。

853
つくろう
ごまかす。また、壊《こわ》れているところを直《なお》す。

[例] 障子《しょうじ》を破《やぶ》いてしまい、その場《ば》をつくろった。

854
こじれる
話《はな》し合《あ》いや交渉《こうしょう》ごとがもつれて、うまくいかないこと。

[例] あることがきっかけで、和平交渉《わへいこうしょう》がこじれてしまった。

学んだ日
／
／
／
／
／

855
さじを投《な》げる
解決《かいけつ》できないと諦《あきら》める。見放《みはな》す。

[例] 家庭教師《かていきょうし》もさじを投《な》げるほどの問題児《もんだいじ》。

856
空々《そらぞら》しい
本当《ほんとう》でないことが見《み》えすいていること。

[例] 空々《そらぞら》しい言葉《ことば》を並《なら》べてもむだだ。

857
淡々《たんたん》と
あっさりとしていること。

[例] 彼《かれ》はいつも淡々《たんたん》としている。

学んだ日
／
／
／
／
／

858
向《む》こう見《み》ず

将来《しょうらい》のことを考《かんが》えずに行動《こうどう》すること。

[例] 向《む》こう見《み》ずに走《はし》ると、後《あと》で苦《くる》しい思《おも》いをするよ。

[似た言葉] 859 **無鉄砲《むてっぽう》**…むやみに行動《こうどう》すること。

[似た言葉] 860 **無謀《むぼう》**…無茶《むちゃ》なこと。深《ふか》い考《かんが》えがないこと。

861
見《み》くびる

相手《あいて》の力《ちから》や能力《のうりょく》を軽《かる》くみる。

[例] 相手《あいて》が弱《よわ》そうでも見《み》くびってはならない。

[反対の言葉] 862 **買《か》いかぶる**…実際以上《じっさいいじょう》に高《たか》く評価《ひょうか》すること。

学んだ日
／
／
／
／
／

クイズ 《口《くち》》のつくことわざ・慣用句《かんようく》

上《うえ》の言葉《ことば》に合《あ》う意味《いみ》を線《せん》で結《むす》ぼう。

①口《くち》がうまい
②口《くち》に合《あ》う
③口《くち》をとがらせる
④口《くち》を酸《す》っぱくする
⑤口《くち》を出《だ》す

㋐話《はな》し方《かた》が巧《たく》みで、他人《たにん》を説得《せっとく》したりするのが上手《じょうず》なこと。
㋑他人《たにん》の話《はなし》に意見《いけん》を言《い》う。
㋒何度《なんど》もくり返《かえ》し言《い》う。
㋓食《た》べ物《もの》や飲《の》み物《もの》が好《この》みに合《あ》う。
㋔物事《ものごと》に対《たい》して不満《ふまん》を言《い》ったり、そのような態度《たいど》をとる。

➡答《こた》えはP267へ

学んだ日
／
／
／
／
／

レベル3

いよいよ最後《さいご》のレベル３の言葉《ことば》。初《はじ》めて聞《き》くような言葉《ことば》も、マンガと例文《れいぶん》でしっかり使《つか》い方《かた》を身《み》につけよう。ここまで言葉《ことば》を使《つか》いこなせるようになれば、君《きみ》も言葉《ことば》マスターだ！

みんなが最近《さいきん》がんばっていることを発表《はっぴょう》しよう。
私《わたし》は毎日《まいにち》ピアノの練習《れんしゅう》をがんばっています。
おれは言葉《ことば》の勉強《べんきょう》をがんばってるよ！
ピクッ
ノート
先生《せんせい》おれのノート見《み》てよ！
ビュンッ
それじゃあ言葉《ことば》の勉強《べんきょう》をしてるなんて言《い》えないわよ！
また教頭《きょうとう》先《せん》生《せい》!!
な…なんで？
敬語《けいご》が全然《ぜんぜん》できていないじゃない。
授業中《じゅぎょうちゅう》なのに…
ペラペラ
敬語《けいご》くらいできマスヨ。簡単《かんたん》デスヨ。
うんうん
「です・ます」は丁寧語《ていねいご》といって、相手《あいて》を尊重《そんちょう》した丁寧《ていねい》な言《い》い回《まわ》しの敬語《けいご》ね。
ほらねカンタンだ！
でも敬語《けいご》はそれだけじゃないの。
敬語《けいご》になると言葉《ことば》そのものが変化《へんか》することもあるのよ。
ギラリ
どういうこと？

さっきあなた先生《せんせい》に「ノート見《み》て」って言《い》ったわよね。
それをきちんとした敬語《けいご》にすると？
ノート見《み》てください。
ノート
ずい
やっぱりわかってないわね。
フッ
むむっ
先生《せんせい》に対《たい》して敬語《けいご》を使《つか》うには「見《み》る」を尊敬語《そんけいご》にしなきゃいけないのよ。
尊敬語《そんけいご》？
尊敬語《そんけいご》というのは行動《こうどう》する相手《あいて》を立《た》てる言葉《ことば》よ。
立《た》てるというのは目《め》上《うえ》の人《ひと》をうやまうこと
むずかしい…
さあ使《つか》ってみて！
「見《み》る」を尊敬語《そんけいご》にすると「ご覧《らん》になる」になるわ。
ハイ!!
ノート
先生《せんせい》！ノートをご覧《らん》になってください！
言葉《ことば》はあってるけど
ノート
ハハーッ!!
そ…そこまで固《かた》くならなくても…

その夜《よる》―
はい、そうですね。明日《あす》また拝見《はいけん》します。
仕事《しごと》の電話中《でんわちゅう》
じ〜〜〜…
「拝見《はいけん》する」って敬語《けいご》?
よく知ってるな
そうだよ。「見《み》る」っていう意味《いみ》だな。
尊敬語《そんけいご》だね!
ピュー
ちがーう!
今日《きょう》教《おそ》わったよ
ビクッ
ふぅ ふぅ
尊敬語《そんけいご》というのはその行為《こうい》をする人《ひと》を立《た》てる敬語《けいご》じゃろ。
さっきの会話《かいわ》で「見《み》る」のは誰《だれ》じゃ?
お父《とう》さん。
自分《じぶん》の行動《こうどう》には尊敬語《そんけいご》ではなく謙譲語《けんじょうご》を使《つか》うのじゃ。
ケンジョウゴ…?
またむずかしい言葉《ことば》が…
謙譲語《けんじょうご》っていうのはな…
アワワ…
お前《まえ》は黙《だま》っとれ。
お…おれが聞《き》かれたのに…
ガーン
フンッ!!
ワシの役目《やくめ》じゃ
スッ

目上《めうえ》の相手《あいて》を持《も》ち上《あ》げるのが尊敬語《そんけいご》で
〈尊敬語《そんけいご》〉
相手《あいて》
自分《じぶん》
相手《あいて》
〈謙譲語《けんじょうご》〉
相手《あいて》
自分《じぶん》
自分《じぶん》
自分《じぶん》を下《さ》げることで相手《あいて》への敬意《けいい》を示《しめ》すのが謙譲語《けんじょうご》じゃ。
ご覧《らん》になってください
ウム
だから同《おな》じ「見《み》る」でも目上《めうえ》の人《ひと》が見《み》るときは「ご覧《らん》になる」。
拝見《はいけん》いたします
ウム
自分《じぶん》が目上《めうえ》の人《ひと》に見《み》せてもらうときは「拝見《はいけん》する」になるんじゃ。
覚《おぼ》えるの大変《たいへん》そうだな…
普段《ふだん》から意識《いしき》してみるといい！
慣《な》れじゃよ慣《な》れ！
大人《おとな》になって間違《まちが》えると恥《は》ずかしいぞ。
も
お父《とう》さんは敬語《けいご》カンペキなの？
ビジネスマンとして当然《とうぜん》だろ。
ドンッ!!
ん？この前《まえ》仕事《しごと》の電話《でんわ》で……
私《わたし》がなさるので…
あっ!!なさるじゃなくてすいません…えっと……え～……
あた
ふた
お父《とう》さん…
いや、あれはその…

知《し》っておきたい尊敬語《そんけいご》・謙譲語《けんじょうご》

よく使《つか》う言葉《ことば》の尊敬語《そんけいご》と謙譲語《けんじょうご》を、一気《いっき》に覚《おぼ》えよう！

	尊敬語《そんけいご》	謙譲語《けんじょうご》
する	863 なさる	864 いたす
見《み》る	865 ご覧《らん》になる	866 拝見《はいけん》する
食《た》べる	867 召《め》し上《あ》がる	868 いただく
言《い》う	869 おっしゃる	870 申《もう》し上《あ》げる
行《い》く	871 いらっしゃる	872 うかがう
来《く》る	いらっしゃる	873 参《まい》る※

※「参《まい》る」は「行《い》く」の謙譲語《けんじょうご》として使用《しよう》する場合《ばあい》もある。

［　　　］の中《なか》の語《ご》を、上《うえ》の表《ひょう》の中《なか》の正《ただ》しい敬語《けいご》に変《か》えよう。

①先生《せんせい》の［言《い》う］通《とお》りにした方《ほう》がいいだろう。

②社長《しゃちょう》のいらっしゃるお部屋《へや》に［行《い》く］。

③お客様《きゃくさま》のご自宅《じたく》で、ごちそうを［食《た》べ］た。

④私《わたし》は明日《あす》には戻《もど》って［来《き》］ます。

➡答《こた》えはP269へ

学んだ日
／
／
／
／
／

874

面持《おもも》ち

何《なに》かの気持《きも》ちが表《あらわ》れた顔《かお》つき。

[例] 心配《しんぱい》そうな面持《おもも》ちで母《はは》の様子《ようす》をうかがった。

875

粒《つぶ》ぞろい

能力《のうりょく》のある人《ひと》がそろっていること。

[例] このチームの選手《せんしゅ》は粒《つぶ》ぞろいだ。

876

すずめの涙《なみだ》

ごくわずかな量《りょう》であること。

[例] すずめの涙《なみだ》ほどのおやつしか残《のこ》っていなかった。

学んだ日
／
／
／
／
／

[P260のクイズの答《こた》え] ①ア　②エ　③オ　④ウ　⑤イ

877
はにかむ
はずかしがる。照《て》れる。

[例] 転校生《てんこうせい》は、はにかみながら自己紹介《じこしょうかい》をした。

[似た言葉] 878 **はじらう**…はずかしがる。

879
物怖《ものお》じ
物事《ものごと》に対《たい》してびくびくすること。

[例] 彼女《かのじょ》は誰《だれ》に対《たい》しても物怖《ものお》じしない性格《せいかく》だ。

[似た言葉] 880 **気後《きおく》れする**…自信《じしん》がなく、心《こころ》がひるむ。
[似た言葉] 881 **萎縮《いしゅく》する**…元気《げんき》がなくなる。縮《ちぢ》こまる。

学んだ日
／
／
／
／
／

882

一朝一夕《いっちょういっせき》

短《みじか》い期間《きかん》。

[例] この作品《さくひん》は一朝一夕《いっちょういっせき》には完成《かんせい》しない。

883

二束三文《にそくさんもん》

値段《ねだん》がとても安《やす》いこと。

[例] 自分《じぶん》のファースト写真集《しゃしんしゅう》が二束三文《にそくさんもん》で売《う》られていた。

884

一点張《いってんば》り

一《ひと》つのことだけを押《お》し通《とお》すこと。

[例] 何《なに》を尋《たず》ねても、わからないの一点張《いってんば》りだ。

[P266のクイズの答《こた》え] ①おっしゃる　②うかがう　③いただい　④参《まい》り

学んだ日
／
／
／
／
／

885

筒抜《つつぬ》け

秘密《ひみつ》の話《はなし》や計画《けいかく》がすっかり他《ほか》の人《ひと》にもれること。

[例] サプライズの計画《けいかく》が筒抜《つつぬ》けになってしまった。

886

後《うし》ろ指《ゆび》を指《さ》される

陰口《かげぐち》を言《い》われる。

[例] 欲張《よくば》って、みんなから後《うし》ろ指《ゆび》を指《さ》される。

887

培《つちか》う

長《なが》い時間《じかん》、大切《たいせつ》に育《そだ》てる。

[例] 円陣《えんじん》を組《く》んで団結力《だんけつりょく》を培《つちか》う。

学んだ日
／
／
／
／
／

どっちが入《はい》るかな？

888

弘法《こうぼう》にも（　　）の誤《あやま》り

どんな名人《めいじん》でも、時《とき》には失敗《しっぱい》することもあるということ。

↓

① 筆《ふで》　② 笛《ふえ》

[例] 名人《めいじん》が失敗《しっぱい》した。まさに弘法《こうぼう》にも筆《ふで》の誤《あやま》りだ。

答え…①

[似た言葉] 889 **猿《さる》も木《き》から落《お》ちる**…木登《きのぼ》りの得意《とくい》な猿《さる》でも木《き》から落《お》ちることがあるように、名人《めいじん》でも失敗《しっぱい》することがある。

[似た言葉] 890 **かっぱの川流《かわなが》れ**…泳《およ》ぎの上手《じょうず》なかっぱでも川《かわ》に流《なが》されることがあるように、名人《めいじん》でも失敗《しっぱい》することがある。

[言葉の由来]

「弘法《こうぼう》」とは、平安時代《へいあんじだい》の空海《くうかい》というお坊《ぼう》さんのこと。書《しょ》の達人《たつじん》とされていた弘法様《こうぼうさま》が、あるとき「応《おう》」という字《じ》の「心《こころ》」の上《うえ》の点《てん》を忘《わす》れたことから、この言葉《ことば》が生《う》まれたと言《い》われている。

学んだ日
／
／
／
／
／

891
宵《よい》の口《くち》
日《ひ》が暮《く》れて間《ま》もない頃《ころ》。

[例] 宵《よい》の口《くち》になったら出《で》かけよう。

892
主客転倒《しゅかくてんとう》
立場《たちば》などが逆転《ぎゃくてん》すること。

[例] 教《おし》えるつもりが教《おし》えられていては、主客転倒《しゅかくてんとう》だ。

893
しこり
心《こころ》に引《ひ》っかかっているわだかまり。

[例] 試合後《しあいご》にしこりが残《のこ》ってしまった。

学んだ日
／
／
／
／
／

894 身《み》を粉《こ》にする

苦労《くろう》をしながら努力《どりょく》する。

[例] 売《う》れっ子《こ》になるため、身《み》を粉《こ》にして働《はたら》いた。

[似た言葉] 895 **骨身《ほねみ》を削《けず》る**…やせるほど苦労《くろう》する。

896 戒《いまし》める

あらかじめ注意《ちゅうい》する。くり返《かえ》さないように、犯《おか》した過失《かしつ》をとがめる。

[例]「夏休《なつやす》みだからと遊《あそ》びほうけていたらだめよ」と母《はは》が戒《いまし》めた。

[似た言葉] 897 **いさめる**…目上《めうえ》の人《ひと》に注意《ちゅうい》する。
[似た言葉] 898 **諭《さと》す**…わからせる。
[似た言葉] 899 **釘《くぎ》をさす**…あらかじめ確認《かくにん》、念押《ねんお》しする。

学んだ日
／
／
／
／
／

900

猫可愛《ねこかわい》がり

ひどく甘《あま》やかして可愛《かわい》がること。

[例] おじいちゃんはミケを猫可愛《ねこかわい》がりしている。

901

かさに着《き》る

強《つよ》い者《もの》の力《ちから》などを利用《りよう》して、いばる。

[例] 親《おや》の権力《けんりょく》をかさに着《き》るのは格好悪《かっこうわる》い。

902

有名無実《ゆうめいむじつ》

名《な》ばかりで、中身《なかみ》が伴《ともな》わないこと。

[例] 有名無実《ゆうめいむじつ》なルールでは意味《いみ》がない。

学んだ日
／
／
／
／
／

903
度肝《どぎも》を抜《ぬ》く
非常《ひじょう》にびっくりさせる。

[例] みんなの度肝《どぎも》を抜《ぬ》く作品《さくひん》が仕上《しあ》がった。

904
有頂天《うちょうてん》
うれしい気持《きも》ちになり、舞《ま》い上《あ》がること。

[例] 100点満点《てんまんてん》を取《と》って、彼《かれ》は有頂天《うちょうてん》になった。

905
見《み》てくれ
見《み》かけ。外見《がいけん》。

[例] 人《ひと》は見《み》てくれだけでは判断《はんだん》できないものだ。

学んだ日
／
／
／
／
／

906

後《うし》ろ髪《がみ》を引《ひ》かれる

心残《こころのこ》りで、そこから離《はな》れにくい。

[例] 後《うし》ろ髪《がみ》を引《ひ》かれる思《おも》いで、彼女《かのじょ》のもとを立《た》ち去《さ》る。

[似た言葉] 907 **未練《みれん》**…諦《あきら》められないこと。

[似た言葉] 908 **心残《こころのこ》り**…あとあとまで気《き》になること。

909

おぼつかない

はっきりしない。頼《たよ》りない。

[例] 問《と》い詰《つ》められたが、記憶《きおく》がおぼつかない。

[似た言葉] 910 **あやふや**…はっきりしない、当《あ》てにならない。

[似た言葉] 911 **あいまい**…内容《ないよう》がはっきりしない。

学んだ日
／
／
／
／
／

912 千差万別《せんさばんべつ》

それぞれ違《ちが》っていること。

[例] 千差万別《せんさばんべつ》の意見《いけん》をまとめるのに苦労《くろう》する。

913 まざまざ

目《め》の前《まえ》で見《み》るように、はっきりと。

[例] 自分《じぶん》の甘《あま》さをまざまざと思《おも》い知《し》る。

914 裏腹《うらはら》

反対《はんたい》であること。

[例] ダイエットの決意《けつい》とは裏腹《うらはら》に、お菓子《かし》に手《て》が伸《の》びる。

学んだ日
／
／
／
／
／

どっちが入《はい》るかな？

915

（　）にも棒《ぼう》にもかからない

あまりにもひどくて手《て》がつけられない。

↓

① 箸《はし》

② 足《あし》

［例］彼《かれ》のセンスは残念《ざんねん》ながら箸《はし》にも棒《ぼう》にもかからない。

答え…①

［似た言葉］ 916 らちがあかない…物事《ものごと》が進《すす》んでいかない。

学んだ日
／
／
／
／
／

917

手玉《てだま》にとる

相手《あいて》を思《おも》うままに動《うご》かす。

[例] 子《こ》ども思《おも》いのお年寄《としよ》りを手玉《てだま》にとるのは許《ゆる》せない。

918

古今東西《ここんとうざい》

昔《むかし》も今《いま》も。どこでも。

[例] 古今東西《ここんとうざい》、まれに見《み》る大事件《だいじけん》だ。

919

風《かぜ》の吹《ふ》き回《まわ》し

その時々《ときどき》の加減《かげん》。なりゆき。

[例] 肩《かた》をもんでくれるなんて、どういう風《かぜ》の吹《ふ》き回《まわ》しだろう。

学んだ日

／
／
／
／
／

920
渡《わた》りに船《ふね》
必要《ひつよう》なものが、タイミングよく与《あた》えられること。

[例] お腹《なか》がすいているときに食《た》べ物《もの》をもらえるとは、渡《わた》りに船《ふね》だ。

[似た言葉] 921 **地獄《じごく》で仏《ほとけ》に会《あ》ったよう**…苦《くる》しい中《なか》、思《おも》わぬ助《たす》けがあること。
[似た言葉] 922 **助《たす》け舟《ぶね》**…困《こま》っているときに助《たす》けになってくれるもの。

923
匹敵《ひってき》
力《ちから》が同《おな》じくらい。肩《かた》を並《なら》べる。

[例] 彼女《かのじょ》は、ハリウッド女優《じょゆう》に匹敵《ひってき》する人気《にんき》がある。

[似た言葉] 924 **比肩《ひけん》**…同《おな》じくらい力《ちから》があること。
[似た言葉] 925 **肩《かた》を並《なら》べる**…同《おな》じくらいのレベルになる。
[似た言葉] 926 **引《ひ》けを取《と》らない**…負《ま》けていない。劣《おと》らない。

学んだ日
／
／
／
／
／

927
おざなり

いい加減《かげん》なこと。その場《ば》限《かぎ》りの言葉《ことば》や行《おこな》いをすること。

[例] おざなりな言《い》い訳《わけ》は、相手《あいて》を怒《おこ》らせるだけだ。

928
すねをかじる

自立《じりつ》できず、養《やしな》ってもらっているさま。

[例] いつまでも親《おや》のすねをかじっている。

929
両立《りょうりつ》

二《ふた》つのことを同時《どうじ》にきちんと成《な》り立《た》たせること。

[例] 彼《かれ》は学業《がくぎょう》と音楽活動《おんがくかつどう》を見事《みごと》に両立《りょうりつ》させている。

学んだ日
／
／
／
／
／

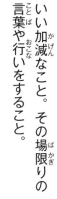

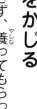

930

身《み》もふたもない

表現《ひょうげん》があからさますぎて、味《あじ》わいや面白《おもしろ》みがない。

[例] 身《み》もふたもないことを言《い》わずに、真剣《しんけん》に勝負《しょうぶ》しよう。

931

晴《は》れがましい

堂々《どうどう》としていて、華《はな》やかである。

[例] 友人《ゆうじん》の晴《は》れがましい席《せき》に招《まね》かれた。

932

反面教師《はんめんきょうし》

悪《わる》い見本《みほん》として、反省《はんせい》の材料《ざいりょう》になるもの。

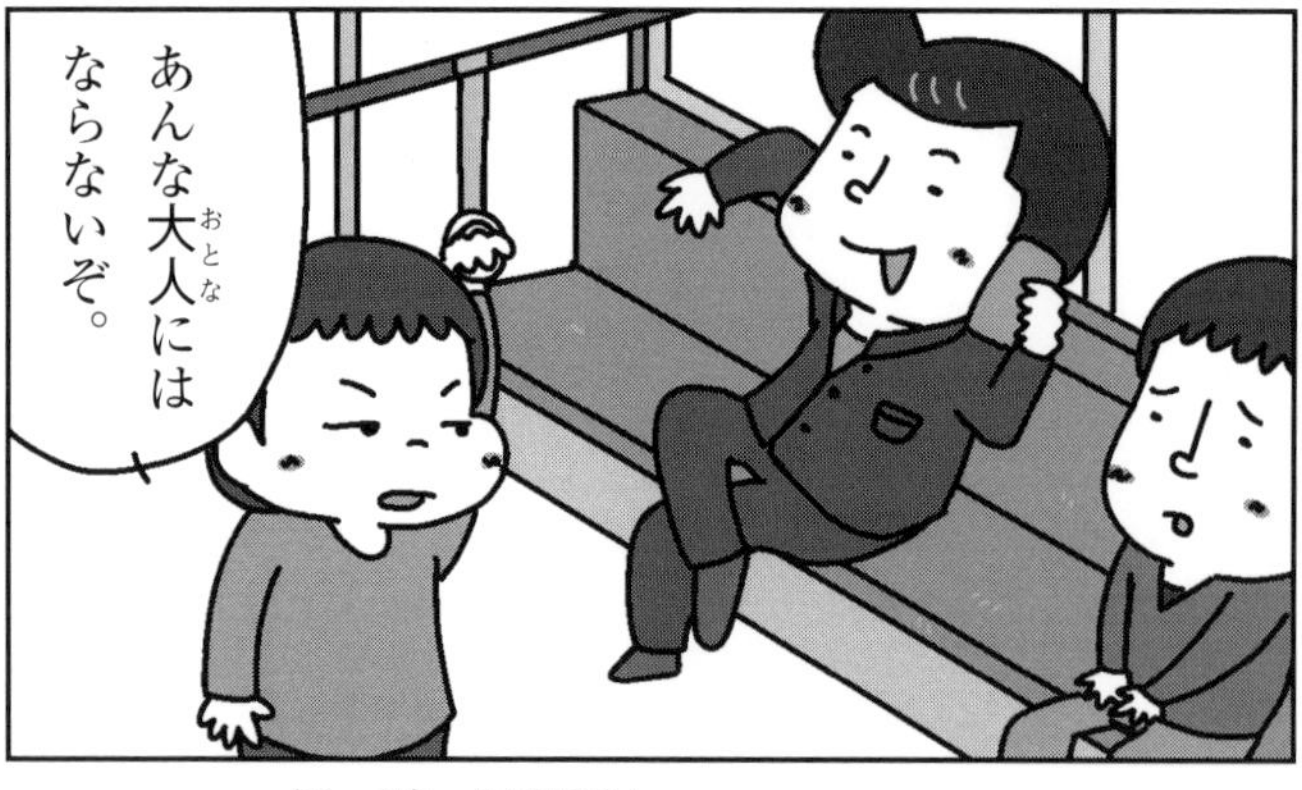

[例] マナーの悪《わる》い人《ひと》を反面教師《はんめんきょうし》にしよう。

学んだ日
／
／
／
／
／

933

たじろぐ

怖《こわ》さなどを感《かん》じてひるむ。

[例] 相手《あいて》の勢《いきお》いにたじろいだ。

[似た言葉] 934 **ひるむ**…尻込《しりご》みする。

[似た言葉] 935 **怖気付《おじけづ》く**…怖《こわ》いと思《おも》い、ひるむ。

936

玄人《くろうと》

プロのこと。専門家《せんもんか》。

[例] この仕上《しあ》がりは、玄人《くろうと》の仕事《しごと》に違《ちが》いない。

[反対の言葉] 937 **素人《しろうと》**…経験《けいけん》のない人《ひと》。

学んだ日
／
／
／
／
／

938
邪険《じゃけん》
冷《つめ》たく、思《おも》いやりのない様子《ようす》。

[例] 邪険《じゃけん》に扱《あつか》われて、ショックを受《う》けた。

939
寝《ね》た子《こ》を起《お》こす
収《おさ》まっていた問題《もんだい》を蒸《む》し返《かえ》す。

[例] 兄《あに》にその話《はなし》をするのは、寝《ね》た子《こ》を起《お》こすようなものだ。

940
手《て》抜《ぬ》かり
注意《ちゅうい》が足《た》りなかった点《てん》。

[例] 作戦《さくせん》に手抜《てぬ》かりがあった。

学んだ日
／
／
／
／
／

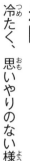

941

品行方正《ひんこうほうせい》

心《こころ》や行《おこな》いが正《ただ》しく、きちんとしていること。

[例] 彼女《かのじょ》はとても品行方正《ひんこうほうせい》な人《ひと》だ。

942

やぶから棒《ぼう》

物事《ものごと》を突然行《とつぜんおこな》うさま。

[例] やぶから棒《ぼう》に仕事《しごと》を頼《たの》まれても困《こま》る。

943

思《おも》い余《あま》る

あれこれ悩《なや》んで、どうしていいのかわからなくなる。

[例] 思《おも》い余《あま》って、仲間《なかま》に相談《そうだん》する。

学んだ日
／
／
／
／
／

944
水《みず》かけ論《ろん》

お互《たが》いが自分《じぶん》の主張《しゅちょう》にこだわって、話《はなし》が進《すす》まない議論《ぎろん》。

[例] 水《みず》かけ論《ろん》になるので、これ以上《いじょう》の議論《ぎろん》は無駄《むだ》だ。

[似た言葉] 945 **いたちごっこ**…いつまでも決着《けっちゃく》がつかない。

[似た言葉] 946 **押《お》し問答《もんどう》**…互《たが》いに譲《ゆず》らない言《い》い争《あらそ》い。

947
頭角《とうかく》を現《あらわ》す

能力《のうりょく》の高《たか》さなどで、まわりの人《ひと》より目立《めだ》つようになる。

[例] 最近彼《さいきんかれ》は、めきめきと頭角《とうかく》を現《あらわ》してきた。

[似た言葉] 948 **台頭《たいとう》する**…勢《いきお》いを得《え》ること。

学んだ日
／
／
／
／
／

どっちが入《はい》るかな？

949 **（　）降《ふ》って地固《じかた》まる**

もめごとや争《あらそ》いの起《お》こった後《あと》、前《まえ》よりもかえって事態《じたい》がよくなる。

↓

① 雨《あめ》　② 雪《ゆき》

［例］けんかのあとで絆《きずな》が深《ふか》まった。まさに、雨《あめ》降《ふ》って地固《じかた》まるだ。

答え…①

［似た言葉］950 **けがの功名《こうみょう》**…失敗《しっぱい》したことが意外《いがい》によい結果《けっか》につながる。

［似た言葉］951 **苦《く》あれば楽《らく》あり**…苦《くる》しいことがあれば、楽《たの》しいこともある。

学んだ日
／
／
／
／
／

952
したためる
書《か》き記《しる》す。

[例] 旅先《たびさき》から手紙《てがみ》をしたためる。

953
崇《あが》める
とても尊《とうと》いものだと敬《うやま》う。

[例] 翔《しょう》くんはゲームの達人《たつじん》と崇《あが》められている。

954
うごめく
もぞもぞ動《うご》く。

[例] 何《なに》かがうごめく気配《けはい》に振《ふ》り返《かえ》ったら、かかしだった。

学んだ日
／
／
／
／
／

955
お膳立《ぜんだ》て
物事《ものごと》がうまく進《すす》むように準備《じゅんび》すること。

[例] 政治家《せいじか》の受《う》け答《こた》えのお膳立《ぜんだ》てをする。

956
先決《せんけつ》
先《さき》に決《き》めておくこと。先《さき》に決《き》めておくべきこと。

[例] ヒロインを誰《だれ》にするかより、何《なに》を演《えん》じるかが先決《せんけつ》だ。

957
心《こころ》もとない
頼《たよ》りなく、心配《しんぱい》なこと。

[例] 一人《ひとり》で職員室《しょくいんしつ》に行《い》くのは、心《こころ》もとない。

学んだ日
／
／
／
／
／

958
のさばる

威張《いば》って我《わ》が物顔《ものがお》でふるまう。

[例] 強《つよ》い者《もの》がのさばる世《よ》の中《なか》だ。

[似た言葉] 959 **幅《はば》をきかせる**…いばる。
[似た言葉] 960 **まん延《えん》する**…悪《わる》いことが広《ひろ》がる。

961
肩身《かたみ》が狭《せま》い

まわりの人《ひと》に申《もう》し訳《わけ》ないと思《おも》う。

[例] 自分《じぶん》だけ失敗《しっぱい》して、肩身《かたみ》が狭《せま》い。

[似た言葉] 962 **穴《あな》があったら入《はい》りたい**…隠《かく》れたいくらい恥《は》ずかしい。
[似た言葉] 963 **面目《めんぼく》が立《た》たない**…立場《たちば》や居場所《いばしょ》がない思《おも》いをする。

学んだ日
／
／
／
／
／

964
早合点《はやがてん》
十分《じゅうぶん》に理解《りかい》したり確認《かくにん》しないうちにわかったと思《おも》い込《こ》むこと。

[例] 早合点《はやがてん》して怒《おこ》ってしまった。

965
旗色《はたいろ》
勝負《しょうぶ》や議論《ぎろん》などの状況《じょうきょう》。

[例] 一《ひと》つのミスで一気《いっき》に旗色《はたいろ》が悪《わる》くなってしまった。

966
押《お》しも押《お》されもしない
実力《じつりょく》があって、立場《たちば》がしっかりしている。

[例] 彼《かれ》は押《お》しも押《お》されもしないトップアイドルだ。

学んだ日
／
／
／
／
／

どっちが入《はい》るかな？

967

一寸《いっすん》の（　）にも五分《ごぶ》の魂《たましい》

弱《よわ》くて小《ちい》さいものでも、意地《いじ》があるから侮《あなど》れないということ。

⬇

① 虫《むし》　② 亀《かめ》

[例] 一寸《いっすん》の虫《むし》にも五分《ごぶ》の魂《たましい》だ、大切《たいせつ》にしてくれよ。

答え…①

[言葉の由来]

「寸《すん》」は長《なが》さの単位《たんい》で、一寸《いっすん》は約《やく》３センチメートル。一寸《いっすん》ほどの小《ちい》さな虫《むし》にも、その五分《ごぶ》（半分《はんぶん》）ほどの精神力《せいしんりょく》はあるはずだ、というところから生《う》まれた言葉《ことば》。

[数字《すうじ》のつくことわざ・慣用句《かんようく》①]

968 **一《いち》か八《ばち》か**…うまくいくかどうか、運《うん》に任《まか》せてやってみること。

969 **再三再四《さいさんさいし》**…何度《なんど》もくり返《かえ》し。

970 **百聞《ひゃくぶん》は一見《いっけん》にしかず**…話《はなし》を何度《なんど》も聞《き》くよりも１回見《かいみ》た方《ほう》がよくわかる。

971 **三《み》つ子《ご》の魂百《たましいひゃく》まで**…幼《おさな》いときの性格《せいかく》はいつまでも変《か》わらない。

学んだ日

／

／

／

／

／

972
先駆者《せんくしゃ》
何《なに》かの分野《ぶんや》で他人《たにん》をリードする人《ひと》。草分《くさわ》け。

[例] 彼《かれ》は、この技術《ぎじゅつ》にかけては先駆者《せんくしゃ》だ。

973
つけあがる
いい気《き》になったり、わがままになったりする。

[例] 相手《あいて》が優《やさ》しいからとつけあがる。

974
陰謀《いんぼう》
よくない企《たくら》み。悪《わる》いこと。

[例] 陰謀《いんぼう》を企《くわだ》て、敵《てき》チームを負《ま》かそうとする。

学んだ日
／
／
／
／
／

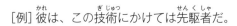

975
言語道断《ごんごどうだん》
あまりにひどい。もってのほか。

[例] お供《そな》え物《もの》を盗《ぬす》み食《ぐ》いするなんて、言語道断《ごんごどうだん》だ。

[似た言葉] 976 **問答無用《もんどうむよう》**…話《はな》し合《あ》う意味《いみ》がない。
[似た言葉] 977 **もってのほか**…とんでもない。

978
打《う》ちひしがれる
がっかりして、やる気《き》をなくす。

[例] アイドルグループの解散《かいさん》に妹《いもうと》は打《う》ちひしがれている。

[似た言葉] 979 **塞《ふさ》ぎ込《こ》む**…元気《げんき》がなくなる。
[似た言葉] 980 **めげる**…くじける。

学んだ日
／
／
／
／
／

981
かぶりを振《ふ》る
頭《あたま》を左右《さゆう》に振《ふ》って否定《ひてい》する。断《ことわ》る。

[例] 彼《かれ》の質問《しつもん》に、彼女《かのじょ》はかぶりを振《ふ》った。

982
猫《ねこ》の額《ひたい》
場所《ばしょ》が狭《せま》いこと。

[例] 猫《ねこ》の額《ひたい》ほどの広《ひろ》さでも、我《わ》が家《や》が一番《いちばん》落《お》ち着《つ》く。

983
先見《せんけん》の明《めい》
何《なに》かが起《お》こる前《まえ》にそれを見抜《みぬ》くことができること。

[例] 母《はは》には先見《せんけん》の明《めい》がある。

学んだ日
／
／
／
／
／

984 厳《おごそ》か

重々《おもおも》しく緊張感《きんちょうかん》がある様子《ようす》。

[例] 厳《おごそ》かな雰囲気《ふんいき》が一瞬《いっしゅん》で吹《ふ》き飛《と》んだ。

985 つばぜり合《あ》い

互《たが》いに譲《ゆず》らず、差《さ》がない状態《じょうたい》で争《あらそ》う。

[例] 全国大会《ぜんこくたいかい》で、激《はげ》しいつばぜり合《あ》いを演《えん》じる。

986 ともすれば

場合《ばあい》によっては。わりとそうなりがちなこと。

[例] 冬場《ふゆば》はともすれば太《ふと》ってしまいがちだ。

学んだ日
／
／
／
／
／

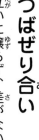

987
虫《むし》が知《し》らせる
何《なに》かが起《お》こる予感《よかん》がする。

[例] 今日《きょう》は学校《がっこう》で何《なに》かが起《お》こると、虫《むし》が知《し》らせた。

988
苦虫《にがむし》を噛《か》み潰《つぶ》したような
不機嫌《ふきげん》で苦々《にがにが》しい顔《かお》をしている様子《ようす》。

[例] いたずらに引《ひ》っかかって、苦虫《にがむし》を噛《か》み潰《つぶ》したような顔《かお》をする。

[虫《むし》のつくことわざ・慣用句《かんようく》]

989 **飛《と》んで火《ひ》にいる夏《なつ》の虫《むし》**
…無意識《むいしき》のうちに、自分《じぶん》から危険《きけん》に身《み》を投《な》げ出《だ》すことのたとえ。

990 **虫《むし》も殺《ころ》さない**…虫《むし》を殺《ころ》すこともしないほど、おとなしい。

991 **虫《むし》が好《す》かない**…とりたてて理由《りゆう》はないが、なんとなく好《す》きになれない。

992 **虫《むし》の息《いき》**…虫《むし》のようなかすかな呼吸《こきゅう》になるほど弱《よわ》った状態《じょうたい》。

993 **虫《むし》の居所《いどころ》が悪《わる》い**…機嫌《きげん》が悪《わる》く、少《すこ》しのことにもイライラする状態《じょうたい》。

学んだ日
／
／
／
／
／

994

右往左往《うおうさおう》

どうしていいかわからず、あっちへ行《い》ったりこっちへ来《き》たりする。

[例] 急《きゅう》に席替《せきが》えをすることになり、右往左往《うおうさおう》した。

995

ひもじい

ひどく空腹《くうふく》である。

[例] 料理《りょうり》に失敗《しっぱい》し、ひもじい思《おも》いをする。

996

竹馬《ちくば》の友《とも》

竹馬《たけうま》に乗《の》って遊《あそ》ぶほど幼《おさな》い頃《ころ》からの友達《ともだち》。

[例] 竹馬《ちくば》の友《とも》と50年《ねん》ぶりに再会《さいかい》する。

学んだ日
／
／
／
／
／

どっちが入《はい》るかな？

997

（　）から出《で》たさび

自分《じぶん》のした悪《わる》いことのせいで、自分自身《じぶんじしん》が苦《くる》しむこと。

↓

① 体《からだ》　② 身《み》

［例］痛《いた》い思《おも》いをするとしても、それは身《み》から出《で》たさびだ。

答え…②

［似た言葉］ 998 因果応報《いんがおうほう》…したことには、それ相応《そうおう》の結果《けっか》が返《かえ》ってくること。

［似た言葉］ 999 自業自得《じごうじとく》…自分《じぶん》の行《おこな》いによる結果《けっか》が返《かえ》ってくること。

学んだ日
／
／
／
／
／

1000 自《じ》画《が》自《じ》賛《さん》

自分《じぶん》で自分《じぶん》を褒《ほ》めること。

[例] 彼女《かのじょ》は作《つく》った料理《りょうり》を自画自賛《じがじさん》している。

1001 水《みず》を打《う》ったよう

大勢《おおぜい》が静《しず》まり返《かえ》る様子《ようす》。

[例] 彼《かれ》の言葉《ことば》を聞《き》き、教室《きょうしつ》は水《みず》を打《う》ったように静《しず》かになった。

1002 顔《かお》に泥《どろ》を塗《ぬ》る

相手《あいて》に恥《はじ》をかかせる。

[例] 父《ちち》の顔《かお》に泥《どろ》を塗《ぬ》るようなことをしてしまった。

学んだ日
／
／
／
／
／

クイズ 《虫《むし》》のつくことわざ・慣用句《かんようく》

上《うえ》の言葉《ことば》に合《あ》う意味《いみ》を線《せん》で結《むす》ぼう。

① 虫《むし》の息《いき》 ●

② 虫《むし》が好《す》かない ●

③ 苦虫《にがむし》をかみつぶしたよう ●

④ 飛《と》んで火《ひ》にいる夏《なつ》の虫《むし》 ●

⑤ 虫《むし》の居所《いどころ》が悪《わる》い ●

● ㋐ 嫌《いや》なことがあって苦々《にがにが》しい表情《ひょうじょう》をするさま。

● ㋑ 無意識《むいしき》のうちに、自分《じぶん》から危険《きけん》に身《み》を投《な》げ出《だ》すことのたとえ。

● ㋒ 虫《むし》のようなかすかな呼吸《こきゅう》になるほど弱《よわ》った状態《じょうたい》。

● ㋓ 機嫌《きげん》が悪《わる》く、少《すこ》しのことにもイライラする状態《じょうたい》。

● ㋔ とりたてて理由《りゆう》はないが、なんとなく好《す》きになれない。

学んだ日
／
／
／
／
／

➡ 答《こた》えはP303へ

1003
勤《いそ》しむ

一生懸命《いっしょうけんめい》はげむ。

[例] 毎日《まいにち》、素振《すぶ》りの練習《れんしゅう》に勤《いそ》しむ。

[似た言葉] 1004 **精《せい》を出《だ》す**…一生懸命《いっしょうけんめい》する。

[似た言葉] 1005 **励《はげ》む**…努力《どりょく》する。

1006
尻馬《しりうま》に乗《の》る

ほかの人《ひと》をまねて、軽《かる》はずみなことをする。

[例] 彼《かれ》は尻馬《しりうま》に乗《の》って発言《はつげん》しているだけだ。

[似た言葉] 1007 **便乗《びんじょう》する**…人《ひと》と同《おな》じことをする。人《ひと》を利用《りよう》する。

[似た言葉] 1008 **付和雷同《ふわらいどう》**…人《ひと》に同調《どうちょう》する。考《かんが》えずに賛成《さんせい》する。

[似た言葉] 1009 **人《ひと》のふんどしで相撲《すもう》をとる**…他人《たにん》のものを利用《りよう》して自分《じぶん》のためになることをする。

学んだ日
／
／
／
／
／

1010
うららか
おだやかに晴《は》れて、気持《きも》ちのいい様子《ようす》。

[例] 父《ちち》は窓《まど》を開《あ》けて「なんとうららかな日《ひ》だ!」と言《い》った。

1011
固唾《かたず》を呑《の》む
続《つづ》きが気《き》になって、緊張《きんちょう》して見《み》守《まも》る。

[例] 試合《しあい》の展開《てんかい》を固唾《かたず》を呑《の》んで見守《みまも》る。

1012
ゆくゆくは
将来《しょうらい》は。やがて。

[例] ゆくゆくはノーベル賞《しょう》を取《と》る科学者《かがくしゃ》になるだろう。

学んだ日
／
／
／
／
／

[P301のクイズの答《こた》え] ①ウ　②オ　③ア　④イ　⑤エ

1013
おしなべて
みな同《おな》じように。

[例] 女性《じょせい》はおしなべて甘《あま》い物《もの》が好《す》きだ。

1014
一日《いちじつ》の長《ちょう》
技術《ぎじゅつ》や知識《ちしき》がほかの人《ひと》を上回《うわまわ》っていること。

[例] ピアノの腕前《うでまえ》では、彼女《かのじょ》に一日《いちじつ》の長《ちょう》がある。

1015
九死《きゅうし》に一生《いっしょう》を得《え》る
かろうじて命《いのち》が助《たす》かる。

[例] 自転車事故《じてんしゃじこ》で九死《きゅうし》に一生《いっしょう》を得《え》る。

学んだ日
／
／
／
／
／

1016
舌《した》を巻《ま》く
相手《あいて》の優《すぐ》れているところに驚《おどろ》く。

[例] 流暢《りゅうちょう》な英語《えいご》の発音《はつおん》に舌《した》を巻《ま》く。

[似た言葉] 1017 **目《め》を見張《みは》る**…驚《おどろ》き、目《め》を見開《みひら》く。
[似た言葉] 1018 **脱帽《だつぼう》する**…尊敬《そんけい》する気持《きも》ちを示《しめ》す。
[似た言葉] 1019 **感服《かんぷく》する**…深《ふか》く感心《かんしん》する。

1020
間《ま》が悪《わる》い
運《うん》が悪《わる》い。タイミングが悪《わる》い。

[例] 間《ま》が悪《わる》いことに、店《みせ》は定休日《ていきゅうび》だった。

[似た言葉] 1021 **折悪《おりあ》しく**…タイミング悪《わる》く。

学んだ日
／
／
／
／
／

1022
出《で》来《き》合《あ》い
注文《ちゅうもん》を受《う》ける前《まえ》から作《つく》ってあるもののこと。

［例］出来合《できあ》いの洋服《ようふく》を試着《しちゃく》する。

1023
報《むく》い
行動《こうどう》の結果《けっか》として受《う》けるもの。

［例］悪《わる》いことをしたら報《むく》いを受《う》けるのは当然《とうぜん》だ。

1024
ふに落《お》ちない
納得《なっとく》がいかない。

［例］お菓子《かし》がなくなったのはふに落《お》ちない。

学んだ日
／
／
／
／
／

どっちが入《はい》るかな？

1025

仏《ほとけ》の（　　）も三度《さんど》

どんなに心《こころ》の広《ひろ》い人《ひと》でも、失礼《しつれい》なことをくり返《かえ》されると、いつか怒《おこ》るということ。

①顔《かお》　②心《こころ》

［例］仏《ほとけ》の顔《かお》も三度《さんど》までなので、同《おな》じミスをくり返《かえ》さないほうがいい。

答え…①

［似た言葉］1026 **堪忍袋《かんにんぶくろ》の緒《お》が切《き》れる**…我慢《がまん》の限界《げんかい》を超《こ》え、怒《いか》りが爆発《ばくはつ》する。

［似た言葉］1027 **業《ごう》を煮《に》やす**…うまくいかず、イライラする。

学んだ日
／
／
／
／
／

1028
はびこる
よくないものの勢《いきお》いが盛《さか》んになって広《ひろ》がる。

[例] この季節《きせつ》は風邪《かぜ》の菌《きん》がはびこる。

1029
罵《ののし》る
悪口《わるくち》を言《い》う。

[例] 試合《しあい》に負《ま》けて、彼《かれ》らは罵《ののし》りあった。

1030
もっぱら
他《ほか》のことに目《め》を向《む》けず、一《ひと》つのことに集中《しゅうちゅう》するさま。

[例] 幼《おさな》い頃《ころ》から、もっぱらお芝居《しばい》に人生《じんせい》を捧《ささ》げてきた。

学んだ日
／
／
／
／
／

1031

一事《いちじ》が万事《ばんじ》

一《ひと》つのことから他《ほか》のすべてのことを予測《よそく》できる。

[例] 彼《かれ》は一事《いちじ》が万事《ばんじ》、抜《ぬ》けている。

1032

皮肉《ひにく》

遠回《とおまわ》しに非難《ひなん》すること。期待《きたい》に反《はん》して物事《ものごと》がうまくいかないこと。

[例] 掃除《そうじ》をしない子《こ》に皮肉《ひにく》を言《い》う。

1033

ぎこちない

慣《な》れておらず、動《うご》きなどが滑《なめ》らかでないさま。

[例] 緊張《きんちょう》してぎこちない動《うご》きになってしまった。

学んだ日

／

／

／

／

／

1034
制《せい》する

人《ひと》が何《なに》かするのを押《お》しとどめる。または、支配《しはい》する。

[例] 友達《ともだち》が何《なに》か言《い》おうとするのを制《せい》する。

[似た言葉] 1035 **制止《せいし》する**…相手《あいて》の行動《こうどう》を止《と》める。
[似た言葉] 1036 **抑制《よくせい》する**…がんばって思《おも》いなどを抑《おさ》える。

1037
血《ち》眼《まなこ》

他《ほか》のことを忘《わす》れて一《ひと》つのことに熱中《ねっちゅう》すること。

[例] コンタクトレンズを血眼《ちまなこ》になって探《さが》す。

[似た言葉] 1038 **躍起《やっき》になる**…むきになる。
[似た言葉] 1039 **血相《けっそう》を変《か》える**…顔色《かおいろ》や表情《ひょうじょう》を変《か》えて必死《ひっし》になる。

学んだ日
／
／
／
／
／

1040
謙遜《けんそん》

へりくだること。控《ひか》えめな態度《たいど》をとること。

[例] 彼《かれ》はほめられると謙遜《けんそん》する。

1041
まことしやか

いかにも本当《ほんとう》らしい様子《ようす》。

[例] まことしやかな嘘《うそ》をつく。

1042
さばを読《よ》む

数量《すうりょう》や年齢《ねんれい》をごまかす。

[例] 母《はは》は年齢《ねんれい》のさばを読《よ》んでいる。

学んだ日
／
／
／
／
／

1043
背水《はいすい》の陣《じん》

もう一歩《いっぽ》も引《ひ》けない状態《じょうたい》。

[例] 何《なに》がなんでも勝《か》つために、背水《はいすい》の陣《じん》で試合《しあい》に臨《のぞ》む。

1044
かまける

あることに気《き》を取《と》られて、他《ほか》のことをいい加減《かげん》にする。

[例] ゲームにかまけていないで、宿題《しゅくだい》をしなさい。

1045
何《なに》食《く》わぬ顔《かお》

自分《じぶん》は知《し》らないという顔《かお》つき、ふるまい。

[例] 宿題《しゅくだい》を忘《わす》れたのに何《なに》食《く》わぬ顔《かお》をしている。

学んだ日

／

／

／

／

／

1046

青菜《あおな》に塩《しお》

元気《げんき》がなくなり、落《お》ち込《こ》む様《よう》子《す》。

[例] デートが中止《ちゅうし》になり、兄《あに》は青菜《あおな》に塩《しお》だ。

[似た言葉] 1047 **なめくじに塩《しお》**…しょげる。

[似た言葉] 1048 **滅入《めい》る**…元気《げんき》がなくなる。

1049

尻込《しりご》み

気後《きおく》れしてためらうこと。

[例] 高《たか》い跳《と》び箱《ばこ》を前《まえ》に、尻込《しりご》みしてしまった。

[似た言葉] 1050 **ためらう**…迷《まよ》って決心《けっしん》できない。

[似た言葉] 1051 **二《に》の足《あし》を踏《ふ》む**…思《おも》い切《き》ることができない。

[似た言葉] 1052 **渋《しぶ》る**…気《き》が進《すす》まない。

学んだ日

／

／

／

／

／

1053
引《ひ》っ込《こ》み思案《じあん》
人前《ひとまえ》に出《で》たり積極的《せっきょくてき》に行動《こうどう》したりすることが苦手《にがて》な、内気《うちき》な性格《せいかく》。

[例] 彼《かれ》は引《ひ》っ込《こ》み思案《じあん》で、なかなか姿《すがた》を見《み》せてくれない。

1054
せきを切《き》ったよう
こらえていたものが一気《いっき》にあふれ出《だ》すさま。

[例] 涙《なみだ》がせきを切《き》ったように流《なが》れ出《で》た。

1055
まごつく
どうしたらいいのかわからなくなってうろたえる。

[例] いろいろな人《ひと》に声《こえ》をかけられ、まごついてしまった。

学んだ日
／
／
／
／
／

1056
おのずと
自然《しぜん》にそうなる。

[例] 好《す》きな子《こ》ができると、おのずとやる気《き》がわく。

1057
したたか
強《つよ》くてしぶとい。

[例] 強《つよ》い者《もの》を相手《あいて》に、したたかに渡《わた》り合《あ》う。

1058
あんばい
物事《ものごと》の調子《ちょうし》や状態《じょうたい》。

[例] 師匠《ししょう》に「こんなあんばいで」と教《おし》えられた。

学んだ日
／
／
／
／
／

1059
つぶさに
詳《くわ》しく。細《こま》かいところまで。

[例] 今日《きょう》の予定《よてい》をつぶさに報告《ほうこく》した。

[似た言葉] 1060 **詳細《しょうさい》に**…細《こま》かいところまで詳《くわ》しく。
[似た言葉] 1061 **もれなく**…例外《れいがい》なく。
[似た言葉] 1062 **克明《こくめい》に**…細《こま》かいところまで念《ねん》を入《い》れて。

1063
浮《う》き足立《あしだ》つ
不安《ふあん》や恐怖《きょうふ》を感《かん》じて、落《お》ち着《つ》きがなくなる。

[例] 抜《ぬ》き打《う》ちテストのうわさにみなは浮《う》き足立《あしだ》った。

[似た言葉] 1064 **気《き》が気《き》でない**…気《き》になってそわそわする。
[似た言葉] 1065 **気《き》をもむ**…やきもきする。

学んだ日
／
／
／
／
／

1066
聞《き》こえよがし
わざと本人《ほんにん》に聞《き》こえるようにすること。

[例] 聞《き》こえよがしに皮肉《ひにく》を言《い》うのは感《かん》じが悪《わる》い。

1067
矛《む》盾《じゅん》
話《はなし》が食《く》い違《ちが》って、つじつまが合《あ》わないこと。

[例] 二人《ふたり》の話《はなし》に矛盾《むじゅん》が生《しょう》じた。

1068
蒸《む》し返《かえ》す
一度《いちど》解決《かいけつ》したことを、また取《と》り上《あ》げる。

[例] 学生時代《がくせいじだい》のことを蒸《む》し返《かえ》すのはやめてほしい。

学んだ日
／
／
／
／
／

どっちが入《はい》るかな？

1069

のど元《もと》過《す》ぎれば（　）を忘《わす》れる

苦《くる》しいことでも、過《す》ぎ去《さ》ってしまえば忘《わす》れていく。

↓

① 熱《あつ》さ　② 辛《から》さ

［例］のど元《もと》過《す》ぎれば熱《あつ》さを忘《わす》れるで、昨日《きのう》の反省《はんせい》を生《い》かせない。

答え…①

学んだ日

1070
書《か》き入《い》れ時《どき》

商売《しょうばい》などがもうかって、忙《いそが》しい時《とき》。

[例] クリスマス前《まえ》はおもちゃ屋《や》さんの書《か》き入《い》れ時《どき》だ。

1071
折《お》り紙《がみ》つき

認《みと》められていること。定評《ていひょう》があること。

[例] 彼《かれ》の実力《じつりょく》は折《お》り紙《がみ》つきだ。

1072
取《と》らぬたぬきの皮算用《かわざんよう》

手《て》に入《はい》るかどうかわからないものに期待《きたい》して計画《けいかく》を立《た》てること。

[例] 売《う》れることを考《かんが》えるのは、取《と》らぬたぬきの皮算用《かわざんよう》だ。

学んだ日
／
／
／
／
／

1073 **横着**《おうちゃく》
楽《らく》をしようとすること。怠《なま》けること。

[例] 横着《おうちゃく》なやり方《かた》をして、かえって時間《じかん》がかかってしまった。

[似た言葉] 1074 **怠慢**《たいまん》…しなければならないことをしない。怠《なま》ける。
[似た言葉] 1075 **ものぐさ**…面倒《めんどう》くさがる様子《ようす》。または、その人《ひと》。

1076 **板挟**《いたばさ》**み**
対立《たいりつ》するもの同士《どうし》の間《あいだ》に立《た》ち、どちらの側《がわ》にもつけず困《こま》ること。

[例] 犬《いぬ》と猿《さる》の板挟《いたばさ》みになって、辛《つら》い。

[似た言葉] 1077 **ジレンマ**…二《ふた》つのことの間《あいだ》で決《き》められない状態《じょうたい》。

学んだ日
／
／
／
／
／

1078 肝《きも》に銘《めい》じる

忘《わす》れないように強《つよ》く思《おも》う。

[例] 祖父《そふ》の言葉《ことば》を肝《きも》に銘《めい》じる。

1079 大船《おおぶね》に乗《の》ったよう

不安《ふあん》がなく、すっかり安心《あんしん》している状態《じょうたい》。

[例] エースがいるので、大船《おおぶね》に乗《の》ったような気持《きも》ちだ。

1080 手塩《てしお》にかける

大切《たいせつ》に世話《せわ》をし、育《そだ》てること。

[例] 彼女《かのじょ》は私《わたし》が手塩《てしお》にかけて育《そだ》てた一人娘《ひとりむすめ》だ。

学んだ日
／
／
／
／
／

1081
猫《ねこ》もしゃくしも

みんな。誰《だれ》もが。

[例] 猫《ねこ》もしゃくしも流行《りゅうこう》の格好《かっこう》をする。

1082
千変万化《せんぺんばんか》

いろいろな状態《じょうたい》に変《か》わっていくこと。

[例] 世《よ》の中《なか》は千変万化《せんぺんばんか》する。

1083
肩《かた》で風《かぜ》をきる

肩《かた》をいからせて、得意《とくい》げに堂々《どうどう》と歩《ある》く。

[例] 大《だい》スターが肩《かた》で風《かぜ》をきって歩《ある》く。

学んだ日
／
／
／
／
／

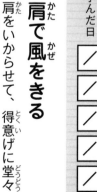

1084

起《き》死《し》回《かい》生《せい》

だめになりそうな状態《じょうたい》を一気《いっき》に立《た》て直《なお》すこと。

[例] 起死回生《きしかいせい》のシュートを放《はな》つ。

1085

鼻《はな》にかける

自慢《じまん》する。得意《とくい》がる。

[例] あのチームのエースは、自分《じぶん》の活躍《かつやく》を鼻《はな》にかけている。

1086

他《た》山《ざん》の石《いし》

他《ほか》の人《ひと》のどんな行《おこな》いも、自分《じぶん》をよくするための助《たす》けになること。

[例] 彼《かれ》の行《おこな》いを他山《たざん》の石《いし》としよう。

学んだ日
／
／
／
／
／

1087
角《かど》が立《た》つ
人《ひと》をいやな気持《きも》ちにさせて、関《かん》係《けい》が悪《わる》くなる。

[例] そんな言《い》い方《かた》では、角《かど》が立《た》つ。

[似た言葉] 1088 **波風《なみかぜ》を立《た》てる**…面倒《めんどう》やもめごとを起《お》こす。

[似た言葉] 1089 **荒立《あらだ》てる**…事態《じたい》を面倒《めんどう》にする。

[似た言葉] 1090 **火《ひ》に油《あぶら》を注《そそ》ぐ**…悪《わる》い事態《じたい》をより悪化《あっか》させる。

1091
四苦八苦《しくはっく》
非常《ひじょう》に苦労《くろう》すること。

[例] 早口言葉《はやくちことば》に四苦八苦《しくはっく》する。

[数字《すうじ》のつくことわざ・慣用句《かんようく》②]

1092 **三人寄《さんにんよ》れば文殊《もんじゅ》の知恵《ちえ》**…三人《さんにん》が協力《きょうりょく》すれば良《よ》い知恵《ちえ》が出《で》るということ。

1093 **人《ひと》の噂《うわさ》も七十五日《しちじゅうごにち》**…世間《せけん》の噂《うわさ》はすぐに忘《わす》れられるものだということ。

1094 **百《ひゃく》も承知《しょうち》**…十分《じゅうぶん》にわかっていること。

1095 **二《ふた》つ返事《へんじ》**…気持《きも》ちよくすぐに承諾《しょうだく》すること。

学んだ日
／
／
／
／
／

1096

強《し》いる

むりやり、強制的《きょうせいてき》に何《なに》かをさせる。

[例] 罰《ばつ》ゲームとして、木登《きのぼ》りを強《し》いられた。

1097

馬《うま》が合《あ》う

気《き》が合《あ》う。

[例] 彼《かれ》とはなぜか、馬《うま》が合《あ》う。

1098

取《と》りつく島《しま》もない

冷《つめ》たい態度《たいど》で、相手《あいて》にしない。

[例] 彼女《かのじょ》を誘《さそ》いたいが、取《と》りつく島《しま》もない。

学んだ日
／
／
／
／
／

1099
うの目《め》たかの目《め》

獲物《えもの》を狙《ねら》う鵜《う》や鷹《たか》のような目《め》で、何《なに》かを熱心《ねっしん》に探《さが》そうとする。

[例] 犯人《はんにん》をうの目《め》たかの目《め》で探《さが》す。

1100
首尾一貫《しゅびいっかん》

最初《さいしょ》から最後《さいご》まで考《かんが》え方《かた》などにブレがなく筋《すじ》が通《とお》っていること。

[例] 彼《かれ》の行動《こうどう》は首尾一貫《しゅびいっかん》している。

1101
猫《ねこ》をかぶる

本当《ほんとう》の性格《せいかく》をかくして、おとなしくしているさま。

[例] 転校先《てんこうさき》の学校《がっこう》では、まだ猫《ねこ》をかぶっている。

学んだ日
／
／
／
／
／

1102
ふさわしい

よく合《あ》っている。釣《つ》り合《あ》っている。

[例] このテレビ番組《ばんぐみ》は子《こ》どもにふさわしい内容《ないよう》だ。

[似た言葉] 1103 **似《に》つかわしい**…似合《にあ》っている。
[似た言葉] 1104 **相応《そうおう》**…釣《つ》り合《あ》っていてふさわしいこと。

1105
手《て》に余《あま》る

手《て》に負《お》えない。自分《じぶん》の力《ちから》ではできない。

[例] この問題《もんだい》は小学生《しょうがくせい》には手《て》に余《あま》る。

[似た言葉] 1106 **手《て》に負《お》えない**…自分《じぶん》では扱《あつか》いきれない。

学んだ日
／
／
／
／
／

1107
尾《お》ひれをつける

ありもしないことを付《つ》け加《くわ》えて、話《はなし》を大《おお》きくする。

[例] うわさ話《ばなし》に尾《お》ひれをつける。

1108
曲《ま》がりなりにも

不完全《ふかんぜん》でも。不十分《ふじゅうぶん》でも。

[例] 曲《ま》がりなりにも上級生《じょうきゅうせい》だ。

1109
きびきび

活気《かっき》があり、見《み》ていて気持《きも》ちのいい動《うご》きをするさま。

[例] 彼《かれ》はきびきびした動《うご》きで掃除《そうじ》をする。

学んだ日
／
／
／
／
／

どっちが入《はい》るかな？

1110

柳《やなぎ》の下《した》にいつも（　）はいない

一度《いちど》うまくいったからといって、また同《おな》じやり方《かた》で成功《せいこう》するとは限《かぎ》らない。

↓

① うなぎ　② どじょう

[例] 柳《やなぎ》の下《した》にいつもどじょうはいないので、他《ほか》のやり方《かた》を考《かんが》えたほうがいい。

答え…②

[反対の言葉] 1111 二度《にど》あることは三度《さんど》ある
…同《おな》じことが二度起《にどお》これば、三度目《さんどめ》も起《お》こる可能性《かのうせい》がある。

学んだ日
／
／
／
／
／

1112
たけなわ

盛《も》り上《あ》がっている時《とき》。まっさかり。

[例] 秋《あき》もたけなわ、いよいよ運動会《うんどうかい》です。

1113
目《め》から鼻《はな》へ抜《ぬ》ける

とても頭《あたま》がよく、利口《りこう》である。

[例] 彼《かれ》には目《め》から鼻《はな》へ抜《ぬ》ける推理力《すいりりょく》がある。

1114
日《にち》常《じょう》茶《さ》飯《はん》

ありふれていること。日《にち》常《じょう》茶《さ》飯《はん》事《じ》。

[例] 彼《かれ》らの兄弟《きょうだい》げんかは日常茶飯《にちじょうさはん》だ。

学んだ日
／
／
／
／
／

1115
一部始終《いちぶしじゅう》
始《はじ》めから終《お》わりまで。

[例] 先生《せんせい》に一部始終《いちぶしじゅう》を話《はな》した。

[似た言葉] 1116 **あらすじ**…だいたいの内容《ないよう》。

[似た言葉] 1117 **いきさつ**…物事《ものごと》のなりゆき。

1118
こじつけ
無理《むり》やり理屈《りくつ》をつけること。

[例] 彼《かれ》の言《い》っていることはこじつけだ。

[似た言葉] 1119 **屁理屈《へりくつ》**…筋《すじ》の通《とお》っていない理由《りゆう》づけ。

[似た言葉] 1120 **言《い》いがかり**…理由《りゆう》や根拠《こんきょ》もなく文句《もんく》を言《い》う。

学んだ日
／
／
／
／
／

1121 堂々巡《どうどうめぐ》り

同《おな》じことがくり返《かえ》されて、物事《ものごと》が進《すす》んでいないこと。

[例] これでは話《はなし》が堂々巡《どうどうめぐ》りだ。

1122 餅《もち》は餅屋《もちや》

何事《なにごと》も、それぞれの専門家《せんもんか》に任《まか》せるのが一番《いちばん》だということ。

[例] やはりプロの仕事《しごと》は素晴《すば》らしい。餅《もち》は餅屋《もちや》だ。

1123 罪滅《つみほろ》ぼし

よいことをして、これまでの罪《つみ》を償《つぐな》うこと。

[例] せめてもの罪滅《つみほろ》ぼしにと、お手伝《てつだ》いをする。

学んだ日
／
／
／
／
／

クイズ 数字《すうじ》のつくことわざ・慣用句《かんようく》

（　　）に入《はい》る語《ご》を□の中《なか》から選《えら》ぼう。

①うまくいくかどうか、運《うん》に任《まか》せてやってみること。

一《いち》か（　）か

②すぐに承諾《しょうだく》すること。

（　）つ返事《へんじ》

③凡人《ぼんじん》でも三人《さんにん》も集《あつ》まれば、素晴《すば》らしいアイデアが出《で》るということ。

（　）人寄《にんよ》れば文殊《もんじゅ》の知恵《ちえ》

④ほとんど助《たす》かりそうにない状況《じょうきょう》からかろうじて助《たす》かること。

（　）死《し》に一生《いっしょう》を得《え》る

⑤世間《せけん》のうわさは長続《ながつづ》きせず、すぐに忘《わす》れられていくということ。

人《ひと》のうわさも（　）十五日《じゅうごにち》

二	三	七	八	九

学んだ日

／

／

／

／

／

➡答《こた》えはP335へ

1124
吟味《ぎんみ》
細《こま》かく、念入《ねんい》りに調《しら》べること。

[例] ここのラーメンは吟味《ぎんみ》された材料《ざいりょう》を使《つか》っている。

1125
しおらしい
おとなしく従順《じゅうじゅん》な様子《ようす》。

[例] 姉《あね》は好《す》きな男子《だんし》の前《まえ》でだけ、しおらしくなる。

1126
腐《くさ》っても鯛《たい》
本当《ほんとう》に優《すぐ》れたものは、多少悪《たしょうわる》くなっても価値《かち》がある。

[例] 元《もと》プロ野球選手《やきゅうせんしゅ》はやはり、腐《くさ》っても鯛《たい》だ。

学んだ日
／
／
／
／
／

1127
うそぶく
大《おお》きなことを言《い》う。

[例] 自分《じぶん》は世界一《せかいいち》だとうそぶく。

1128
やましい
悪《わる》いことをしてしまい、後《うし》ろめたい。

[例] 後《あと》になって、やましい気持《きも》ちになった。

1129
目《ま》の当《あ》たり
すぐ目《め》の前《まえ》。直接《ちょくせつ》。

[例] 友達《ともだち》の不正行為《ふせいこうい》を目《ま》の当《あ》たりにしてしまった。

[P333のクイズの答《こた》え] ①八《ばち》 ②二《ふた》 ③三《さん》 ④九《きゅう》 ⑤七《しち》

学んだ日
／
／
／
／
／

1130 **出《だ》し抜《ぬ》く**

他人《たにん》が油断《ゆだん》している間《あいだ》に、自分《じぶん》が先《さき》にしてしまう。

[例] クラスメイトを出《だ》し抜《ぬ》いて、満点《まんてん》を取《と》った。

[似た言葉] 1131 **抜《ぬ》け駆《が》け**…他人《たにん》を出《だ》し抜《ぬ》いて、先《さき》に何《なに》かをする。

1132 **能動的《のうどうてき》**

自分《じぶん》から進《すす》んで行《おこな》うこと。

[例] 言《い》われなくても能動的《のうどうてき》にやろう。

[反対の言葉] 1133 **受動的《じゅどうてき》**…他《ほか》からの働《はたら》きかけにより、動《うご》かされる。

学んだ日
／
／
／
／
／

1134

口火《くちび》を切《き》る

最初《さいしょ》に何《なに》かを行《おこな》う。きっかけを作《つく》る。

[例] 積極的《せっきょくてき》な彼《かれ》が話《はなし》の口火《くちび》を切《き》った。

1135

手前《てまえ》みそ

自分《じぶん》で自分《じぶん》をほめること。

[例] 手前《てまえ》みそだが、上手《じょうず》に絵《え》が描《か》けた。

1136

立《た》て板《いた》に水《みず》

すらすらと上手《じょうず》に話《はな》すことのたとえ。

[例] 立《た》て板《いた》に水《みず》を流《なが》すように発表《はっぴょう》する。

学んだ日
／
／
／
／
／

1137
秩序《ちつじょ》
正《ただ》しく、規則的《きそくてき》な状態《じょうたい》。

[例] 秩序《ちつじょ》を保《たも》って行進《こうしん》する。

1138
淡《あわ》い
あっさりと、ほのかな様子《ようす》。

[例] 淡《あわ》い期待《きたい》は、見事《みごと》に打《う》ち砕《くだ》かれた。

1139
いたずらに
無駄《むだ》に。

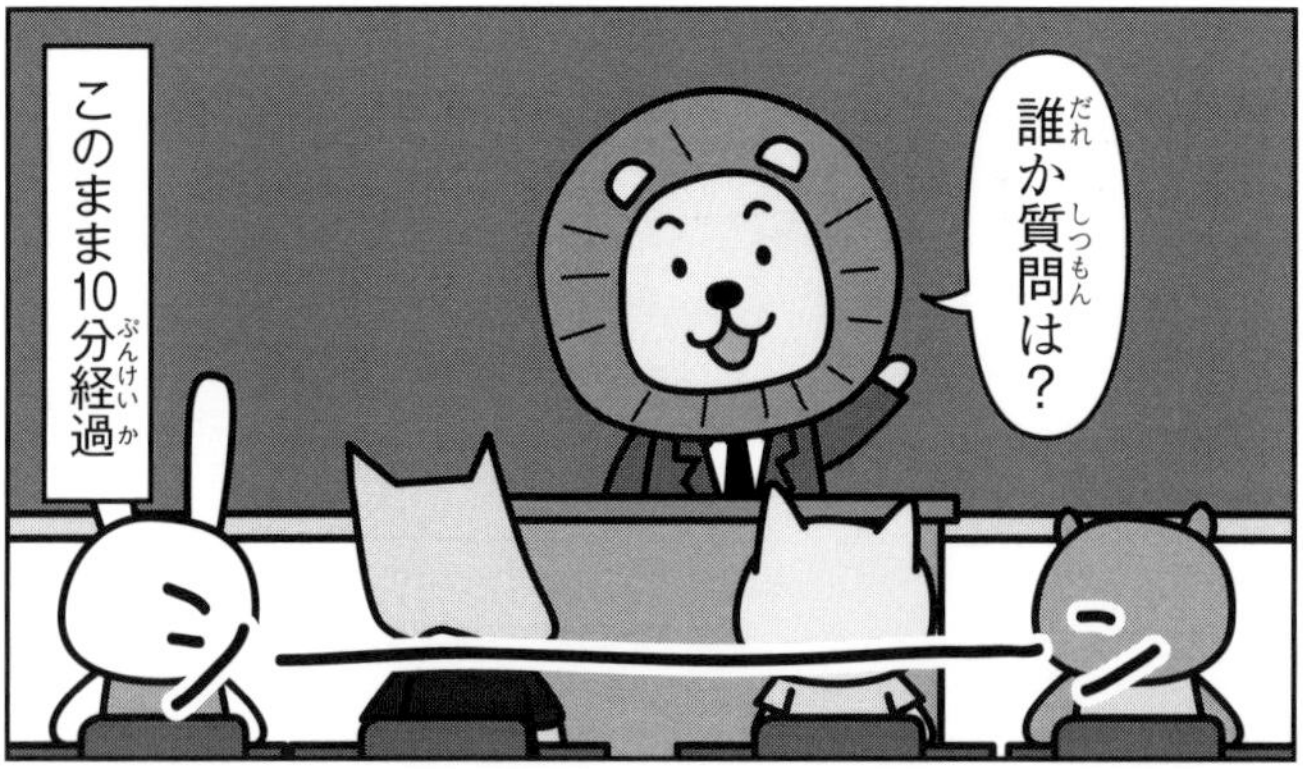

[例] 手《て》を挙《あ》げる生徒《せいと》がおらず、いたずらに時間《じかん》が過《す》ぎ去《さ》った。

学んだ日
／
／
／
／
／

1140 破竹《はちく》の勢《いきお》い

止《と》めることができないほど激《はげ》しい勢《いきお》い。

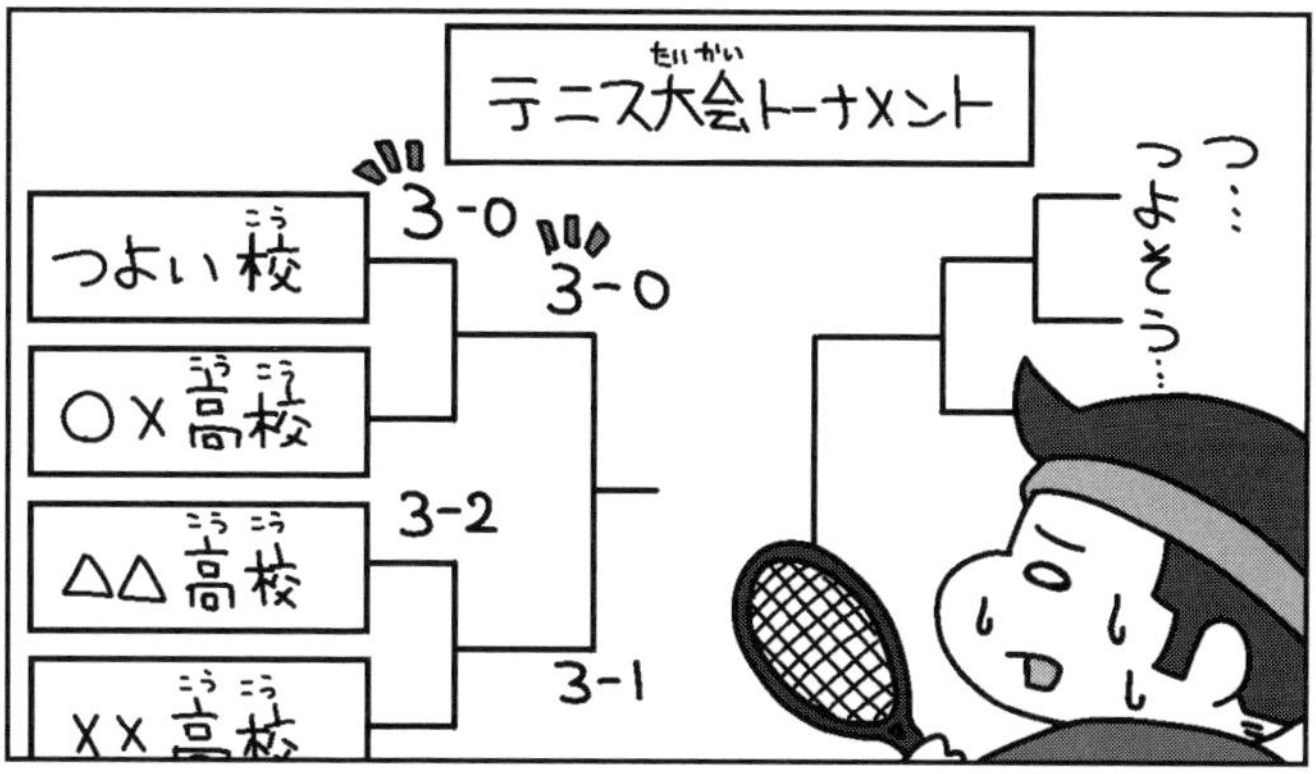

[例] 決勝《けっしょう》の相手《あいて》は、破竹《はちく》の勢《いきお》いで勝《か》ち抜《ぬ》いてきたチームだ。

[似た言葉] 1141 **飛《と》ぶ鳥《とり》を落《お》とす勢《いきお》い**…とても勢《いきお》いがある様子《ようす》。

1142 一角《ひとかど》

他《ほか》よりも特《とく》に優《すぐ》れていること。一人前《いちにんまえ》。

[例] 彼女《かのじょ》は一角《ひとかど》の商売人《しょうばいにん》になってきた。

[似た言葉] 1143 **一人前《いちにんまえ》**…大人《おとな》であること。一定《いってい》のレベルであること。

学んだ日
／
／
／
／
／

1144 やり玉《だま》に挙《あ》げる

多《おお》くの中《なか》から選《えら》び出《だ》して、非難《ひなん》や攻撃《こうげき》の対象《たいしょう》にする。

[例] 自分《じぶん》だけがやり玉《だま》に挙《あ》げられてしまった。

1145 悪事千里《あくじせんり》を走《はし》る

悪《わる》い行《おこな》いはすぐにまわりに知《し》れ渡《わた》る。

[例] 悪事千里《あくじせんり》を走《はし》るで、悪《わる》いうわさが広《ひろ》まる。

1146 当《あ》てこすり

遠回《とおまわ》しな文句《もんく》や悪口《わるぐち》。

[例] 彼女《かのじょ》が彼《かれ》をほめるのは、自分《じぶん》への当《あ》てこすりだ。

学んだ日
／
／
／
／
／

1147
筋金《すじがね》入《い》り
からだや考《かんが》えが十分《じゅうぶん》きたえられ、しっかりしていること。

[例] 彼《かれ》のスポーツについての知識《ちしき》は筋金入《すじがねい》りだ。

1148
独《ひと》りよがり
他人《たにん》のことを考《かんが》えず、自分《じぶん》の思《おも》いだけを優先《ゆうせん》させること。

[例] 独《ひと》りよがりな政策《せいさく》は猛反対《もうはんたい》にあうだろう。

1149
弱肉強食《じゃくにくきょうしょく》
弱《よわ》い者《もの》が強《つよ》い者《もの》の犠牲《ぎせい》になること。

[例] 動物《どうぶつ》の世界《せかい》は、弱肉強食《じゃくにくきょうしょく》だ。

学んだ日
／
／
／
／
／

1150 **淡泊《たんぱく》**

あっさりしていること。こだわらないこと。

[例] 彼《かれ》は食《た》べることに淡泊《たんぱく》だ。

[反対の言葉] 1151 **濃厚《のうこう》**…濃《こ》いさま。または、可能性《かのうせい》が大《おお》きいさま。

1152 **図《ず》に乗《の》る**

思《おも》い通《どお》りになり、調子《ちょうし》に乗《の》りすぎる。

[例] ほめられて図《ず》に乗《の》って失敗《しっぱい》した。

[似た言葉] 1153 **てんぐになる**…調子《ちょうし》に乗《の》る。
[似た言葉] 1154 **自惚《うぬぼ》れる**…自分《じぶん》のことを優《すぐ》れていると思《おも》い込《こ》む。
[似た言葉] 1155 **増長《ぞうちょう》する**…つけ上《あ》がる。

学んだ日
／
／
／
／
／

1156
鬼《おに》の首《くび》を取《と》ったよう

大《おお》きなことを成《な》し遂《と》げたように、得意《とくい》げになる様子《ようす》。

[例] テスト用紙《ようし》のミスを見《み》つけ、鬼《おに》の首《くび》を取《と》ったような気分《きぶん》だ。

1157
四面楚歌《しめんそか》

まわりが敵《てき》ばかりの状態《じょうたい》。

[例] 敵《てき》チームに囲《かこ》まれて、四面楚歌《しめんそか》の状態《じょうたい》だ。

1158
野放《のばな》し

そのままにしておくこと。

[例] 悪《わる》い奴《やつ》らを野放《のばな》しにはできない。

学んだ日
／
／
／
／
／

1159
申《もう》し分《ぶん》ない

不満《ふまん》に思《おも》う点《てん》がない。非難《ひなん》すべき点《てん》がない。

[例] 警察犬《けいさつけん》として申《もう》し分《ぶん》ない能力《のうりょく》を備《そな》えている。

1160
身《み》につまされる

他人《たにん》の不幸《ふこう》や苦労《くろう》が、自分《じぶん》のことのように思《おも》われる。

[例] 身《み》につまされる思《おも》いで、彼《かれ》の経験《けいけん》を聞《き》いた。

1161
あてどもない

行《い》くあてがなく、先《さき》がわからない。

[例] あてどもない旅《たび》に出《で》たくなった。

学んだ日
／
／
／
／
／

1162
忌々《いまいま》しい
腹《はら》立《だ》たしい。憎《にく》たらしい。

[例] からかったら、忌々《いまいま》しそうな顔《かお》をされた。

[似た言葉] 1163 **苦々《にがにが》しい**…不快《ふかい》な。不愉快《ふゆかい》な。
[似た言葉] 1164 **腹《はら》立《だ》たしい**…腹《はら》が立《た》つ。
[似た言葉] 1165 **不愉快《ふゆかい》**…面白《おもしろ》くないさま。嫌《いや》な気分《きぶん》になること。

1166
肩《かた》の荷《に》が下《お》りる
責任《せきにん》を果《は》たし、安心《あんしん》する。

[例] 太郎《たろう》を送《おく》り届《とど》けて、やっと肩《かた》の荷《に》が下《お》りた。

[似た言葉] 1167 **気《き》が晴《は》れる**…すっきりする。
[似た言葉] 1168 **胸《むね》のつかえが取《と》れる**…不安《ふあん》がなくなる。

学んだ日
／
／
／
／
／

1169
打《う》てば響《ひび》く

こちらの働《はたら》きかけにすぐ反応《はんのう》する。

[例] 打《う》てば響《ひび》くような返答《へんとう》で、3才《さい》とは思《おも》えない。

1170
手《て》を焼《や》く

てこずる。扱《あつか》いに困《こま》る。

[例] やんちゃな妹《いもうと》に手《て》を焼《や》く。

1171
売《う》り言葉《ことば》に買《か》い言葉《ことば》

相手《あいて》に悪《わる》く言《い》われて、同《おな》じように強《つよ》く言《い》い返《かえ》すこと。

[例] 売《う》り言葉《ことば》に買《か》い言葉《ことば》で、喧嘩《けんか》をしてしまった。

学んだ日
／
／
／
／
／

どっちが入《はい》るかな？

1172

逃《に》がした（　）は大《おお》きい

手《て》に入《い》れ損《そこ》ねたものは、実際《じっさい》よりも良《よ》いものに感《かん》じられる。

↓

① 鳥《とり》　② 魚《さかな》

[例]あのとき買《か》っておくべきだった。逃《に》がした魚《さかな》は大《おお》きい。

答え…②

[動物《どうぶつ》にまつわることわざ・慣用句《かんようく》②]

1173 **えびでたいを釣《つ》る**…小《ちい》さな労力《ろうりょく》で大《おお》きな成果《せいか》を得《え》ることのたとえ。

1174 **蛇《じゃ》の道《みち》は蛇《へび》**…同類《どうるい》の者《もの》は、お互《たが》いの行動《こうどう》や気持《きも》ちがよくわかる。

1175 **尻切《しりき》れとんぼ**…物事《ものごと》が途中《とちゅう》で途切《とぎ》れて、最後《さいご》までいかないこと。

1176 **立《た》つ鳥跡《とりあと》をにごさず**
…立《た》ち去《さ》る者《もの》は、自分《じぶん》のいたところをきれいにしていくべきという教《おし》え。

1177 **井《い》の中《なか》のかわず、大海《たいかい》を知《し》らず**
…自分《じぶん》の知《し》る世界《せかい》にとらわれて、他《ほか》の広《ひろ》い世界《せかい》のことを知《し》らないさま。

学んだ日
／
／
／
／
／

1178
草分《くさわ》け
何《なに》かを初《はじ》めて行《おこな》うこと。また、初《はじ》めて行《おこな》った人《ひと》。

[例] 博士《はかせ》はロボット開発《かいはつ》の草分《くさわ》け的存在《てきそんざい》だ。

1179
悔《くや》し紛《まぎ》れ
悔《くや》しさのあまり、よくないことをするさま。

[例] 悔《くや》し紛《まぎ》れに道具《どうぐ》を壊《こわ》してはいけない。

1180
目《め》に余《あま》る
見《み》ていられないほど程度《ていど》がひどい。

[例] 休日《きゅうじつ》の過《す》ごし方《かた》が目《め》に余《あま》る。

学んだ日
／
／
／
／
／

1181 憂《うれ》える

心配《しんぱい》する。

[例] 動物園《どうぶつえん》の今後《こんご》を憂《うれ》える。

1182 枚挙《まいきょ》にいとまがない

数《かぞ》え切《き》れないほどたくさんある。

[例] 彼《かれ》に助《たす》けられた例《れい》を挙《あ》げると、枚挙《まいきょ》にいとまがない。

1183 まな板《いた》の鯉《こい》

相手《あいて》の思《おも》うままの状態《じょうたい》のこと。

[例] 医師《いし》の治療中《ちりょうちゅう》は、まな板《いた》の鯉《こい》だ。

学んだ日
／
／
／
／
／

1184 **えてして**

ある傾向《けいこう》や状態《じょうたい》になりがちなこと。

[例] 慌《あわ》てると、えてして失敗《しっぱい》するものだ。

[似た言葉] 1185 **しばしば**…たびたび。

[似た言葉] 1186 **ややもすると**…そうなりやすいさま。

[似た言葉] 1187 **往々《おうおう》にして**…たびたびあるさま。

1188 **濡《ぬ》れ手《て》で粟《あわ》**

簡単《かんたん》にお金儲《かねもう》けをすること。

[例] 濡《ぬ》れ手《て》で粟《あわ》の商売《しょうばい》をしてみたい。

[似た言葉] 1189 **一攫千金《いっかくせんきん》**…一掴《ひとつか》みで大金《たいきん》を得《え》るように、簡単《かんたん》に利益《りえき》を得《え》る。

学んだ日
／
／
／
／
／

クイズ　動物《どうぶつ》にまつわることわざ・慣用句《かんようく》

正《ただ》しい方《ほう》の動物《どうぶつ》を選《えら》ぼう。

①立《た》ち去《さ》る者《もの》は、自分《じぶん》のいたところをきれいにしていくべきだという教《おし》え。

立《た》つ［亀《かめ》／鳥《とり》］**あとをにごさず**

②とても仲《なか》の悪《わる》いこと。

［猫《びょう》／犬《けん》］**猿《えん》の仲《なか》**

---

③自分《じぶん》は弱《よわ》いのに、力《ちから》のあるものを盾《たて》にしていばる人《ひと》のこと。

［狐《きつね》／象《ぞう》］**虎《とら》の威《い》を借《か》る**

④小《ちい》さな労力《ろうりょく》で大《おお》きな成果《せいか》を得《え》ることのたとえ。

［かに／えび］**でたいを釣《つ》る**

学んだ日
／
／
／
／
／

答《こた》えはP353へ

1190

心機一転《しんきいってん》

何《なに》かをきっかけに、気持《きも》ちががらっと変《か》わること。

[例] 春《はる》が来《き》たら心機一転《しんきいってん》、頑張《がんば》ろう。

1191

矢《や》も盾《たて》もたまらない

どうしても気持《きも》ちを抑《おさ》えきれない。

[例] コンサートが楽《たの》しみで矢《や》も盾《たて》もたまらない。

1192

灯台下暗《とうだいもとくら》し

(蝋燭《ろうそく》を立《た》てる台《だい》の真下《ました》は暗《くら》いことから)
身近《みぢか》なことはわかりにくい。

[例] すぐ近《ちか》くにいるのに気《き》づかなかったのは、灯台下暗《とうだいもとくら》しだ。

学んだ日
／
／
／
／
／

どっちが入《はい》るかな？

1193

朱《しゅ》に交《まじ》われば（　）くなる

人《ひと》は、環境《かんきょう》や付《つ》き合《あ》う友人《ゆうじん》によって、良《よ》くも悪《わる》くもなる。

↓

①赤《あか》　②青《あお》

[例] ポチは引《ひ》っ越《こ》してから凶暴《きょうぼう》になった。朱《しゅ》に交《まじ》われば赤《あか》くなるとはこのことだ。

答え…①

学んだ日
／
／
／
／
／

[言葉の由来] 朱色《しゅいろ》とは、少《すこ》し黄色《きいろ》がかった赤色《あかいろ》で、それに触《ふ》れれば何《なん》でも赤《あか》くなるという中国《ちゅうごく》のことわざが元《もと》になっている。

[P351のクイズの答《こた》え] ①鳥《とり》　②犬《けん》　③狐《きつね》　④えび

1194
閉口《へいこう》する

困《こま》り果《は》てる。

[例] 近所《きんじょ》の悪《わる》ガキのいたずらに閉口《へいこう》する。

[似た言葉] 1195 **うんざりする**…嫌《いや》になる。
[似た言葉] 1196 **辟易《へきえき》する**…嫌気《いやけ》がさす。迷惑《めいわく》に感《かん》じる。

1197
うだつが上《あ》がらない

いつまで経《た》ってもぱっとしない。出世《しゅっせ》できない。

[例] 彼《かれ》はうだつが上《あ》がらない男《おとこ》だ。

[似た言葉] 1198 **鳴《な》かず飛《と》ばず**…これといった活躍《かつやく》をしていないこと。

学んだ日
／
／
／
／
／

1199

魔《ま》が差《さ》す

ふと悪《わる》い心《こころ》が表《あらわ》れる。

[例] 魔《ま》が差《さ》して、兄《あに》の分《ぶん》まで食《た》べてしまった。

1200

いたたまれない

その場所《ばしょ》にそれ以上《いじょう》いるのが辛《つら》く、我慢《がまん》できない。

[例] 飛《と》び立《た》とうと頑張《がんば》る姿《すがた》にいたたまれない気持《きも》ちになった。

学んだ日
／
／
／
／
／

休日《きゅうじつ》—
おはよ〜…
ムニャ ムニャ
健吾《けんご》よ。そこに座《すわ》りなさい。
お前《まえ》はもうずいぶん言葉《ことば》を覚《おぼ》えたな。
ウム ウム
うん…まあ…
急《きゅう》にどうしたの？
これもワシの厳《きび》しい修行《しゅぎょう》に耐《た》えた成果《せいか》じゃな。
よくやった…
厳《きび》しい修行《しゅぎょう》…？
ドドドド
ドドドド
プル プル
あと10周《しゅう》!!
ピシッ
ううう…
ズズズズ…
そんなことはしとらんわい！
今《いま》のお前《まえ》は十分《じゅうぶん》に言葉力《ことばりょく》が身《み》についたはずじゃ。
そりゃあもう！
ビシン!!
ではもうワシは万年筆《まんねんひつ》に帰《かえ》っても心配《しんぱい》いらんな。
えっ…？

元気《げんき》でな…
スー…
これからも言葉《ことば》の勉強《べんきょう》は続《つづ》けるんじゃぞ。
ちょ…ちょっとまてよ…
シュルルル…
さらばじゃ…!
コトノスケー!!
そんな…コトノスケ…急《きゅう》すぎるよ…
シクシク
「棒《ぼう》からやぶ」だよ…
ピクッ
「やぶから棒《ぼう》」じゃろうがぁ!!
ボワーン
わっ
な…なんでもう出《で》てきたの…?
早《はや》くない?
お前《まえ》が言葉《ことば》を間違《まちが》えたから耐《た》えきれんかったんじゃ。
というわけで今日《きょう》からまた修行《しゅぎょう》じゃ!
ヒュルルルル…
それはそれでイヤだー!!

おわりに

1200語《ご》は多《おお》いと感《かん》じましたか、少《すく》ないと感《かん》じましたか。この本《ほん》では、**あえて同《おな》じようなパターン**で言葉《ことば》の解説《かいせつ》ページを作《つく》りました。いろいろな学習方法《がくしゅうほうほう》を詰《つ》め込《こ》んだ教材《きょうざい》を使《つか》うと、それに慣《な》れようとして、子《こ》どもたちが言葉《ことば》の意味《いみ》に集中《しゅうちゅう》できなくなってしまうためです。それぞれの言葉《ことば》の獲得《かくとく》にふさわしい形式《けいしき》で学習《がくしゅう》し、確実《かくじつ》に習得《しゅうとく》することが大事《だいじ》なのです。

別冊付録《べっさつふろく》として、まとめのドリルを設《もう》けました。多少《たしょう》ハードにはみえますが、一通《ひととお》り学《がく》習《しゅう》を終《お》えた子《こ》どもたちは、いっきに全体《ぜんたい》を復習《ふくしゅう》することによって、言葉《ことば》の力《ちから》を確実《かくじつ》なものにしていきます。一《ひと》つひとつを学習《がくしゅう》したあと、**最後《さいご》に総復習《そうふくしゅう》をすることによって、知識《ちしき》を定着《ていちゃく》させる**ことが重要《じゅうよう》です。

子《こ》どもたちが楽《たの》しいと感《かん》じたときには、どんどん進《すす》めてもらって構《かま》いません。スピード感自体《かんじたい》が子《こ》どもの能力《のうりょく》を高《たか》めます。最後《さいご》までスピードが落《お》ちることなく学習《がくしゅう》できれば、ほんの短期間《たんきかん》であったとしても、むしろこの本《ほん》の効果《こうか》を強《つよ》く実感《じっかん》できるでしょう。

さあ、もう一度《いちど》最初《さいしょ》のページに戻《もど》って読《よ》み直《なお》してみてください。くり返《かえ》すごとに、頭《あたま》の中《なか》に定着《ていちゃく》していくのが実感《じっかん》できるはずです。

陰山英男《かげやまひでお》

さくいん

あ

あいきょう（愛嬌）……235
あいつぐ（相次ぐ）……66
あいづちをうつ
（相づちを打つ）……41
あいにく……161
あいまい……276
あえぐ（喘ぐ）……149
あおいきといき
（青息吐息）……229
あおぐ（仰ぐ）……182
あおなにしお
（青菜に塩）……313
あかのたにん
（赤の他人）……229
あがめる（崇める）……288
あからさま……232
あきたりない
（飽き足りない）……180
あくい（悪意）……111
あくじせんりをはしる
（悪事千里を走る）……340
あくよう（悪用）……90
あげあしをとる
（あげ足を取る）……142
あけくれる
（明け暮れる）……33
あけすけ……246
あさはか（浅はか）……213
あしがすくむ
（足がすくむ）……190
あしがでる（足が出る）……190
あしがはやい
（足が早い）……190
あしがぼうになる
（足が棒になる）……190
あじけない（味気ない）……255
あしでまとい
（足手まとい）……190
あしもとにひがつく
（足元に火がつく）……154
あしもとをみる
（足元を見る）……190
あしをあらう
（足を洗う）……190
あしをひっぱる
（足を引っ張る）……151
あたかも……222
あたまがあがらない
（頭が上がらない）……124
あたまがかたい
（頭が固い）……124
あたまがきれる
（頭が切れる）……124
あたまにちがのぼる
（頭に血がのぼる）……124
あたまをかかえる
（頭を抱える）……124
あたまをひねる
（頭をひねる）……124
あつかましい
（厚かましい）……50
あっかん（圧巻）……47
あっけにとられる……155
あつらえむき
（あつらえ向き）……85
あてこすり
（当てこすり）……340
あてどもない……344
あとのまつり
（後の祭り）……71
あながあったらはいりたい
（穴があったら入りたい）
……290
あながち……198
あなどる（侮る）……229
あぶなげない
（危なげない）……224
あますところなく
（余すところなく）……249
あめふってじかたまる
（雨降って地固まる）……287
あやふや……276
あらいざらい
（洗いざらい）……249
あらさがし（あら探し）……142
あらすじ……331
あらだてる（荒立てる）……324
あらまし……202
あらわ……246
あわい（淡い）……338
あわただしい
（慌ただしい）……74
あわや……162
あわよくば……253
あんのじょう（案の定）……21
あんばい……315

い

いいがかり
（言いがかり）……331
いいぶん（言い分）……111
いがい（以外）……68
いがい（意外）……68
いがみあう
（いがみ合う）……52
いきさつ……331
いきとうごう
（意気投合）……243
いきをのむ（息を飲む）……252
いくどうおん
（異口同音）……198
いさかい……142
いざこざ……142
いささか……257
いさめる……273
いしのうえにもさんねん
（石の上にも三年）……222
いしばしをたたいてわたる
（石橋を叩いて渡る）……208
いしゅくする
（萎縮する）……268
いしょく（異色）……44
いしんでんしん
（以心伝心）……253
いぜん（依然）……35
いそしむ（勤しむ）……302
いぞん（依存）……105
いたす……266
いたずらに……338
いただく……266
いたたまれない……355
いたちごっこ……286
いたばさみ（板挟み）……320
いたれりつくせり
（至れり尽くせり）……200
いたわる……137
いちがいに（一概に）……198
いちかばちか
（一か八か）……292
いちごいちえ
（一期一会）……165
いちじがばんじ
（一事が万事）……309
いちじつせんしゅう
（一日千秋）……165
いちじつのちょう
（一日の長）……304
いちじるしい（著しい）……234
いちぞん（一存）……231
いちなんさってまたいち
なん（一難去ってまた一
難）……42
いちにんまえ（一人前）……339
いちぶしじゅう
（一部始終）……331
いちもにもなく
（一も二もなく）……165
いちやく（一躍）……165
いちをきいてじゅうをしる
（一を聞いて十を知る）……193
いっかくせんきん
（一攫千金）……350
いっこうに（一向に）……245
いっさい（一切）……116
いっしんいったい
（一進一退）……165
いっしんふらん
（一心不乱）……150
いっすんのむしにもごぶ
のたましい（一寸の虫に
も五分の魂）……292
いっせいちだい
（一世一代）……165
いっせきにちょう
（一石二鳥）……94
いっせんをかくす
（一線を画す）……165
いっちょういっせき
（一朝一夕）……269
いっちょういったん
（一長一短）……47
いってんばり
（一点張り）……269
いつになく……84
いと（意図）……184
いなめない（否めない）……200
いぬのてもひとのてにし
たい（犬の手も人の手に
したい）……127

いのちからがら
(命からがら)……240
いのなかのかわず、たいかいをしらず(井の中のかわず、大海を知らず)……347
いぶかしい……67
いまいましい
(忌々しい)……345
いましめる(戒める)……273
いらっしゃる……266
いろうする(慰労する)……137
いろめがね(色眼鏡)……150
いわば……53
いわれのない……45
いんがおうほう
(因果応報)……299
いんぼう(陰謀)……293

う

ウエイト……20
うおうさおう
(右往左往)……298
うかがう……266
うかつ……213
うきあしだつ
(浮き足立つ)……316
うごめく……288
うさんくさい……67
うしろがみをひかれる
(後ろ髪を引かれる)……276
うしろぐらい
(後ろ暗い)……121
うしろめたい
(後ろめたい)……121
うしろゆびをさされる
(後ろ指を指される)……270
うそぶく……335
うたがわしい
(疑わしい)……67
うだつがあがらない
(うだつが上がらない)……354
うちひしがれる
(打ちひしがれる)……294
うちょうてん(有頂天)……275
うっかり……213
うってつけ……85
うつろ……185
うてばひびく
(打てば響く)……346
うながす(促す)……152
うなぎのぼり……194
うぬぼれる(自惚れる)……342
うのみ……174
うのめたかのめ
(うの目たかの目)……326
うまがあう(馬が合う)……325
うまのみみにねんぶつ
(馬の耳に念仏)……140
うやまう(敬う)……229
うらはら(裏腹)……277
うららか……303
うりことばにかいことば
(売り言葉に買い言葉)……346
うりふたつ(瓜二つ)……210
うれえる(憂える)……349
うろおぼえ(うろ覚え)……138
うろたえる……72
うわのそら(上の空)……185
うわまわる(上回る)……32
うんざりする……354

え

えそらごと(絵空事)……102
えたいがしれない
(得体が知れない)……110
えてして……350
エピソード……104
えびでたいをつる
(えびでたいを釣る)……347
えんざい(えん罪)……45
えんのしたのちからもち
(縁の下の力持ち)……234
えんりょ(遠慮)……233

お

おうおうにして
(往々にして)……350
おうちゃく(横着)……320
おうむがえし
(おうむ返し)……24
おおぶねにのったよう
(大船に乗ったよう)……321
おおらか……256
おきざり(置き去り)……25
おくる(送る)……29
おくる(贈る)……29
おごそか(厳か)……296
おざなり……281
おさめる(治める)……29
おさめる(納める)……29
おじけづく(怖気付く)……283
おしなべて……304
おしはかる(推し量る)……137
おしもおされもしない
(押しも押されもしない)……291
おしもんどう(押し問答)……286
おすみつき(お墨付き)……145
おぜんだて(お膳立て)……289
おそかれはやかれ
(遅かれ早かれ)……104
おちゃをにごす
(お茶をにごす)……238
おっしゃる……266
おとしいれる(陥れる)……177
おどりば(踊り場)……222
おににかなぼう
(鬼に金棒)……72
おにのくびをとったよう
(鬼の首を取ったよう)……343
おのずと……315
おびただしい……159
おひれをつける
(尾ひれをつける)……328
おぼつかない……276
おもいあがる
(思い上がる)……124
おもいあたる
(思い当たる)……89
おもいあまる
(思い余る)……285
おもいすごし
(思い過ごし)……93
おもむろに……96
おももち(面持ち)……267
おりあいをつける
(折り合いをつける)……233
おりあしく(折悪しく)……305
おりがみつき
(折り紙つき)……319
おろそか……107
おんこちしん
(温故知新)……243

か

かいかぶる
(買いかぶる)……259
かいしん(会心)……116
かいほう(介抱)……68
かいほう(解放)……68
かいほう(開放)……68
がいよう(概要)……202
かえるのこはかえる
(かえるの子はかえる)……216
かおがひろい
(顔が広い)……178
かおからひがでる
(顔から火が出る)……241
かおにどろをぬる
(顔に泥を塗る)……300
かおぶれ(顔ぶれ)……171
かきいれどき
(書き入れ時)……319
かくう(架空)……35
かくだん(格段)……26
かけがえのない……153
かごん(過言)……227
かさにきる
(かさに着る)……274
かさばる……44
かぜのふきまわし
(風の吹き回し)……279
かたくるしい
(堅苦しい)……69
かたずをのむ
(固唾を呑む)……303
かたでかぜをきる
(肩で風をきる)……322
かたのにがおりる
(肩の荷が下りる)……345
かたみがせまい
(肩身が狭い)……290
かたをならべる
(肩を並べる)……280
かたをもつ(肩を持つ)……200
かっきてき(画期的)……162
かっぱのかわながれ
(かっぱの川流れ)……271
かてい(仮定)……143
かてい(過程)……143
かどがたつ(角が立つ)……324
かならずしも
(必ずしも)……198
かぶりをふる
(かぶりを振る)……295
かべにみみありしょうじにめあり(壁に耳あり障子に目あり)……160
かまける……312
かみひとえ(紙一重)……162
からくも(辛くも)……240
かりてきたねこ
(借りてきた猫)……199
かりに(仮に)……72

かるはずみ（軽はずみ）21
かろうじて……240
かろやか（軽やか）…74
かわる（代わる）……51
かわる（変わる）……51
かんいっぱつ（間一髪）162
かんこどりがなく（閑古鳥が鳴く）……231
かんせつてき（間接的）108
かんだい（寛大）…89
かんにんぶくろのおがきれる（堪忍袋の緒が切れる）……307
かんはつをいれず（間髪を容れず）……26
かんぷくする（感服する）……305

き

きおくれする（気後れする）……268
きがおけない（気が置けない）……97
きがきでない（気が気でない）……316
きがない（気がない）226
きがね（気兼ね）……233
きがはれる（気が晴れる）……345
ぎくしゃく……144
きこえよがし（聞こえよがし）……317
ぎこちない……309
きざし（兆し）……227
きしかいせい（起死回生）……323
きしょう（希少）……143
きしょう（気性）……143
きしょうてんけつ（起承転結）……168
きずな（絆）……83
きそうてんがい（奇想天外）……171
きつねにつままれる（狐につままれる）……231
きづまり（気詰まり）233
きどあいらく（喜怒哀楽）……41
きびきび……328
きまぐれ（気まぐれ）195
きまずい（気まずい）170
きまま（気まま）…245
きまりがわるい（きまりが悪い）……179
きもにめいじる（肝に銘じる）……321
きもをつぶす（肝をつぶす）……252
きもをひやす（肝を冷やす）……252
キャリア……39
きゅうしにいっしょうをえる（九死に一生を得る）……304
きょうかん（共感）…175
ぎょふのり（漁夫の利）164
きりぬける（切り抜ける）……33
きをもむ（気をもむ）316
ぎんみ（吟味）……334

く

くあればらくあり（苦あれば楽あり）……287
くうぜん（空前）……162
ぐうのねもでない（ぐうの音も出ない）…64
くぎをさす（釘をさす）273
くさってもたい（腐っても鯛）……334
くさわけ（草分け）…348
くすねる……250
ぐたいてき（具体的）203
くちがうまい（口がうまい）……223
くちがおもい（口が重い）……139
くちがかたい（口が堅い）……20
くちがかるい（口が軽い）……20
くちがすべる（口が滑る）……223
くちがへらない（口が減らない）……241
くちぐるまにのせられる（口車に乗せられる）…223
くちにあう（口に合う）223
くちびをきる（口火を切る）……337
くちべた（口下手）…66
くちやくそく（口約束）123
くちをすっぱくする（口を酸っぱくする）…223
くちをそろえる（口をそろえる）……198
くちをだす（口を出す）223
くちをとがらせる（口をとがらせる）……223
くってかかる（食ってかかる）……186
くびがまわらない（首が回らない）……148
くびになる（首になる）148
くびをかしげる（首をかしげる）……148
くびをたてにふる（首を縦にふる）……148
くびをつっこむ（首をつっこむ）……148
くびをながくする（首を長くする）……148
くまなく……239
くもをつかむような（雲をつかむような）…102
くやしまぎれ（悔し紛れ）……348
くりあがる（くり上がる）……87
くりさがる（くり下がる）……87
くるしまぎれ（苦し紛れ）……180
くろうと（玄人）…283
グローバル……39
くわだてる（企てる）195
ぐんをぬく（群を抜く）26

け

けいかい（軽快）…74
けいこう（傾向）…41
げいごう（迎合）…175
けいぞく（継続）…36
けいそつ（軽率）…213
けがのこうみょう（けがの功名）……287
けぎらい（毛嫌い）…25
けげん……179
げじゅん（下旬）…18
けっそうをかえる（血相を変える）……310
けつだん（決断）…108
けってん（欠点）…67
けっぱく（潔白）…73
けつぼう（欠乏）…129
けつまつ（結末）…106
けなげ（健気）……103
けむにまく（煙に巻く）210
けんあく（険悪）…163
けんえんのなか（犬猿の仲）……231
げんかく（厳格）…89
けんきょな（謙虚な）30
けんしん（献身）…92
けんそん（謙遜）…311
けんとう（検討）…86
けんとう（見当）…86
げんに（現に）……53

こ

こうい（好意）……111
こうがんむち（厚顔無恥）……50
こうけん（貢献）…92
こうせい（公正）…86
こうせい（構成）…86
こうてい（肯定）…118
こうてん（好転）…204
こうぼうにもふでのあやまり（弘法にも筆の誤り）……271
こうれい（恒例）…58
こうろん（口論）…142
ごうをにやす（業を煮やす）……307
こえる（肥える）…94
ごかく（互角）……24
こくめいに（克明に）316
こころあたり（心当たり）……89
こころおきなく（心おきなく）……227
こころぐるしい（心苦しい）……146
こころここにあらず（心ここにあらず）…185
こころのこり（心残り）276
こころもとない（心もとない）……289
ここんとうざい（古今東西）……279
こしがひくい（腰が低い）……30

こじつけ……331
ごじっぽひゃっぽ
（五十歩百歩）……161
こじれる……257
こしをおる（腰を折る）188
コスト……39
こぞって……254
ことごとく……189
ことさら……48
ことなる（異なる）……22
ことに（殊に）……202
ことばをにごす
（言葉をにごす）……238
こともなげに
（事もなげに）……78
ごぼうぬき
（ごぼう抜き）……119
コミュニケーション……39
ごらんになる
（ご覧になる）……266
ごりむちゅう
（五里霧中）……176
ころばぬさきのつえ
（転ばぬ先の杖）……208
ごんごどうだん
（言語道断）……294
こんわく（困惑）……129

さ

ざいあくかん（罪悪感）121
さいさんさいし
（再三再四）……292
さいしん（細心）……249
さいてきな（最適な）85
さいなん（災難）……117
さえぎる（遮る）……119
さかうらみ（逆恨み）49
ささい（些細）……164
さじかげん（さじ加減）231
さしひき（差し引き）247
さじをなげる
（さじを投げる）……258
さずける（授ける）……59
ざせつ（挫折）……152
さだか（定か）……43
さっかく（錯覚）……22
さっしがいい
（察しがいい）……193
さっする（察する）……46
さっそう……215
さっぷうけいな
（殺風景な）……255
さとす（諭す）……273
さばをよむ
（さばを読む）……311
さまたげる（妨げる）57
さるもきからおちる
（猿も木から落ちる）……271
さんしゃさんよう
（三者三様）……240
さんにんよればもんじゅ
のちえ（三人寄れば文殊
の知恵）……324
さんぴりょうろん
（賛否両論）……243
さんまん（散漫）……206

し

しいる（強いる）……325
しおらしい……334
じがじさん（自画自賛）300
しきりに……92
しくはっく（四苦八苦）324
じごうじとく
（自業自得）……299
じごくでほとけにあった
よう（地獄で仏に会った
よう）……280
しこり……272
しじ（指示）……156
しじ（支持）……156
じしゅくする
（自粛する）……243
したたか……315
したためる……288
したたる……34
したをまく（舌を巻く）305
じだんだをふむ
（地団駄を踏む）……167
しったかぶり
（知ったかぶり）……144
しっとする（嫉妬する）226
しにものぐるい
（死に物狂い）……150
しのぐ……33
しばしば……350
しぶる（渋る）……313
しむける（仕向ける）192
しめんそか（四面楚歌）343
しゃくぜんとしない
（釈然としない）……179
じゃくにくきょうしょく
（弱肉強食）……341
じゃけん（邪険）……284
しゃこうてき（社交的）178
じゃのみちはへび
（蛇の道は蛇）……347
じゆうじざい
（自由自在）……214
しゅうしする
（終始する）……45
しゅうしゅう（収拾）117
じゅうぞく（従属）……105
じゅうにんといろ
（十人十色）……240
じゅうばこのすみをつつく
（重箱の隅をつつく）……142
しゅかくてんとう
（主客転倒）……272
じゅくれん（熟練）……36
しゅちょう（主張）……111
じゅどうてき（受動的）336
しゅにまじわればあかく
なる（朱に交われば赤く
なる）……353
しゅびいっかん
（首尾一貫）……326
しょうきょくてき
（消極的）……97
しょうさいに（詳細に）316
じょうじゅん（上旬）32
しょうてん（焦点）……20
じょうほ（譲歩）……233
じょげん（助言）……91
しらじらしい
（白々しい）……152
しらぬがほとけ
（知らぬが仏）……248
しらはのやがたつ
（白羽の矢が立つ）……163
しらをきる
（しらを切る）……244
しりうまにのる
（尻馬に乗る）……302
しりがあおい
（尻が青い）……229
しりきれとんぼ
（尻切れとんぼ）……347
しりごみ（尻込み）……313
じりつ（自立）……47
しりにひがつく
（尻に火がつく）……154
しりめ（尻目）……164
ジレンマ……320
しろいめでみる
（白い目で見る）……229
しろうと（素人）……283
じろん（持論）……111
しんがい（心外）……204
しんきいってん
（心機一転）……352
しんそう（真相）……52
しんそこ（心底）……123
しんとう（浸透）……98
シンボル……79
じんみゃく（人脈）……178
じんりょく（尽力）……92

す

すいり（推理）……137
ずうずうしい
（図々しい）……50
すかさず……26
ずけずけ……28
すげない……226
ずさん……24
すじがき（筋書き）……202
すじがねいり
（筋金入り）……341
すじちがい（筋違い）……121
すずめのなみだ
（すずめの涙）……267
すすめる（勧める）……51
すすめる（進める）……51
すたれる（廃れる）……248
ストレス……39
ずにのる（図に乗る）342
すねをかじる……281
スペース……39
ずぼし（図星）……19
スムーズ……79
すんぜん（寸前）……70

せ

せいしする（制止する）310
せいじゅく（成熟）……36
せいする（制する）……310
せいてんのへきれき
（青天のへきれき）……82
せいをだす（精を出す）302
せきのやま（関の山）136

せきをきったよう
（せきを切ったよう）……314
ぜせい（是正）……254
せっきょくてき
（積極的）……97
ぜったいぜつめい
（絶体絶命）……54
せっとくする
（説得する）……183
せつない（切ない）……101
せっぱつまる
（切羽詰まる）……173
せにはらはかえられない
（背に腹はかえられない）
……220
せめる（責める）……175
せわしない……74
せんくしゃ（先駆者）……293
せんけつ（先決）……289
せんけんのめい
（先見の明）……295
せんさばんべつ
（千差万別）……277
センス……79
ぜんだいみもん
（前代未聞）……162
せんにゅうかん
（先入観）……150
せんねん（専念）……58
せんぺんばんか
（千変万化）……322

そ

そうおう（相応）……327
そうぞう（創造）……255
ぞうちょうする
（増長する）……342
そうてい（想定）……65
そうとう（相当）……91
そくざ（即座）……99
そくばく（束縛）……123
そぐわない……128
そこなう（損なう）……34
そざつ（粗雑）……206
そしする（阻止する）……57
そそくさ……55
そっけない……226
そっせん（率先）……76
そっちょく（率直）……118
そねむ……141
そまつ（粗末）……55
そらぞらしい
（空々しい）……258
そりがあわない
（そりが合わない）……169
ぞんぶん（存分）……27

た

たい（他意）……159
たいきばんせい
（大器晩成）……243
たいこばんをおす
（太鼓判を押す）……145
だいざい（題材）……35
たいざい（滞在）……110
たいしょう（対照）……156
たいしょう（対象）……156
だいそれた（大それた）……211
だいたん（大胆）……18
だいどうしょうい
（大同小異）……256
たいとうする
（台頭する）……286
たいはん（大半）……43
たいぼう（待望）……93
たいまん（怠慢）……320
たえず（絶えず）……55
たがいちがい
（互い違い）……122
たかびしゃ（高飛車）……205
たかをくくる
（高をくくる）……167
だきょう（妥協）……233
たくみ（巧み）……232
たけなわ……330
たけをわったよう
（竹を割ったよう）……210
たざんのいし
（他山の石）……323
たしなめる……107
だしぬく（出し抜く）……336
たじろぐ……283
たすけぶね（助け舟）……280
たずさえる（携える）……31
だせい（惰性）……120
だそく（蛇足）……217
ただちに……18
ただならぬ……209
たちうちできない
（太刀打ちできない）……64
たちつくす
（立ち尽くす）……253
たちどころに……77
たっせい（達成）……38
たつせがない
（立つ瀬がない）……179
たつとりあとをにごさず
（立つ鳥跡をにごさず）……347
だつぼうする
（脱帽する）……305
だつらく（脱落）……109
たていたにみず
（立て板に水）……337
たでくうむしもすきずき
（たで食う虫も好き好き）
……240
たてつづけ（立て続け）25
たてまえ（建前）……50
たどたどしい……199
たなからぼたもち
（棚からぼたもち）……99
たなにあげる
（棚に上げる）……187
たぬきねいり
（たぬき寝入り）……247
たねあかし（種明かし）78
たびかさなる
（度重なる）……117
たびたび……92
たまりかねる……103
ためらう……313
たわいない……254
たわむれる……187
だんこ（断固）……77
だんじて（断じて）……39
たんしょ（短所）……67
たんたんと（淡々と）258
たんてき（端的）……75
たんとうちょくにゅう
（単刀直入）……118
たんどく（単独）……59
だんどり（段取り）……59
たんねん（丹念）……249
たんぱく（淡泊）……342

ち

ちからずく（力ずく）83
ちくいち（逐一）……249
ちくばのとも
（竹馬の友）……298
ちせい（知性）……147
ちつじょ（秩序）……338
ちなみに……239
ちまなこ（血眼）……310
ちみつ（緻密）……206
ちめいてき（致命的）239
ちゃかす（茶化す）……174
ちゃくじつ（着実）……126
ちゃくちゃく（着々）125
ちゅうかい（仲介）……224
ちゅうこく（忠告）……53
ちゅうじつ（忠実）……32
ちゅうじゅん（中旬）34
ちゅうしょうてき
（抽象的）……203
ちゅうだん（中断）……36
ちゅうちょ……108
ちょうえつ（超越）……110
ちょうしょ（長所）……67
ちょうじり（帳尻）……184
ちょうはつ（挑発）……176
ちょうわ（調和）……106
ちょくし（直視）……22
ちりばめる……120

つ

ついきゅう（追及）……175
つかいはたす
（使い果たす）……214
つかえる（仕える）……78
つかのま（束の間）……236
つくづく……99
つぐなう（償う）……73
つくろう……257
つけあがる……293
つけいる（つけ入る）251
つじつま……191
つちかう（培う）……270
つちふまず（土踏まず）139
つっけんどん……85
つつしむ（慎む）……243
つつぬけ（筒抜け）……270
つど（都度）……215
つとめる（勤める）……100
つとめる（努める）……100
つとめる（務める）……100
つばぜりあい
（つばぜり合い）……296
つぶさに……316
つぶぞろい（粒ぞろい）267
つみほろぼし
（罪滅ぼし）……332
つむぐ（紡ぐ）……146
つらぬく（貫く）……45

つりあう（釣り合う）……236
つるのひとこえ
（鶴の一声）……231
つれない……226

て

てあたりしだい
（手当たり次第）……158
ていあん（提案）……75
ておくれ（手遅れ）……71
てがかかる
（手がかかる）……64
てかげん（手加減）……104
できあい（出来合い）……306
てきい（敵意）……111
てきちゅう（的中）……225
できばえ（出来栄え）……114
てきめん……212
てぎわ（手際）……219
てぐすねをひく
（手ぐすねを引く）……64
てこずる（手こずる）……167
てごろ（手頃）……248
てしおにかける
（手塩にかける）……321
てだまにとる
（手玉にとる）……279
てっきり……66
てっする（徹する）……45
でっちあげる
（でっち上げる）……122
てっていてき（徹底的）……28
てっとりばやい
（手っ取り早い）……94
てつをふむ
（てつを踏む）……213
てにあまる（手に余る）……327
てにおえない
（手に負えない）……327
てにつかない
（手に付かない）……64
てぬかり（手抜かり）……284
でばなをくじく
（出鼻をくじく）……188
てまえみそ（手前みそ）……337
てまどる（手間取る）……158
てみじか（手短）……81
デメリット……54
てもあしもでない
（手も足も出ない）……64
でるくいはうたれる
（出る杭は打たれる）……199
てをかす（手を貸す）……64
てをぬく（手を抜く）……37
てをひろげる
（手を広げる）……64
てをやく（手を焼く）……346
てんぐになる……342
てんけいてき（典型的）……174
てんせい（天性）……147
てんてこまい
（てんてこ舞い）……74

と

とうかくをあらわす
（頭角を現す）……286
とうげをこす
（峠を越す）……236
とうだいもとくらし
（灯台下暗し）……352
どうちょう（同調）……175
どうどうめぐり
（堂々巡り）……332
とおまわし（遠回し）……108
とがめる……175
ときふせる
（説き伏せる）……183
ときめく……27
どぎもをぬく
（度肝を抜く）……275
どきょう（度胸）……113
とくに（特に）……202
どくりつ（独立）……105
とだえる（途絶える）……37
とっさに……26
とっぴ（突飛）……214
とっぴょうしもない
（突拍子もない）……121
とびきり……26
とぶとりをおとすいきおい
（飛ぶ鳥を落とす勢い）……339
とほうにくれる
（途方に暮れる）……242
とまどう（戸惑う）……129
ともすれば……296
ともだおれ（共倒れ）……161
ともなう（伴う）……80
とらぬたぬきのかわざんよう
（取らぬたぬきの皮算用）
……319
とらのいをかるきつね
（虎の威を借る狐）……231
トラブル……79
とりえ（取り柄）……88
とりつくしまもない
（取りつく島もない）……325
とりつくろう（取り繕う）……147
とりとめのない……228
とりまき（取り巻き）……158
とりみだす（取り乱す）……129
とりわけ……202
とろう（徒労）……206
どんぐりのせいくらべ
（どんぐりの背比べ）……70
とんでひにいるなつのむし
（飛んで火に入る夏の虫）
……297
とんびがたかをうむ
（とんびがたかを生む）……216

な

ないがしろ……242
なおす（治す）……100
なおす（直す）……100
ながいめでみる
（長い目で見る）……155
なかずとばず
（鳴かず飛ばず）……354
なかたがい（仲違い）……169
なかば（半ば）……107
なきつらにはち
（泣き面に蜂）……42
なけなし……139
なごやか（和やか）……58
なさる……266
なじる……175
なぞらえる……48
ななころびやおき
（七転び八起き）……95
なにくわぬかお
（何食わぬ顔）……312
なにしろ（何しろ）……177
なみかぜをたてる
（波風を立てる）……324
なみだぐましい
（涙ぐましい）……209
なめくじにしお
（なめくじに塩）……313

に

にえきらない
（煮え切らない）……238
にかいからめぐすり
（二階から目薬）……149
にがしたさかなはおおきい
（逃がした魚は大きい）……347
にがにがしい
（苦々しい）……345
にがむしをかみつぶした
ような（苦虫を噛み潰した
ような）……297
にそくさんもん
（二束三文）……269
にたりよったり
（似たり寄ったり）……192
にちじょうさはん
（日常茶飯）……330
にちや（日夜）……84
にっか（日課）……76
につかわしい
（似つかわしい）……327
にっしんげっぽ
（日進月歩）……207
にどあることはさんどある
（二度ある事は三度ある）
……329
にとをおうものはいっと
をもえず（二兎を追う者
は一兎をも得ず）……231
にのあしをふむ
（二の足を踏む）……313
にのまい（二の舞）……213
にもかかわらず……235
ニュアンス……157
にゅうねん（入念）……91
にんしき（認識）……90

ぬ

ぬかにくぎ（ぬかに釘）……221
ぬかよろこび
（ぬか喜び）……203
ぬきうち（抜き打ち）……219
ぬくもり……56
ぬけがけ（抜け駆け）……336
ぬけぬけ……242
ぬけめ（抜け目）……136
ぬれぎぬ（濡れ衣）……45
ぬれてであわ
（濡れ手で粟）……350

ね

ねがったりかなったり
（願ったり叶ったり）……177

ねがってもない
(願ってもない)……212
ねぎらう……137
ねこかわいがり
(猫可愛がり)……274
ねこじた(猫舌)……219
ねこにこばん
(猫に小判)……115
ねこのてもかりたい
(猫の手も借りたい)…127
ねこのひたい(猫の額)295
ねこもしゃくしも
(猫もしゃくしも)……322
ねこをかぶる
(猫をかぶる)……326
ねたこをおこす
(寝た子を起こす)……284
ねたむ(妬む)……226
ねつをあげる
(熱を上げる)……148
ねにもつ(根に持つ)210
ねみみにみず
(寝耳に水)……82
ねもはもない
(根も葉もない)……210
ねんいり(念入り)…249
ねんじる(念じる)…169
ねんにはねんをいれる
(念には念を入れる)…208

の

のうあるたかはつめをかくす(能あるたかは爪を隠す)……159
のうこう(濃厚)……342
のうどうてき(能動的)336
のうりつ(能率)……235
のさばる……290
のどか……149
のどからてがでる
(喉から手が出る)……221
のどもとすぎればあつさをわすれる(喉元過ぎれば熱さを忘れる)……318
ののしる(罵る)……308
のばなし(野放し)…343
のみこみがはやい
(飲み込みが早い)……193
のれんにうでおし
(のれんに腕押し)……140

は

はいけんする
(拝見する)……266
はいすいのじん
(背水の陣)……312
はかい(破壊)……255
はがたたない
(歯が立たない)……113
はがゆい(歯がゆい)212
はくしき(博識)……98
はくじょう(白状)…31
はくじょう(薄情)…46
ばくぜん(漠然)…38
はぐらかす……210
はげむ(励む)……302
はしたない……183
ばじとうふう
(馬耳東風)……140
はしにもぼうにもかからない(箸にも棒にもかからない)……278
はじらう……268
はたいろ(旗色)……291
はちあわせ(鉢合わせ)221
ばちがい(場違い)…176
はちくのいきおい
(破竹の勢い)……339
ばつがわるい
(ばつが悪い)……179
はっき(発揮)……114
はっぽうびじん
(八方美人)……119
はっぽうふさがり
(八方塞がり)……54
はつらつ……125
はながたかい
(鼻が高い)……172
はなにかける
(鼻にかける)……323
はなにつく(鼻につく)251
はなよりだんご
(花より団子)……113
はなをあかす
(鼻を明かす)……232
はにかむ……268
はばむ(阻む)……57
はばをきかせる
(幅をきかせる)……290
はびこる……308
はぶく(省く)……211
はめをはずす
(羽目を外す)……228
はやがてん(早合点)291
はらがくろい
(腹が黒い)……229
はらがすわる
(腹がすわる)……220
はらだたしい
(腹立たしい)……345
はらをきめる
(腹を決める)……220
はらをくくる
(腹をくくる)……220
はらをさぐる
(腹を探る)……220
はらをわる(腹を割る)220
はれがましい
(晴れがましい)……282
はをくいしばる
(歯を食いしばる)…125
ばんかい(挽回)……126
ばんじきゅうす
(万事休す)……54
はんしんはんぎ
(半信半疑)……179
ばんぜん(万全)……38
ばんのう(万能)……80
はんめんきょうし
(反面教師)……282
はんろん(反論)……128

ひ

ひかえる(控える)…243
ひかく(比較)……65
ひきいる(率いる)…69
ひげき(悲劇)……101
ひけらかす……211
ひけをとらない
(引けを取らない)…280
ひけん(比肩)……280
ひしめく……80
ひじょう(非情)……75
ひそかに(密かに)…93
ひたむき……120
ひっきりなし……186
ひっこみじあん
(引っ込み思案)……314
ひつじゅひん(必需品)105
ひっす(必須)……105
ひってき(匹敵)……280
ひてい(否定)……118
ひとかど(一角)……339
ひときわ……202
ひとさわがせ
(人騒がせ)……109
ひとづて(人づて)…215
ひとのうわさもしちじゅうごにち(人の噂も七十五日)……324
ひとのふんどしですもうをとる(人のふんどしで相撲を取る)……302
ひとりよがり
(独りよがり)……341
ひなん(非難)……57
ひにあぶらをそそぐ
(火に油を注ぐ)……324
ひにく(皮肉)……309
ひはん(批判)……57
ひもじい……298
ひゃくぶんはいっけんにしかず(百聞は一見にしかず)……292
ひゃくもしょうち
(百も承知)……324
ひゃっぱつひゃくちゅう
(百発百中)……146
ひらきなおる
(開き直る)……194
ひるむ……283
ひんこうほうせい
(品行方正)……285
ひんじゃく(貧弱)…129
びんじょうする
(便乗する)……302
ピント……20
ひんぱん(頻繁)……92

ふ

ぶあいそう(無愛想)85
ふえて(不得手)……138
ふがいない……217
ふかけつ(不可欠)…105
ぶがわるい(分が悪い)171
ふきゅう(普及)……98
ふくすいぼんにかえらず
(覆水盆に返らず)……71
ふくらはぎ……40
ふくろのねずみ
(袋のねずみ)……56
ふさぎこむ(塞ぎ込む)294
ぶざま(無様)……195

ふさわしい……327
ぶすいな（無粋な）……255
ふたつへんじ
（二つ返事）……324
ぶたにしんじゅ
（豚に真珠）……115
ふたん（負担）……70
ぶっきらぼう……85
ぶっそう（物騒）……101
ふてくされる……256
ぶなん（無難）……230
ふにおちない
（ふに落ちない）……306
ふみにじる
（踏みにじる）……180
ふゆかい（不愉快）……345
プライド……189
プライバシー……157
ぶれい（無礼）……50
ふれこみ（触れ込み）247
プログラム……194
プロセス……79
ふわらいどう
（付和雷同）……302
ふんだりけったり
（踏んだり蹴ったり）……42
ぶんたん（分担）……126
ふんばる（踏ん張る）44

へ

へいこう（閉口する）354
へきえきする
（辟易する）……354
へだたり（隔たり）……153
へりくだる……30
へりくつ（屁理屈）……331
へる（経る）……112
へる（減る）……112
へんけん（偏見）……150

ほ

ぼうがい（妨害）……128
ぼうぜん（呆然）……88
ほうふ（抱負）……220
ほうふ（豊富）……129
ほうほうのていで
（ほうほうの体で）……240
ほおづえ（頬杖）……90
ほがらか（朗らか）……69
ぼきん（募金）……106
ほくそえむ
（ほくそ笑む）……172
ぼっとうする
（没頭する）……33
ほてる……122
ほとけのかおもさんど
（仏の顔も三度）……307
ほどほど……96
ほねおりぞん
（骨折り損）……206
ほねみをけずる
（骨身を削る）……273
ほのかに……76
ボランティア……79
ほんね（本音）……50
ほんまつてんとう
（本末転倒）……191
ほんやく（翻訳）……96
ほんらい（本来）……19

ま

まいきょにいとまがない
（枚挙にいとまがない）349
まいる（参る）……266
まがさす（魔が差す）355
まがりなりにも
（曲がりなりにも）……328
まがわるい（間が悪い）305
まぎらわしい
（紛らわしい）……241
まごつく……314
まことしやか……311
まざまざ……277
マスコミ……79
またたくま（瞬く間）48
まちかねる
（待ちかねる）……207
まつわる……19
まどう（惑う）……155
まとはずれ（的外れ）121
まどわす（惑わす）……225
まとをいる（的を射る）245
まないたのこい
（まな板の鯉）……349
まのあたり
（目の当たり）……335
まゆつばもの
（眉つばもの）……102
まゆをひそめる
（眉をひそめる）……228
まるめこむ（丸め込む）183
まわりくどい
（回りくどい）……108
まんえんする
（まん延する）……290
まんがいち（万が一）43
まんざら……153
まんじょういっち
（満場一致）……198
まんぜん（漫然）……173
まんべんなく……250

み

みおぼえ（見覚え）……28
みかえす（見返す）……56
みかけだおし
（見かけ倒し）……205
みからでたさび
（身から出たさび）……299
みがる（身軽）……74
みくだす（見下す）……46
みくびる（見くびる）259
みぐるしい（見苦しい）183
みこみ（見込み）……37
みじゅく（未熟）……36
みずいらず（水入らず）188
みずかけろん
（水かけ論）……286
みずくさい（水臭い）188
みすごす（見過ごす）84
みずしらず
（見ず知らず）……40
みずにながす
（水に流す）……188
みずのあわ（水の泡）188
みずをあける
（水をあける）……188
みずをうったよう
（水を打ったよう）……300
みずをさす（水を差す）188
みせしめ（見せしめ）192
みだりに……246
みち（未知）……173
みちくさをくう
（道草を食う）……210
みっかぼうず
（三日坊主）……23
みつごのたましいひゃくまで（三つ子の魂百まで）……292
みっともない……183
みてくれ（見てくれ）275
みにつまされる
（身につまされる）……344
みばえ（見栄え）……77
みまがう（見紛う）……87
みみがいたい
（耳が痛い）……182
みみにいれる
（耳に入れる）……82
みみにたこができる
（耳にたこができる）……82
みみにはいる
（耳に入る）……82
みみにはさむ
（耳にはさむ）……82
みみをかたむける
（耳を傾ける）……82
みめい（未明）……49
みもふたもない
（身もふたもない）……282
みるからに
（見るからに）……40
みれん（未練）……276
みをこにする
（身を粉にする）……273
みをひく（身を引く）172

む

むえん（無縁）……204
むがむちゅう
（無我夢中）……150
むくい（報い）……306
むこうみず
（向こう見ず）……259
むしがいい（虫がいい）244
むしかえす（蒸し返す）317
むしがしらせる
（虫が知らせる）……297
むしがすかない
（虫が好かない）……297
むしのいき（虫の息）297
むしのいどころがわるい
（虫の居所が悪い）……297
むしもころさない
（虫も殺さない）……297
むじゅん（矛盾）……317
むだん（無断）……27
むち（無知）……98
むてっぽう（無鉄砲）259
むねがさわぐ
（胸が騒ぐ）……170
むねがすく（胸がすく）170

むねのつかえがとれる
（胸のつかえが取れる）……345
むねをうつ（胸を打つ）……170
むねをなでおろす
（胸をなで下ろす）……170
むねをはる（胸を張る）……170
むねをふくらませる
（胸を膨らませる）……170
むぼう（無謀）……259
むみかんそう
（無味乾燥）……255
むやみに……246
むらがる（群がる）…103
むりじい（無理強い）…207

め

めいる（滅入る）……313
めがきく（目が利く）……160
めがこえる
（目が肥える）……160
めかす……141
めがたかい（目が高い）…187
めがてんになる
（目が点になる）……160
めがない（目がない）……160
めからはなへぬける
（目から鼻へ抜ける）…330
めげる……294
めしあがる
（召し上がる）……266
めじろおし（目白押し）…138
めとはなのさき
（目と鼻の先）……88
めにあまる（目に余る）…348
めにうかぶ
（目に浮かぶ）……160
めぼし（目星）……89
メリット……54
めをかける
（目をかける）……225
めをしろくろさせる
（目を白黒させる）…229
めをひく（目を引く）…160
めをみはる
（目を見張る）……305
メンタル……157
めんぼくがたたない
（面目が立たない）…290
めんみつ（綿密）……249

も

もうしあげる
（申し上げる）……266
もうしぶんない
（申し分ない）……344
もくさつ（黙殺）……144
もたらす……251
もちはもちや
（餅は餅屋）……332
モチベーション……157
もってのほか……294
もっぱら……308
もてあます（持て余す）…191
もてなす……49
もどかしい……136
もともこもない
（元も子もない）……217
ものおじ（物怖じ）…268
ものぐさ……320
ものごし（物腰）……182
もはや……65
もほう（模倣）……255
モラル……157
もれなく……316
もんどうむよう
（問答無用）……294

や

やおもて（矢面）……163
やけいしにみず
（焼け石に水）……206
やさき（矢先）……109
やさしい（易しい）…112
やさしい（優しい）…112
やっかむ……226
やっきになる
（躍起になる）……310
やつぎばや（矢継ぎ早）184
やつれる……224
やなぎのしたにいつもど
じょうはいない（柳の下
にいつもどじょうはいな
い）……329
やぶからぼう
（やぶから棒）……285
やましい……335
やみあがり
（病み上がり）……73
やみくもに……246
やむをえない……244
やもたてもたまらない
（矢も盾もたまらない）352
ややもすると……350
やりすごす
（やり過ごす）……33
やりだまにあげる
（やり玉に挙げる）…340

ゆ

ゆうがい（有害）……209
ゆうじゅうふだん
（優柔不断）……230
ゆうめいむじつ
（有名無実）……274
ユーモア……141
ゆくゆくは……303
ゆだねる（委ねる）…83
ユニーク……157

よ

よいのくち（宵の口）272
ようてん（要点）……31
ようぼう（要望）……81
よくせいする
（抑制する）……310
よこやりをいれる
（横槍を入れる）……188
よしあし（良し悪し）52
よそよそしい……250
よはく（余白）……21
よみがえる……114
よりによって……116

ら

らちがあかない……278

り

りせい（理性）……186
リタイア……189
リテラシー……157
りょうてにはな
（両手に花）……210
りょうりつ（両立）…281
りんきおうへん
（臨機応変）……230

れ

れいたん（冷淡）……85

ろ

ろうひ（浪費）……81
ろこつ（露骨）……246
ろんがい（論外）……121
ろんてん（論点）……20

わ

わずらわしい……205
わだかまり……234
わたりにふね
（渡りに船）……280
わるあがき（悪あがき）206
われをわすれる
（我を忘れる）……33

[監修] **陰山英男**（かげやま ひでお）

1958年、兵庫県生まれ。陰山ラボ代表（教育クリエイター）。岡山大学法学部卒業後、小学校教員に。「百ます計算」や漢字練習の「読み書き計算」の徹底した反復学習と生活習慣の改善に取り組み、子どもたちの学力を驚異的に向上させた。その指導法「陰山メソッド」は、教育者や保護者から注目を集め、陰山メソッドを教材化した「徹底反復シリーズ」は800万部の大ベストセラーに。

文部科学省中央教育審議会特別委員、大阪府教育委員長、立命館大学教授を歴任し、全国各地で学力向上アドバイザーも行っている。主な著書に『ポジティブ習慣』（リベラル社）、『だから、子ども時代に一番学習しなければいけないのは、幸福です』（小学館）ほか多数。小学生向けの学習教材や『陰山手帳』（ダイヤモンド社）でも有名。

コミック	入江久絵
イラスト	加藤のりこ・さややん。・成瀬瞳・深蔵
校正協力	土井明弘
装丁デザイン	長谷川有香（ムシカゴグラフィクス）
本文デザイン	渡辺靖子（リベラル社）
編集	廣江和也・堀友香（リベラル社）
編集人	伊藤光恵（リベラル社）
営業	廣田修（リベラル社）

編集部　鈴木ひろみ

営業部　津田滋春・青木ちはる・中村圭佑・三田智朗・三宅純平・栗田宏輔・髙橋梨夏

マンガ×くり返しでスイスイ覚えられる　1200の言葉

2017年4月27日　初版発行

2024年6月30日　再版発行

編　集　リベラル社

発行者　隅 田 直 樹

発行所　株式会社 リベラル社

〒460-0008　名古屋市中区栄3-7-9　新鏡栄ビル8F

TEL 052-261-9101　FAX 052-261-9134　http://liberalsya.com

発　売　株式会社 星雲社（共同出版社・流通責任出版社）

〒112-0005　東京都文京区水道1-3-30

TEL 03-3868-3275

印刷・製本所　株式会社 シナノパブリッシングプレス

　ISBN978-4-434-23271-8　C6081

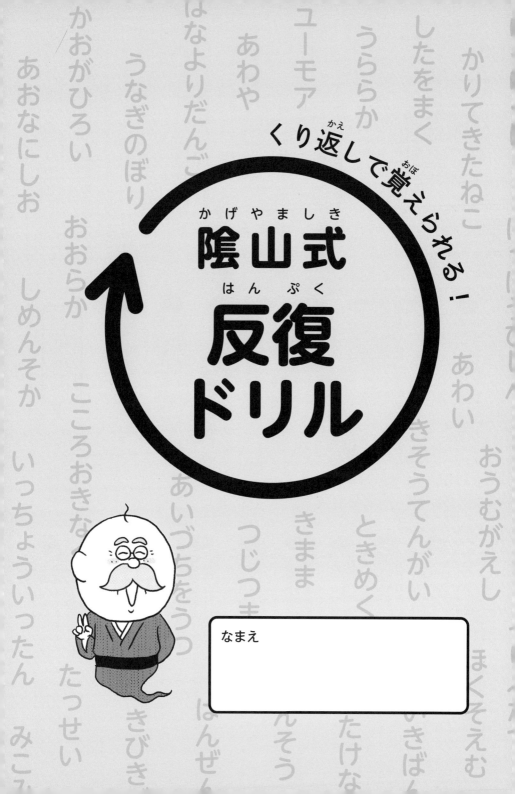

くり返《かえ》して覚《おぼ》えられる！

陰山式《かげやましき》

反復《はんぷく》ドリル

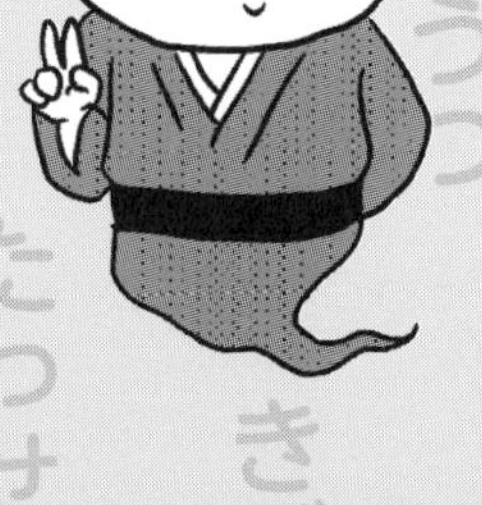

なまえ

学んだ日 ／ ／ ／ ／ ／

このドリルの使《つか》い方《かた》

●このドリルには、本編《ほんぺん》で取《と》り上《あ》げてきた言葉《ことば》の例文《れいぶん》が、虫食《むしく》いになってのっているよ。意味《いみ》を見《み》て、本《ほん》の中《なか》で学《まな》んだことを思《おも》い出《だ》しながら（　）の中《なか》に入《はい》る言葉《ことば》を埋《う》めよう。

●問題番号《もんだいばんごう》は、本編《ほんぺん》の言葉《ことば》の番号《ばんごう》と連動《れんどう》しているよ。本編《ほんぺん》を見《み》て答《こた》え合《あ》わせをしよう。

●上部《じょうぶ》には、本編《ほんぺん》と同様《どうよう》、ページごとに「学《まな》んだ日《ひ》」を書《か》き込《こ》める欄《らん》があるよ。日付《ひづけ》が埋《う》まるように、何度《なんど》もくり返《かえ》し挑戦《ちょうせん》しよう。

※このドリルには、本編《ほんぺん》の中《なか》でコミックを使《つか》って取《と》り上《あ》げた言葉《ことば》の例文《れいぶん》を収録《しゅうろく》しています。

レベル1

1 彼女《かのじょ》は（　）なデザインの衣装《いしょう》を着《き》こなす。
［意味《いみ》］思《おも》い切《き》りがいいこと。

2 （　）職員室《しょくいんしつ》に来《く》るように。
［意味《いみ》］すぐに、時間《じかん》を置《お》かないで。

3 4月《がつ》（　）に雪《ゆき》が降《ふ》るなんて、珍《めずら》しい。
［意味《いみ》］1ケ月《かげつ》のうち二十一日《にじゅういちにち》から末日《まつじつ》までの間《あいだ》。

4 孫《まご》の手《て》は（　）、背中《せなか》をかくのに使《つか》うものだ。
［意味《いみ》］もともとは。普通《ふつう》は。

5 先生《せんせい》の指摘《してき》は（　）だった。
［意味《いみ》］そのとおりであること。

6 この辺《あた》りには雪男《ゆきおとこ》に（　）伝説《でんせつ》がある。
［意味《いみ》］関係《かんけい》がある。

7 あの人《ひと》は（　）ので、信用《しんよう》できない。
［意味《いみ》］おしゃべりで、秘密《ひみつ》などを簡単《かんたん》に漏《も》らしてしまう。

9 話《はなし》の（　）がずれてしまった。
［意味《いみ》］話《はな》し合《あ》いなどで、中心《ちゅうしん》となるところ。

13 キャンプ中《ちゅう》に雨《あめ》に降《ふ》られて、（　）、風邪《かぜ》を引《ひ》いた。
［意味《いみ》］予想《よそう》していたとおり。

14 （　）な行動《こうどう》は控《ひか》えるように。
［意味《いみ》］軽率《けいそつ》で調子《ちょうし》にのった行動《こうどう》をすること。

15 （　）が広《ひろ》すぎて見《み》づらい。
［意味《いみ》］字《じ》や絵《え》の書《か》いてある紙《かみ》の、空《あ》いている部分《ぶぶん》。

16 厳《きび》しい現実《げんじつ》を（　）しなければならない。
［意味《いみ》］顔《かお》をそむけず、しっかりと見《み》ること。

17 兄《あに》と僕《ぼく》は、まったく（　）性格《せいかく》だ。
［意味《いみ》］違《ちが》っていること。

18 心霊写真《しんれいしゃしん》かと思《おも》ったら、目《め》の（　）だった。
［意味《いみ》］勘違《かんちが》いや思《おも》い違《ちが》い。

19 彼《かれ》は（　）で、何《なに》をしてもすぐにやめてしまう。
［意味《いみ》］飽《あ》きやすい性格《せいかく》で、何事《なにごと》も長続《ながつづ》きしないこと。

20 弟《おとうと》は眠《ねむ》くなってくると、（　）に答《こた》える。
［意味《いみ》］相手《あいて》が言《い》ったことをそのまま言《い》い返《かえ》すこと。

21 1年生《ねんせい》が6年生《ねんせい》と（　）にわたり合《あ》う。
［意味《いみ》］力《ちから》が同《おな》じくらいであること。

22
（　）な計画《けいかく》を立《た》てて失敗《しっぱい》した。
[意味《いみ》] 物事《ものごと》がいいかげんなこと。

23
散歩中《さんぽちゅう》にポチが駆《か》け出《だ》して、僕《ぼく》を（　）にした。
[意味《いみ》] その場《ば》に残《のこ》したまま行《い》ってしまうこと。

24
不運《ふうん》なことが（　）に起《お》こった。
[意味《いみ》] 連続《れんぞく》して物事《ものごと》が起《お》こること。

25
姉《あね》は、父《ちち》を（　）している。
[意味《いみ》] わけもなく、ただただ嫌《きら》うこと。

26
彼《かれ》は（　）ツッコミを入《い》れてくる。
[意味《いみ》] すぐに。

29
コーチの指導《しどう》のおかげで、フォームが（　）に良《よ》くなった。
[意味《いみ》] 程度《ていど》の差《さ》が大《おお》きいこと。

32
（　）で他人《たにん》の庭《にわ》に入《はい》ってはいけない。
[意味《いみ》] 相手《あいて》に許可《きょか》や断《ことわ》りを取《と》らないこと。

33
イケメンに声《こえ》をかけられ、心《こころ》が（　）た。
[意味《いみ》] うれしい気持《きも》ちになり、胸《むね》がドキドキする。

34
思《おも》う（　）スイーツを食《た》べてみたいものだ。
[意味《いみ》] 十分《じゅうぶん》に満足《まんぞく》するまで。

35
結論《けつろん》が出《で》るまで（　）に議論《ぎろん》する。
[意味《いみ》] 十分《じゅうぶん》に、とことん。

36
テレビで（　）のある人《ひと》がいた。
[意味《いみ》] 前《まえ》に見《み》た記憶《きおく》。

37
（　）と物《もの》を言《い》うと、相手《あいて》を傷《きず》つける。
[意味《いみ》] ためらったり遠慮《えんりょ》したりせずに、はっきり言《い》うこと。

42
あの会社《かいしゃ》の社長《しゃちょう》は、（　）。
[意味《いみ》] 他人《たにん》に対《たい》して丁寧《ていねい》で、偉《えら》そうにしない。

45
資料《しりょう》を（　）て、リビングに向《む》かった。
[意味《いみ》] 手《て》に持《も》つ。身《み》につける。

46
自分《じぶん》の欠点《けってん》を（　）する。
[意味《いみ》] 自分《じぶん》の隠《かく》し事《ごと》や罪《つみ》を話《はな》すこと。

47
（　）だけを言《い》ってほしい。
[意味《いみ》] 物事《ものごと》の大事《だいじ》なポイント。

48
予想《よそう》を（　）好成績《こうせいせき》を収《おさ》めた。
[意味《いみ》] ある基準《きじゅん》よりも数《かず》や量《りょう》が多《おお》くなる。

49
4月《がつ》（　）は、なにかと慌《あわ》ただしい。
[意味《いみ》] 1ケ月《かげつ》のうち一日《ついたち》から十日《とおか》までの間《あいだ》。

50
本物《ほんもの》を（　）に再現《さいげん》したミニチュアを作《つく》る。
[意味《いみ》] 少《すこ》しの違《ちが》いもないこと。また、まじめなこと。

51
朝《あさ》から晩《ばん》まで読書《どくしょ》に（　）た。
[意味《いみ》] 夢中《むちゅう》になって、ずっとそのことばかりする。

54
頑丈《がんじょう》な巣《す》を作《つく》り、暑《あつ》さ寒《さむ》さを（　）。
[意味《いみ》] 困難《こんなん》な状況《じょうきょう》を我慢《がまん》して乗《の》り切《き》る。

57
バレンタインデーは2月《がつ》（　）だ。
[意味《いみ》] 1ケ月《かげつ》のうち、十一日《じゅういちにち》から二十日《はつか》までの間《あいだ》。

58
ごみをごみ箱《ばこ》に入《い》れ（　）た。
[意味《いみ》] 何《なに》かをするのに失敗《しっぱい》すること。

59
雨《あめ》の中走《なかはし》ってきたので、全身《ぜんしん》から水《みず》が（　）落《お》ちた。
[意味《いみ》] 水《みず》や汗《あせ》などが垂《た》れて落《お》ちること。

60
このドラマに出《で》てくるのは（　）の人物《じんぶつ》だ。
[意味《いみ》] 本当《ほんとう》のことではなく、想像《そうぞう》で作《つく》ったこと。

61
お母《かあ》さんを（　）に作文《さくぶん》を書《か》いて、怒《おこ》られた。
[意味《いみ》] 作品《さくひん》などの主題《しゅだい》、テーマ。

62
（　）として、まさおくんは忘《わす》れっぽいままだ。
[意味《いみ》] これまでと変《か》わらず。

63 宿題《しゅくだい》を（　）してアニメを見《み》る。
［意味《いみ》］途中《とちゅう》でやめたり、途切《とぎ》れたりすること。

65 私《わたし》はまだ（　）者《もの》ですが、よろしくお願《ねが》いします。
［意味《いみ》］まだ十分《じゅうぶん》なレベルに達《たっ》していないこと。

68 100点満点《てんまんてん》の記録《きろく》が（　）て、悔《くや》しがる。
［意味《いみ》］続《つづ》いていたものが途中《とちゅう》で終《お》わる。

69 彼《かれ》には名門大学合格《めいもんだいがくごうかく》の（　）が十分《じゅうぶん》にある。
［意味《いみ》］将来《しょうらい》の可能性《かのうせい》。先《さき》に起《お》こることの予想《よそう》。

70 （　）と、他《ほか》の人《ひと》にすぐわかる。
［意味《いみ》］いいかげんなことをする。

71 出発《しゅっぱつ》の準備《じゅんび》は（　）だ。
［意味《いみ》］準備《じゅんび》が十分整《じゅうぶんととの》っていること。完全《かんぜん》なこと。

72 目標《もくひょう》を（　）するために努力《どりょく》した。
［意味《いみ》］何《なに》かをなしとげること。

73 監督《かんとく》の指示《しじ》は、（　）としていてよくわからない。
［意味《いみ》］ぼんやりしていて、はっきりしないさま。

74 このことは（　）許《ゆる》せない。
［意味《いみ》］決《けっ》して。

---

75 生徒《せいと》との（　）が大切《たいせつ》だ。
［意味《いみ》］言葉《ことば》や身振《みぶ》りを使《つか》って、考《かんが》えていることを伝《つた》え合《あ》うこと。

81 （　）の人《ひと》にアドバイスされた。
［意味《いみ》］一度《いちど》も会《あ》ったり見《み》たりしたことがなく、まったく知《し》らないこと。

82 スポーツ選手《せんしゅ》は、（　）が引《ひ》き締《し》まっている。
［意味《いみ》］足《あし》のすねの裏側《うらがわ》のふくらんだ部分《ぶぶん》。

83 （　）怖《こわ》そうだ。
［意味《いみ》］少《すこ》し見《み》ただけでも。

84 最近《さいきん》の子《こ》は、家《いえ》の中《なか》で遊《あそ》ぶ（　）がある。
［意味《いみ》］ものごとの状態《じょうたい》がある方向《ほうこう》に傾《かたむ》くこと。

85 （　）が激《はげ》しい人《ひと》と一緒《いっしょ》にいると、疲《つか》れる。
［意味《いみ》］喜《よろこ》び・怒《いか》り・悲《かな》しみ・楽《たの》しみの感情《かんじょう》のこと。

86 お父《とう》さんは、お母《かあ》さんの言《い》うことに（　）ている。
［意味《いみ》］相手《あいて》の言《い》うことに合《あ》わせて、受《う》け答《こた》えをする。

87 大事《だいじ》なものをなくして、その上《うえ》に財布《さいふ》まで落《お》とすなんて、（　）だ。
［意味《いみ》］悪《わる》いことが重《かさ》なって起《お》こること。

---

90 「記憶《きおく》が（　）ではない」とごまかした。
［意味《いみ》］はっきりしていること。

91 これで（　）泥棒《どろぼう》に入《はい》られても安心《あんしん》だ。
［意味《いみ》］ほとんど起《お》こらないことだが、もしかして。

92 宿題《しゅくだい》の（　）は片付《かたづ》いた。
［意味《いみ》］半分以上《はんぶんいじょう》のこと。

93 彼《かれ》は、クラスで（　）の存在《そんざい》だ。
［意味《いみ》］他《ほか》と違《ちが》う、目立《めだ》った特色《とくしょく》のあること。

94 厳《きび》しい状況《じょうきょう》だが、最後《さいご》まで（　）。
［意味《いみ》］頑張《がんば》ること、こらえること。

95 （　）荷物《にもつ》を宅配便《たくはいびん》で送《おく》る。
［意味《いみ》］場所《ばしょ》をとってじゃまなこと。

96 魚屋《さかなや》のおじさんに（　）を着《き》せられた。
［意味《いみ》］無実《むじつ》の罪《つみ》。身《み》に覚《おぼ》えのない罪《つみ》。

99 彼《かれ》は俳優《はいゆう》として悪役《あくやく》に（　）ている。
［意味《いみ》］最後《さいご》までつらぬく。やり通《とお》す。

102 自分《じぶん》ばかりがいい思《おも》いをするなんて（　）だ。
［意味《いみ》］相手《あいて》を思《おも》いやる気持《きも》ちがないこと。

103 おもちゃが欲《ほ》しい気持《きも》ちを（　）てほしい。
［意味《いみ》］事情《じじょう》や気持《きも》ちを感《かん》じ取《と》ること。思《おも》いやること。

104 **自分《じぶん》の方《ほう》が優《すぐ》れていても人《ひと》を（　　）のはよくないことだ。**
［意味《いみ》］相手《あいて》をばかにして下《した》に見《み》る。

105 **この製品《せいひん》は（　　）だ。**
［意味《いみ》］良《よ》い点《てん》がある反面《はんめん》、悪《わる》い点《てん》もあること。

106 **彼《かれ》は（　　）を夢見《ゆめみ》ている。**
［意味《いみ》］他《ほか》の人《ひと》に頼《たよ》らず、自分《じぶん》の力《ちから》でやっていくこと。

107 **ヒーローの活躍《かつやく》するシーンが（　　）だった。**
［意味《いみ》］本《ほん》や映画《えいが》のいちばん優《すぐ》れた部分《ぶぶん》。最《もっと》も優《すぐ》れたところ。

108 **先生《せんせい》は何《なん》でも歴史《れきし》に（　　）。**
［意味《いみ》］たとえる。

109 **食事《しょくじ》を（　　）に平《たい》らげてしまった。**
［意味《いみ》］瞬《まばた》きするくらいの短《みじか》い間《あいだ》。一瞬《いっしゅん》のうち。

110 **いつも騒《さわ》がしいが、修学旅行中《しゅうがくりょこうちゅう》は（　　）騒《さわ》がしい。**
［意味《いみ》］特《とく》に。とりわけ。

111 **明日《あす》の（　　）に出発《しゅっぱつ》するそうだ。**
［意味《いみ》］深夜《しんや》から早朝《そうちょう》までの、明《あか》るくなり始《はじ》めるまでの間《あいだ》。

112 **友人《ゆうじん》を最高《さいこう》の料理《りょうり》で（　　）た。**
［意味《いみ》］他人《たにん》を丁寧《ていねい》にあつかう。

113 **注意《ちゅうい》されて、上司《じょうし》を（　　）する。**
［意味《いみ》］物事《ものごと》の筋道《すじみち》に合《あ》わないことで、人《ひと》を恨《うら》むこと。

114 **カエルくんには、（　　）ところがある。**
［意味《いみ》］遠慮《えんりょ》がない。ずうずうしい。

118 **なかなか（　　）を打《う》ち明《あ》けられない。**
［意味《いみ》］本当《ほんとう》の気持《きも》ちが言葉《ことば》になったもの。

124 **雨《あめ》にも（　　）があるものだ。**
［意味《いみ》］良《よ》いことと悪《わる》いこと。良《よ》いか悪《わる》いか。

125 **芸術家同士《げいじゅつかどうし》、（　　）ている。**
［意味《いみ》］お互《たが》いに敵《てき》と思《おも》って争《あらそ》う。

126 **事件《じけん》の（　　）を究明《きゅうめい》しなければ。**
［意味《いみ》］本当《ほんとう》のこと。真実《しんじつ》。

127 **「（　　）この目《め》で狼《おおかみ》を見《み》たんだ」と少年《しょうねん》は言《い》った。**
［意味《いみ》］実際《じっさい》に、事実《じじつ》として。

128 **母《はは》の料理《りょうり》は、（　　）芸術作品《げいじゅつさくひん》だ。**
［意味《いみ》］たとえて言《い》ってみれば。

129 **親友《しんゆう》だからこそ（　　）した。**
［意味《いみ》］相手《あいて》のために注意《ちゅうい》すること。

130 **（　　）のピンチに追《お》い込《こ》まれた。**
［意味《いみ》］危険《きけん》が迫《せま》り、どうにもならない状態《じょうたい》。

133 **雨《あめ》にもたくさんの（　　）がある。**
［意味《いみ》］利点《りてん》。何《なに》かをしたときに得《え》られる良《よ》いもの。

135 **彼《かれ》らは（　　）言《い》い争《あらそ》っている。**
［意味《いみ》］途切《とぎ》れずに。いつも。

136 **食《た》べ物《もの》を（　　）にしてはいけない。**
［意味《いみ》］いい加減《かげん》に取《と》り扱《あつか》うこと。

137 **彼《かれ》は用事《ようじ》があるからと、（　　）と帰《かえ》っていった。**
［意味《いみ》］落《お》ち着《つ》かないさま。

138 **逃《に》げた泥棒《どろぼう》はもう（　　）だ。**
［意味《いみ》］もうどこにも逃《に》げ場《ば》がないこと。

139 **寒《さむ》い季節《きせつ》はとくに、布団《ふとん》の（　　）が恋《こい》しい。**
［意味《いみ》］あたたかいこと。

140 **結果《けっか》を残《のこ》してライバルを（　　）た。**
［意味《いみ》］立派《りっぱ》になった姿《すがた》を、昔《むかし》ばかにされた相手《あいて》に見《み》せつける。

141 （　）ばかりしていないで、自分《じぶん》でも考《かんが》えるべきだ。
[意味《いみ》] 良《よ》いところ、悪《わる》いところを評価《ひょうか》すること。

143 道《みち》をふさいで行《ゆ》く手《て》を（　）。
[意味《いみ》] 進《すす》もうとするのを妨《さまた》げる。じゃまする。

146 家庭訪問《かていほうもん》は（　）な雰囲気《ふんいき》で始《はじ》まった。
[意味《いみ》] 雰囲気《ふんいき》などが穏《おだ》やかな様子《ようす》。

147 今《いま》はテスト勉強《べんきょう》に（　）している。
[意味《いみ》] それだけに集中《しゅうちゅう》すること。

148 スイカ割《わ》りは夏休《なつやす》みの（　）行事《ぎょうじ》だ。
[意味《いみ》] いつも決《き》まって行《おこな》うこと。

149 アイドルユニットのメンバーが（　）で現《あらわ》れた。
[意味《いみ》] 一人《ひとり》。

150 あの人《ひと》は料理《りょうり》の（　）がいい。
[意味《いみ》] 何《なに》かをうまく行《おこな》うための順番《じゅんばん》、手順《てじゅん》。

151 師匠《ししょう》が弟子《でし》に秘伝《ひでん》の忍術《にんじゅつ》を（　）た。
[意味《いみ》] 年齢《ねんれい》や立場《たちば》が上《うえ》の人《ひと》が下《した》の人《ひと》に何《なに》かを与《あた》える。

152 今《いま》の自分《じぶん》のレベルでは（　）だろう。
[意味《いみ》] 自分《じぶん》の力《ちから》ではどうしようもない。とてもかなわない。

160 兄《あに》と（　）されるのはもう嫌《いや》だ。
[意味《いみ》] 比《くら》べること。

161 続《つづ》けざまに（　）できない出来事《できごと》が起《お》こった。
[意味《いみ》] こうなったらと、仮《かり》に考《かんが》えること。

162 こうなってしまっては、（　）止《と》められないだろう。
[意味《いみ》] 今《いま》となっては。すでに。

163 父《ちち》は（　）で、よく誤解《ごかい》される。
[意味《いみ》] 話《はなし》が下手《へた》なこと。

164 （　）今日《きょう》は日曜日《にちようび》だと思《おも》っていた。
[意味《いみ》] 間違《まちが》いなく。

165 油断《ゆだん》したからか、ミスが（　）。
[意味《いみ》] 物事《ものごと》が続《つづ》いて起《お》こる。

166 彼《かれ》の（　）は、とにかく前向《まえむ》きなところだ。
[意味《いみ》] 優《すぐ》れたところ。取《と》り柄《え》。

169 彼《かれ》の自慢話《じまんばなし》は、どこか（　）。
[意味《いみ》] 本当《ほんとう》かどうかわからないこと。疑《うたが》われる状態《じょうたい》。

177 （　）態度《たいど》はよそう。
[意味《いみ》] 形式《けいしき》ばっていてきゅうくつなこと。

178 彼女《かのじょ》はいつでも（　）な性格《せいかく》だ。
[意味《いみ》] 明《あか》るく活発《かっぱつ》な様子《ようす》。

179 桃太郎《ももたろう》が、家来《けらい》を（　）てやってきた。
[意味《いみ》] 大勢《おおぜい》の人《ひと》を引《ひ》き連《つ》れて行《い》く。リーダーとなって取《と》り仕切《しき》る。

180 ゴール（　）でアクシデントに見舞《みま》われた。
[意味《いみ》] ほんの少《すこ》し前《まえ》、直前《ちょくぜん》のこと。

181 （　）で、合格者《ごうかくしゃ》が決《き》まらない。
[意味《いみ》] どれも物足《ものた》りなく、優《すぐ》れたものがないこと。

182 体《からだ》の小《ちい》さい彼《かれ》にその仕事《しごと》は（　）が大《おお》きすぎる。
[意味《いみ》] 責任《せきにん》や義務《ぎむ》を引《ひ》き受《う》けること。能力《のうりょく》を超《こ》えて重《おも》すぎる仕事《しごと》。

183 今《いま》さら来《き》ても、（　）だ。
[意味《いみ》] すでにタイミングを逃《のが》していてどうしようもないこと。

186 家《いえ》を見《み》つけるまで、（　）ここで暮《く》らします。
[意味《いみ》] 一時的《いちじてき》な間《ま》に合《あ》わせに。

187
天才《てんさい》が努力《どりょく》したら、（　　）だ。
[意味《いみ》] 鬼《おに》が武器《ぶき》を持《も》つように、強《つよ》い者《もの》がさらに強《つよ》くなること。

188
うそを見抜《みぬ》かれて、（　　）た。
[意味《いみ》] 驚《おどろ》き慌《あわ》てて、まごまごする。

189
身《み》の（　　）を証明《しょうめい》したい。
[意味《いみ》] 悪《わる》いことをしていないこと。

190
おかした罪《つみ》を（　　）。
[意味《いみ》] 自分《じぶん》のした過《あやま》ちなどに対《たい》し、お金《かね》や物《もの》で埋《う》め合《あ》わせる。

191
（　　）で無理《むり》はしないほうがいい。
[意味《いみ》] 病気《びょうき》が治《なお》ったばかりの状態《じょうたい》。

192
今日《きょう》は何《なに》かと（　　）一日《いちにち》だった。
[意味《いみ》] いろいろなことがあって、忙《いそが》しいこと。

195
相手《あいて》の攻撃《こうげき》を（　　）にかわす。
[意味《いみ》] 軽々《かるがる》としていて、気持《きも》ちがいい様子《ようす》。

198
問題点《もんだいてん》を（　　）に述《の》べた。
[意味《いみ》] はっきりとわかりやすく表《あらわ》すこと。

199
そんな（　　）なことを言《い》わないでほしい。
[意味《いみ》] 人間《にんげん》らしい感情《かんじょう》がないこと。心《こころ》が冷《つめ》たいこと。

200
改善策《かいぜんさく》を（　　）した。
[意味《いみ》] 意見《いけん》などを出《だ》すこと。

201
雲《くも》の切《き》れ間《ま》から（　　）な光《ひかり》が差《さ》してきた。
[意味《いみ》] わずかに。はっきりわからないくらいに。

202
彼《かれ》はトレーニングを（　　）にしている。
[意味《いみ》] 毎日《まいにち》決《き》まってすること。

203
人《ひと》の嫌《いや》がることを（　　）してする。
[意味《いみ》] 進《すす》んで何《なに》かを行《おこな》うこと。

204
彼《かれ》はどんな食《た》べ物《もの》でも（　　）平《たい》らげてしまう。
[意味《いみ》] すぐに。短《みじか》い時間《じかん》で。

205
（　　）としてお小遣《こづか》いアップには応《おう》じない。
[意味《いみ》] きっぱりと心《こころ》に決《き》めている様子《ようす》。

206
（　　）は悪《わる》いが、味《あじ》はおいしいはずだ。
[意味《いみ》] 外見《がいけん》。また、見《み》た目《め》がよくて目立《めだ》つこと。

207
彼《かれ》は5年間《ねんかん》、師匠《ししょう》に（　　）ている。
[意味《いみ》] 誰《だれ》かのそばでその人《ひと》のために働《はたら》く。

208
マジシャンが手品《てじな》の（　　）をした。
[意味《いみ》] 仕掛《しか》けを明《あき》らかにすること。

209
難《むずか》しい問題《もんだい》を（　　）解《と》いてみせる。
[意味《いみ》] 平気《へいき》な様子《ようす》で、簡単《かんたん》そうに。

210
お金《かね》の貸《か》し借《か》りは（　　）の元《もと》だ。
[意味《いみ》] もめごとや争《あらそ》い。機械《きかい》などの故障《こしょう》。

211
彼《かれ》にはギャグの（　　）がある。
[意味《いみ》] 物事《ものごと》のちょっとした違《ちが》いを感《かん》じ取《と》る能力《のうりょく》。

217
立《た》ち上《あ》がるときに、痛《いた》みを（　　）。
[意味《いみ》] あることが一緒《いっしょ》に起《お》こること。また、連《つ》れて行《い》くこと。

218
100年後《ねんご》、街《まち》にはロボットが（　　）ているかもしれない。
[意味《いみ》] 一《ひと》つの場所《ばしょ》に大勢《おおぜい》が押《お》し合《あ》うように集《あつ》まっている。

219
そんな（　　）の薬《くすり》があるものだろうか。
[意味《いみ》] いろいろな物事《ものごと》に効果《こうか》があること。何《なん》でもできること。

220
市民《しみん》からの（　　）を集《あつ》める。
[意味《いみ》] こうしてほしいと強《つよ》く求《もと》めること。

221
用件《ようけん》を（　　）に話《はな》す。
[意味《いみ》] 話《はなし》などが短《みじか》く、簡単《かんたん》なこと。

222
気《き》を抜《ぬ》くと、つい時間《じかん》を（　　）してしまう。
[意味《いみ》] お金《かね》や時間《じかん》などを無駄《むだ》に使《つか》うこと。

223
この船《ふね》で川《かわ》を渡《わた》れないなんて、（　　）だ。
[意味《いみ》] 思《おも》わぬ出来事《できごと》や知《し》らせに驚《おどろ》くこと。

230
おそろいのT《てぃー》シャツで、クラスの（　　）が深《ふか》まった。
[意味《いみ》] 人《ひと》と人《ひと》との結《むす》びつきのこと。

231
（　　）でやっても、うまくいかない。
[意味《いみ》] 力《ちから》いっぱい。無理《むり》やり。

232
食糧問題《しょくりょうもんだい》の解決《かいけつ》は彼《かれ》に（　　）られた。
[意味《いみ》] 人《ひと》に任《まか》せる。

233
ルール違反《いはん》を（　　）わけにはいかない。
[意味《いみ》] 見《み》ているのに気《き》づかない。気《き》づいてもそのままにしておく。

234
（　　）優《やさ》しいのは、いいことがあったからに違《ちが》いない。
[意味《いみ》] いつもと違《ちが》って。

235
彼《かれ》は（　　）、ナマケモノの観察《かんさつ》に励《はげ》んでいる。
[意味《いみ》] いつも。

236
彼《かれ》は、朝《あさ》はいつも（　　）だ。
[意味《いみ》] そっけないこと。感《かん》じの悪《わる》い態度《たいど》。

240
力持《ちからも》ちな君《きみ》に（　　）の仕事《しごと》だ。
[意味《いみ》] ぴったりなこと。

247
うさぎのドーピングでかけっこの順位《じゅんい》が（　　）た。
[意味《いみ》] 順番《じゅんばん》を前《まえ》に送《おく》ること。早《はや》めること。

248
うさぎの失格《しっかく》が取《と》り消《け》され、亀《かめ》の順位《じゅんい》は（　　）た。
[意味《いみ》] 順番《じゅんばん》を後《うし》ろへ送《おく》ること。遅《おく》らせること。

249
その銅像《どうぞう》は本人《ほんにん》と（　　）ほどそっくりだ。
[意味《いみ》] 他《ほか》のものと見間違《みまちが》える。

250
予想外《よそうがい》の結果《けっか》に（　　）とする。
[意味《いみ》] あっけにとられること。ぼんやりすること。

251
その二《ふた》つのコンビニは、（　　）にある。
[意味《いみ》] 距離《きょり》がとても近《ちか》いこと。

252
正直《しょうじき》なのが彼女《かのじょ》の（　　）だ。
[意味《いみ》] すぐれているところ。長所《ちょうしょ》。

253
どうか（　　）な処置《しょち》をお願《ねが》いします。
[意味《いみ》] 思《おも》いやりがあること。広《ひろ》い心《こころ》を持《も》つこと。

255
おやつの行方《ゆくえ》には（　　）がある。
[意味《いみ》] これだと思《おも》い当《あ》たること。

258
自分《じぶん》の立場《たちば》を（　　）するのはよくない。
[意味《いみ》] 何《なに》かを悪《わる》い目的《もくてき》のために使《つか》うこと。

259
自分《じぶん》の欠点《けってん》を正《ただ》しく（　　）する。
[意味《いみ》] 本当《ほんとう》のことを知《し》り、理解《りかい》していること。

260
彼女《かのじょ》は退屈《たいくつ》なとき、（　　）をつく。
[意味《いみ》] ひじをつき、手《て》のひらで頬《ほお》を支《ささ》えること。

261
この壺《つぼ》は現代《げんだい》の価値《かち》に直《なお》すと一千万円《いっせんまんえん》に（　　）する。
[意味《いみ》] 価値《かち》や程度《ていど》などがそれと同《おな》じ程度《ていど》であること。かなり。

262
修学旅行《しゅうがくりょこう》の計画《けいかく》を（　　）に立《た》てる。
[意味《いみ》] 丁寧《ていねい》なこと。念入《ねんい》り。

263
親友《しんゆう》として、彼女《かのじょ》に（　　）した。
[意味《いみ》] 相手《あいて》の役《やく》に立《た》つようなことをアドバイスすること。

264
彼《かれ》は（　　）に手紙《てがみ》をくれる。
[意味《いみ》] よく起《お》こること。しょっちゅう。

267
相手《あいて》チームの勝利《しょうり》に（　　）してしまった。
[意味《いみ》] まわりの人《ひと》や社会《しゃかい》のために役立《やくだ》つこと。

270
友達《ともだち》の元気《げんき》がないと心配《しんぱい》していたが、（　　）だった。
[意味《いみ》] いろいろと考《かんが》えすぎること。

271
彼《かれ》に知《し》られないように、（　）マフラーを編《あ》み始《はじ》めた。
［意味《いみ》］他人《たにん》に知《し》られないところで。こっそりと。

272
4時間目《じかんめ》が終《お》わったら、（　）の給食《きゅうしょく》だ。
［意味《いみ》］何《なに》かを待《ま》ち望《のぞ》むこと。

273
（　）く体重《たいじゅう》を減《へ》らす方法《ほうほう》はないものか。
［意味《いみ》］手間《てま》がかからず簡単《かんたん》に。

274
マンガを読《よ》んで成績《せいせき》が上《あ》がるなんて、（　）だ。
［意味《いみ》］一《ひと》つの行《おこな》いによって、二《ふた》つの利益《りえき》を得《え》ること。

275
まるまると（　）た犬《いぬ》だなあ。
［意味《いみ》］人《ひと》や動物《どうぶつ》が太《ふと》る。または、土地《とち》がいい状態《じょうたい》になる。

276
（　）の精神《せいしん》で、決《けっ》してあきらめないことが大事《だいじ》だ。
［意味《いみ》］何度《なんど》失敗《しっぱい》しても、その都度《つど》立《た》ち上《あ》がること。

277
宇宙語《うちゅうご》を（　）できるのは、彼《かれ》しかいない。
［意味《いみ》］ある言語《げんご》を他《ほか》の言語《げんご》に置《お》き換《か》える。

278
おじさんは、（　）お年玉《としだま》を取《と》り出《だ》した。
［意味《いみ》］ゆっくりと。

279
お酒《さけ》は（　）にしなければ。
［意味《いみ》］ちょうどいい程度《ていど》。

280
（　）な態度《たいど》でいると、損《そん》をする。
［意味《いみ》］引《ひ》っ込《こ》み思案《じあん》で、自分《じぶん》から進《すす》んで行動《こうどう》しないこと。

281
彼女《かのじょ》は（　）な性格《せいかく》だ。
［意味《いみ》］進《すす》んで物事《ものごと》を行《おこな》うこと。

282
（　）仲間《なかま》と話《はな》すのは、楽《たの》しいものだ。
［意味《いみ》］気《き》を使《つか》わなくていい。打《う》ち解《と》けている。

283
この商品《しょうひん》を（　）させたい。
［意味《いみ》］広《ひろ》く行《い》き渡《わた》ること。

285
（　）な自分《じぶん》は、難《むずか》しいことを言《い》われてもわからない。
［意味《いみ》］知《し》らないこと。知識《ちしき》がないこと。

287
働《はたら》けばよかったと、（　）後悔《こうかい》した。
［意味《いみ》］しみじみ。痛《いた》いほど。

288
（　）でごちそうにありつけた。
［意味《いみ》］苦労《くろう》せずにいいものを手《て》にすること。

289
おつかいを頼《たの》まれて、（　）に引《ひ》き受《う》けた。
［意味《いみ》］すぐに、その場《ば》で行《おこな》うこと。

295
この町《まち》は（　）な感《かん》じがする。
［意味《いみ》］危《あぶ》ないことやよくないことが起《お》こりそうな様子《ようす》。

296
（　）恋心《こいごころ》をもてあます。
［意味《いみ》］さびしさや悲《かな》しさで、やりきれない。

297
買《か》い物《もの》をしていたら（　）が起《お》こった。
［意味《いみ》］悲《かな》しい物語《ものがたり》。悲《かな》しい出来事《できごと》。

298
（　）な話《はなし》で、手《て》がかりがつかめない。
［意味《いみ》］物事《ものごと》がぼんやりとしていてはっきりしない様子《ようす》。

301
ファンが（　）て、なかなか前《まえ》に進《すす》めない。
［意味《いみ》］同《おな》じ場所《ばしょ》にたくさん集《あつ》まる。

302
あまりのうるささに（　）て注意《ちゅうい》した。
［意味《いみ》］これまでしていた我慢《がまん》ができなくなる。

303
ハチは（　）にご主人《しゅじん》を待《ま》ち続《つづ》けた。
［意味《いみ》］（特《とく》に弱《よわ》い者《もの》が）難《むずか》しい状況《じょうきょう》に懸命《けんめい》に立《た》ち向《む》かう様子《ようす》。

304
（　）したら、息子《むすこ》に怒《おこ》られた。
［意味《いみ》］相手《あいて》に合《あ》わせて力《ちから》の出《だ》し方《かた》を変《か》えること。

305
（　）、彼《かれ》らは結婚《けっこん》するだろう。
［意味《いみ》］結局《けっきょく》。いつかは。

306
二人《ふたり》が出会《であ》ったときの（　）を延々《えんえん》と聞《き》かされた。
［意味《いみ》］物語《ものがたり》の途中《とちゅう》に出《で》てくる、ちょっとした話《はなし》。

307 とんかつにキャベツは（　）だ。
［意味《いみ》］欠《か》かせないこと。なくてはならないこと。

310 兄《あに》は卒業《そつぎょう》したら（　）したいと言《い》っている。
［意味《いみ》］他《ほか》の人《ひと》に頼《たよ》らないで生活《せいかつ》すること。

313 街頭《がいとう》で（　）を呼《よ》びかける。
［意味《いみ》］寄付《きふ》のお金《かね》を集《あつ》めること。

314 彼《かれ》の家《いえ》は、まわりの環境《かんきょう》と（　）がとれている。
［意味《いみ》］釣《つ》り合《あ》いがとれている。まとまっている。

315 これから見《み》る映画《えいが》の（　）を言《い》われて、ショックを受《う》けた。
［意味《いみ》］物語《ものがたり》の締《し》めくくりの部分《ぶぶん》。

316 テレビに夢中《むちゅう》で、猫《ねこ》の世話《せわ》が（　）になってしまった。
［意味《いみ》］いいかげんにすること。

317 言葉遣《ことばづか》いの悪《わる》さを（　）。
［意味《いみ》］注意《ちゅうい》すること、軽《かる》くしかること。

318 3月《がつ》の（　）だというのにまだ寒《さむ》い。
［意味《いみ》］半分《はんぶん》。期間《きかん》の中間《ちゅうかん》ごろ。

319 彼《かれ》の説明《せつめい》は（　）。
［意味《いみ》］余計《よけい》なことが多《おお》くてわかりづらい。

---

322 教室《きょうしつ》に入《はい》るのを（　）した。
［意味《いみ》］迷《まよ》って決心《けっしん》できずにいること。

324 （　）なカップルだ。
［意味《いみ》］些細《ささい》なことで人《ひと》を驚《おどろ》かせ、迷惑《めいわく》をかけること。

325 出《で》かけようとした（　）、雨《あめ》が降《ふ》り出《だ》した。
［意味《いみ》］ちょうどそのとき。

326 はやばやと先頭《せんとう》グループから（　）した。
［意味《いみ》］集団《しゅうだん》などについていけなくなること。

327 （　）おじさんを見《み》かけた。
［意味《いみ》］正体《しょうたい》がわからない。

328 この作品《さくひん》は、人種《じんしゅ》を（　）して受《う》け入《い》れられた。
［意味《いみ》］ある枠組《わくぐ》みをこえている。普通《ふつう》の状態《じょうたい》をこえてすばらしい。

329 しばらくの間《あいだ》、地球《ちきゅう》に（　）する予定《よてい》だ。
［意味《いみ》］家《いえ》からどこかへ出《で》かけ、ある期間《きかん》そこにいること。

330 たけしは転校生《てんこうせい》に（　）を持《も》ったようだ。
［意味《いみ》］親《した》しみや好《す》きだと思《おも》う気持《きも》ち。

333 両方《りょうほう》の（　）を聞《き》く。
［意味《いみ》］言《い》いたいことや言《い》い訳《わけ》。

---

340 観光中《かんこうちゅう》も、（　）で食《た》べ物《もの》の話題《わだい》ばかりだ。
［意味《いみ》］見《み》て美《うつく》しいものより、実際《じっさい》に役立《やくだ》つものの方《ほう》がいいこと。

341 自分《じぶん》の力《ちから》では、（　）。
［意味《いみ》］相手《あいて》が自分《じぶん》よりはるかに強《つよ》くてかなわない。

342 あんなに強《つよ》そうな相手《あいて》に立《た》ち向《む》かうなんて、（　）がある。
［意味《いみ》］動《どう》じたり怖《こわ》がったりしない心《こころ》。

343 作品《さくひん》の（　）に満足《まんぞく》した。
［意味《いみ》］できあがりの状態《じょうたい》。

344 水《みず》をあげたら花《はな》が（　）た。
［意味《いみ》］衰《おとろ》えたものがまた盛《さか》んになる。生《い》き返《かえ》る。

345 意外《いがい》な足《あし》の速《はや》さを（　）する。
［意味《いみ》］持《も》っている能力《のうりょく》を外《そと》に出《だ》して働《はたら》かせること。

346 この良《よ》さがわからない相手《あいて》に見《み》せても、（　）だ。
［意味《いみ》］どんなに貴重《きちょう》なものでも、価値《かち》がわからない人《ひと》には意味《いみ》がないということ。

348 この書《しょ》は私《わたし》にとって（　）の作品《さくひん》だ。
［意味《いみ》］物事《ものごと》が思《おも》い通《どお》りにいき、満足《まんぞく》すること。

／　／　／　／　／　学んだ日

349 （　）この問題《もんだい》で当《あ》てられるなんて。
[意味《いみ》] 他《ほか》に選《えら》ばれてもよいものがあるのに。

350 「僕《ぼく》は（　）関係《かんけい》ありません」としらばくれた。
[意味《いみ》] まったく。全然《ぜんぜん》。

351 彼女《かのじょ》は怒《おこ》ると（　）がつかなくなる。
[意味《いみ》] 混乱《こんらん》を落《お》ち着《つ》かせること。

352 （　）失態《しったい》で、ゆりちゃんに怒《おこ》られた。
[意味《いみ》] 同《おな》じことが続《つづ》くこと。

353 急《きゅう》に宿題《しゅくだい》が2倍《ばい》になるなんて、とんだ（　）だ。
[意味《いみ》] 突然《とつぜん》起《お》こったよくないこと。

354 （　）に言《い》うと、働《はたら》かずに遊《あそ》んで暮《く》らしたい。
[意味《いみ》] つつみかくさず正直《しょうじき》に。

356 彼《かれ》の発言《はつげん》を真《ま》っ向《こう》から（　）した。
[意味《いみ》] ある物事《ものごと》に対《たい》して「そうではない」と言《い》うこと。

358 発言《はつげん》を（　）ず、最後《さいご》まで聞《き》くように。
[意味《いみ》] 邪魔《じゃま》をして妨《さまた》げる。

359 ゴール前《まえ》で5人《にん》の選手《せんしゅ》を（　）にする。
[意味《いみ》] 競走《きょうそう》で一気《いっき》に追《お》い抜《ぬ》くこと。

---

360 （　）な態度《たいど》は、信用《しんよう》を失《うしな》うもとになる。
[意味《いみ》] 誰《だれ》からも良《よ》く思《おも》われるように振《ふ》る舞《ま》うこと。

361 （　）な姿勢《しせい》に心《こころ》を打《う》たれた。
[意味《いみ》] 一《ひと》つのことにいちずに取《と》り組《く》むこと。

362 宝石《ほうせき》を（　）た豪華《ごうか》なドレスを着《き》る。
[意味《いみ》] 一面《いちめん》に散《ち》らすようにする。

363 （　）で練習《れんしゅう》しても、まったく上達《じょうたつ》しない。
[意味《いみ》] これまでの習慣《しゅうかん》。

364 弟《おとうと》の好物《こうぶつ》を食《た》べてしまい、（　）気持《きも》ちになった。
[意味《いみ》] 悪《わる》いことをしたという思《おも》いがあって、気《き》になる。やましい。

367 （　）な返答《へんとう》に戸惑《とまど》った。
[意味《いみ》] 大事《だいじ》な点《てん》からずれていること。

371 UFO《ゆーふぉー》の話《はなし》を（　）。
[意味《いみ》] 嘘《うそ》の話《はなし》を本当《ほんとう》のようにつくりあげる。

372 黒《くろ》い石《いし》と白《しろ》い石《いし》を（　）に並《なら》べる。
[意味《いみ》] 交互《こうご》に、かわりばんこに。

373 みんなの前《まえ》でほめられて、顔《かお》が（　）た。
[意味《いみ》] 顔《かお》や体《からだ》が熱《あつ》くなる。赤《あか》くなる。

---

374 敗戦《はいせん》が（　）悔《くや》しく、今度《こんど》こそ優勝《ゆうしょう》したいと思《おも》った。
[意味《いみ》] 心《こころ》の奥底《おくそこ》から、本当《ほんとう》に。

375 （　）では信《しん》じられない。
[意味《いみ》] 紙《かみ》に書《か》かれていない、口《くち》だけの約束《やくそく》。

376 あまり（　）すると、嫌《きら》われるよ。
[意味《いみ》] 人《ひと》の動《うご》きをしばって、自由《じゆう》でなくすること。

377 勉強《べんきょう》しなくてもいい点《てん》が取《と》れると、（　）ていた。
[意味《いみ》] いい気《き》になる。

378 お世話《せわ》になっている人《ひと》には、（　）。
[意味《いみ》] 引《ひ》け目《め》があり、かなわないと感《かん》じる。強《つよ》く出《で》られない。

384 （　）て踏《ふ》みとどまった。
[意味《いみ》] 苦《くる》しみや悔《くや》しさを懸命《けんめい》にこらえる。

385 彼女《かのじょ》はどんな時《とき》でも（　）としている。
[意味《いみ》] 元気《げんき》がよく、生《い》き生《い》きとしている様子《ようす》。

386 遠足《えんそく》の準備《じゅんび》を（　）と進《すす》める。
[意味《いみ》] 仕事《しごと》などがはかどっている様子《ようす》。

387 ここからでは、（　）するのは難《むずか》しい。
[意味《いみ》] 失《うしな》ったものを取《と》り返《かえ》すこと。元《もと》の状態《じょうたい》に戻《もど》すこと。

388 通信技術《つうしんぎじゅつ》は（　）に進歩《しんぽ》している。
[意味《いみ》] 確実《かくじつ》なさま。

389 文化祭《ぶんかさい》での役割《やくわり》を（　）する。
[意味《いみ》] 作業《さぎょう》や仕事《しごと》を分《わ》けて行《おこな》うこと。

390 お客《きゃく》さんが急《きゅう》に増《ふ》えて、（　）ほど忙《いそが》しくなった。
[意味《いみ》] 小《ちい》さな助《たす》けでも欲《ほ》しいほど忙《いそが》しいこと。

392 君《きみ》の服装《ふくそう》はこの場所《ばしょ》に（　）よ。
[意味《いみ》] 似合《にあ》わない。釣《つ》り合《あ》わない。

393 校長先生《こうちょうせんせい》に（　）するなんて、勇気《ゆうき》がある。
[意味《いみ》] 相手《あいて》の考《かんが》えと反対《はんたい》の意見《いけん》を言《い》うこと。

394 列車《れっしゃ》の運行《うんこう》を（　）してはいけない。
[意味《いみ》] 邪魔《じゃま》をすること。

395 先生《せんせい》に急《きゅう》に指名《しめい》されて、（　）した。
[意味《いみ》] どうするべきかわからずに困《こま》ったり、迷《まよ》ったりすること。

398 （　）なファッションの知識《ちしき》を生《い》かして働《はたら》く。
[意味《いみ》] たくさんあること。豊《ゆた》かなこと。

レベル2

401 なかなか仕事《しごと》を進《すす》めることができず（　）。
[意味《いみ》] 物事《ものごと》が思《おも》うようにいかずいらいらする。

402 末《すえ》っ子《こ》は（　）がない。
[意味《いみ》] 抜《ぬ》けたところ。「抜《ぬ》け目《め》がない」でうまく立《た》ち回《まわ》ること。

403 今《いま》の成績《せいせき》では、第三志望《だいさんしぼう》の学校《がっこう》へ行《い》くのが（　）だろう。
[意味《いみ》] 頑張《がんば》ってできる精一杯《せいいっぱい》の限度《げんど》。

404 相手《あいて》の気持《きも》ちを（　）ことが大切《たいせつ》だ。
[意味《いみ》] 見当《けんとう》をつけること。推測《すいそく》すること。

406 監督《かんとく》が選手《せんしゅ》たちを（　）た。
[意味《いみ》] 相手《あいて》のがんばりに感謝《かんしゃ》すること。

409 携帯電話《けいたいでんわ》ばかり使《つか》っていて、家《いえ》の電話番号《でんわばんごう》が（　）だ。
[意味《いみ》] 確《たし》かに覚《おぼ》えていないこと。

410 今週《こんしゅう》はイベントが（　）だ。
[意味《いみ》] 多《おお》くのものが集《あつ》まって並《なら》ぶこと。

---

411 知識《ちしき》の豊富《ほうふ》な彼《かれ》にも、（　）な分野《ぶんや》はあるものだ。
[意味《いみ》] 得意《とくい》でないこと。苦手《にがて》なこと。

412 これは、（　）のお小遣《こづか》いで買《か》った宝物《たからもの》だ。
[意味《いみ》] ほんの少《すこ》ししかないこと。

413 兄《あに》は、成績《せいせき》の話《はなし》になると（　）くなる。
[意味《いみ》] 口数《くちかず》が少《すく》ない。

414 歩《ある》きすぎて、（　）が痛《いた》い。
[意味《いみ》] 足《あし》の裏《うら》のくぼみ。

415 ありがたい教《おし》えを聞《き》かせても、（　）だ。
[意味《いみ》] どれだけ言《い》い聞《き》かせても効果《こうか》がないこと。

418 彼女《かのじょ》の才能《さいのう》を（　）。
[意味《いみ》] うらやむこと。ねたむこと。

419 あんなに（　）てどこへ行《い》くんだろう。
[意味《いみ》] おしゃれな服《ふく》を着《き》たり、化粧《けしょう》をしたりして自分《じぶん》を飾《かざ》る。

420 （　）のある人《ひと》になりたい。
[意味《いみ》] 気《き》が利《き》いていて、人《ひと》の心《こころ》を和《なご》ませる冗談《じょうだん》。

421 注意《ちゅうい》されて、相手《あいて》の（　）った。
[意味《いみ》] 相手《あいて》の細《こま》かいミスなどを取《と》り上《あ》げて、困《こま》らせること。

424 彼《かれ》らの間《あいだ》で（　）が起《お》こった。
[意味《いみ》] けんかや言《い》い合《あ》い。

431 僕《ぼく》の意見《いけん》は（　）されてしまった。
[意味《いみ》] 気《き》にかけないこと。取《と》り合《あ》わないこと。

432 （　）をしているのがすぐわかる。
[意味《いみ》] 知《し》らないのに、知《し》っているふりをすること。

433 あれ以来《いらい》、友達《ともだち》と（　）している。
[意味《いみ》] うまくいっていない。動《うご》きなどがなめらかでない。

434 プロが（　）た商品《しょうひん》が大《だい》ヒットした。
[意味《いみ》] 絶対《ぜったい》によいものだと保証《ほしょう》する。

436 必要《ひつよう》な連絡《れんらく》を忘《わす》れてしまい、（　）。
[意味《いみ》] すまない気持《きも》ちになる。

437 1行《ぎょう》1行言葉《ぎょうことば》を（　）で、ラブレターを書《か》いた。
[意味《いみ》] 詩《し》や文章《ぶんしょう》を作《つく》り上《あ》げる。

438 彼《かれ》の出題予想《しゅつだいよそう》は（　）だ。
[意味《いみ》] ねらいや予想《よそう》などがすべて当《あ》たること。

439 彼《かれ》は（　）の明《あか》るい人間《にんげん》だ。
[意味《いみ》] 生《う》まれつきの性質《せいしつ》や特徴《とくちょう》。

440 余計《よけい》なことを言《い》ってしまい、その場《ば》を（　）。
[意味《いみ》] 都合《つごう》の悪《わる》いことをごまかす。

441 彼《かれ》は（　）にあふれている。
[意味《いみ》] 考《かんが》えたり、判断《はんだん》したりする知的《ちてき》な能力《のうりょく》のこと。

442 兄《あに》は今《いま》、アイドルに（　）ている。
[意味《いみ》] 夢中《むちゅう》になっていること。

443 大会《たいかい》の日《ひ》を（　）て待《ま》つ。
[意味《いみ》] 期待《きたい》しながら待《ま》ちこがれること。

449 （　）な春《はる》の昼下《ひるさ》がりは、つい眠《ねむ》くなってしまう。
[意味《いみ》] のんびりとしていること。天気《てんき》が穏《おだ》やかなこと。

450 （　）を差《さ》すようなやり方《かた》に辟易《へきえき》する。
[意味《いみ》] 2階《かい》から、下《した》の階《かい》にいる人《ひと》に目薬《めぐすり》を差《さ》すようにもどかしい。

451 疲《つか》れからくる不調《ふちょう》に（　）。
[意味《いみ》] うまくいかないことに悩《なや》み、苦《くる》しむこと。

452 出身地《しゅっしんち》によって（　）を持《も》たないように。
[意味《いみ》] かたよった考《かんが》え。根拠《こんきょ》のない決《き》めつけ。

455 （　）で毛糸《けいと》にじゃれついた。
[意味《いみ》] 何《なに》かに熱中《ねっちゅう》して、我《われ》を忘《わす》れること。

458 友達《ともだち》の（　）。
[意味《いみ》] 他人《たにん》の行動《こうどう》や成功《せいこう》のじゃまをする。物事《ものごと》の進行《しんこう》を妨《さまた》げる。

459 母《はは》はおもちゃ売《う》り場《ば》を離《はな》れるよう子《こ》どもを（　）た。
[意味《いみ》] 早《はや》くするように急《いそ》がせること。

460 （　）嘘《うそ》をつくより、正直《しょうじき》でいたいものだ。
[意味《いみ》] 嘘《うそ》をついているとはっきりわかること。

461 百戦負《ひゃくせんま》けなしの彼《かれ》が、（　）を経験《けいけん》する。
[意味《いみ》] 途中《とちゅう》で失敗《しっぱい》すること。計画《けいかく》などがだめになること。

462 シロは（　）友達《ともだち》だ。
[意味《いみ》] 大切《たいせつ》でかわりがいないこと。

463 僕《ぼく》と叔父《おじ》さんの考《かんが》えには（　）がある。
[意味《いみ》] 考《かんが》えの違《ちが》いや程度《ていど》の差《さ》。

464 注目《ちゅうもく》を集《あつ》め、（　）嫌《いや》でもなさそうだ。
[意味《いみ》] 必《かなら》ずしも。

465 あのマンガ家《か》は、締《し》め切《き》りが近《ちか》づき、ようやく（　）た。
[意味《いみ》] 期限《きげん》などが近《ちか》くなり、あわてる。

467 これからがんばるので、（　　）てほしい。
［意味《いみ》］今《いま》だけで判断《はんだん》せずに、将来《しょうらい》をあたたかく見《み》守《まも》る。

468 お弁当箱《べんとうばこ》を開《あ》けたら空《から》っぽで、（　　）た。
［意味《いみ》］意外《いがい》なことに驚《おどろ》き、あきれる。

469 ややこしい看板《かんばん》を前《まえ》にして（　　）。
［意味《いみ》］どうしたら良《よ》いかわからなくなって迷《まよ》う。

474 家族《かぞく》といえども、（　　）を侵害《しんがい》しないでほしい。
［意味《いみ》］他《ほか》の人《ひと》に知《し》られたくない個人《こじん》の秘密《ひみつ》。また、秘密《ひみつ》を守《まも》る権利《けんり》。

475 彼女《かのじょ》はいつも（　　）な帽子《ぼうし》をかぶっている。
［意味《いみ》］他《ほか》と違《ちが》っていて独特《どくとく》な様子《ようす》。

481 あの有名人《ゆうめいじん》には多《おお》くの（　　）がいる。
［意味《いみ》］人気者《にんきもの》や権力者《けんりょくしゃ》のまわりにいて、機嫌《きげん》をとる人《ひと》たち。

482 冬眠《とうみん》に備《そな》えて、（　　）に食《た》べ物《もの》を集《あつ》める。
［意味《いみ》］手《て》の届《とど》くものは何《なん》でも。片《かた》っ端《ぱし》から。

483 母《はは》は支度《したく》に（　　）ている。
［意味《いみ》］思《おも》ったより時間《じかん》がかかる。

484 思《おも》ったままを言《い》っただけで、（　　）はない。
［意味《いみ》］隠《かく》している別《べつ》の気持《きも》ちや考《かんが》え。

485 （　　）で、彼《かれ》は満点《まんてん》を自慢《じまん》したりしない。
［意味《いみ》］能力《のうりょく》がある人《ひと》は、それを見《み》せびらかしたりしない。

486 引《ひ》き出《だ》しには、（　　）枚数《まいすう》のテストがしまってあった。
［意味《いみ》］数《かず》や量《りょう》がものすごく多《おお》いこと。

487 （　　）というから、注意《ちゅうい》しないといけない。
［意味《いみ》］何事《なにごと》もどこで誰《だれ》が見聞《みき》きしているかわからないものだということ。

494 遅刻《ちこく》した者同士《ものどうし》、（　　）だ。
［意味《いみ》］似《に》たり寄《よ》ったりであること。

495 えみちゃんは（　　）、あきらくんのことが好《す》きだ。
［意味《いみ》］都合《つごう》が悪《わる》く、残念《ざんねん》なこと。

496 競《せ》り合《あ》った末《すえ》に、（　　）してしまった。
［意味《いみ》］共《とも》にだめになってしまうこと。

497 パジャマのまま学校《がっこう》に来《く》るなんて、（　　）だ。
［意味《いみ》］これまでに聞《き》いたことがないような状態《じょうたい》。

500 （　　）ぶつかるところだった。
［意味《いみ》］あやうく。もう少《すこ》しのところで危険《きけん》なことになる様子《ようす》。

503 思《おも》わぬところに（　　）。
［意味《いみ》］多数《たすう》の中《なか》から選《えら》ばれる。

504 約束《やくそく》を守《まも》れず、批判《ひはん》の（　　）に立《た》ってしまった。
［意味《いみ》］質問《しつもん》や批判《ひはん》、抗議《こうぎ》をまともに受《う》ける立場《たちば》。

505 彼《かれ》らの仲《なか》は、最近《さいきん》（　　）になっている。
［意味《いみ》］人間関係《にんげんかんけい》や雰囲気《ふんいき》が悪《わる》くなり、和《なご》やかではないこと。

506 運《うん》がいいことに、（　　）を得《え》た。
［意味《いみ》］誰《だれ》かと誰《だれ》かが争《あらそ》っている間《あいだ》に、別《べつ》の者《もの》が得《とく》をすること。

507 ほえる犬《いぬ》を（　　）に、一休《ひとやす》みする。
［意味《いみ》］見《み》てはいても、気《き》にしないこと。

508 夏子《なつこ》はどんな（　　）なことも記憶《きおく》している。
［意味《いみ》］取《と》るに足《た》りない細《こま》かいこと。

509 動画《どうが》を投稿《とうこう》したら、（　　）有名人《ゆうめいじん》になった。
［意味《いみ》］急《きゅう》に。いっぺんに。

510 （　　）の攻防《こうぼう》がくり返《かえ》されている。
［意味《いみ》］物事《ものごと》が進《すす》んだり戻《もど》ったり、よくなったり悪《わる》くなったりすること。

516 夏休《なつやす》みの読書感想文《どくしょかんそうぶん》に（　　）。
［意味《いみ》］手間《てま》どること。

517 最後《さいご》の1つを食《た》べられて、（　）。
[意味《いみ》] 悔《くや》しがり、地面《じめん》を激《はげ》しく踏《ふ》みつけること。

518 （　）ていると、大変《たいへん》なことになる。
[意味《いみ》] 大《たい》したことはないと甘《あま》く見《み》る。みくびる。

519 このドラマは（　）がしっかりしている。
[意味《いみ》] 話《はなし》の組《く》み立《た》てや物事《ものごと》の順序《じゅんじょ》。

520 監督《かんとく》と（　）ず、レギュラーを外《はず》された。
[意味《いみ》] 気《き》が合《あ》わない。相性《あいしょう》が悪《わる》い。

521 彼《かれ》らはどんぐりの分《わ》け前《まえ》をめぐって（　）している。
[意味《いみ》] 仲《なか》が悪《わる》くなること。

522 先生《せんせい》に当《あ》てられませんようにと（　）。
[意味《いみ》] 心《こころ》で強《つよ》く願《ねが》うこと、祈《いの》ること。

523 お互《たが》いの服装《ふくそう》を見《み》たとたん、（　）沈黙《ちんもく》が流《なが》れた。
[意味《いみ》] 気詰《きづ》まりで落《お》ち着《つ》かない様子《ようす》。

524 今日《きょう》が休日《きゅうじつ》だと気《き》づいて（　）た。
[意味《いみ》] 安心《あんしん》する。ほっとする。

530 いつもと同《おな》じ（　）がそろった。
[意味《いみ》] 参加《さんか》するメンバーのこと。

---

531 子《こ》どもは時《とき》に（　）なことを考《かんが》える。
[意味《いみ》] 思《おも》いもよらない風変《ふうが》わりなこと。

532 リレーの選手《せんしゅ》たちと争《あらそ》っては、（　）。
[意味《いみ》] 不利《ふり》だ。うまくいきそうにない。

533 作戦《さくせん》がうまくいき、（　）だ。
[意味《いみ》] うまくいったと一人《ひとり》でこっそり笑《わら》う。

534 子《こ》どもが金《きん》メダルを取《と》って（　）。
[意味《いみ》] 誇《ほこ》りに思《おも》う。得意《とくい》になる。

535 まだ50才《さい》の社長《しゃちょう》が、あっさり（　）た。
[意味《いみ》] 今《いま》の地位《ちい》や立場《たちば》から、自《みずか》ら離《はな》れる。

536 （　）としていては、仕事《しごと》はうまくいかない。
[意味《いみ》] ぼんやり。いい加減《かげん》な様子《ようす》。

537 （　）て、仮病《けびょう》を使《つか》ってしまった。
[意味《いみ》] 追《お》い詰《つ》められて、どうにもならない状態《じょうたい》。

538 （　）の世界《せかい》に胸《むね》がときめく。
[意味《いみ》] まだ知《し》らないこと。知《し》られていないこと。

539 それは（　）な言《い》い訳《わけ》だ。
[意味《いみ》] その種類《しゅるい》のものの特徴《とくちょう》がよく出《で》ていること。

---

540 まじめな話《はなし》を（　）してはいけない。
[意味《いみ》] 話《はなし》をまじめに取《と》り合《あ》わず、冗談《じょうだん》めかす。からかう。

541 人《ひと》の話《はなし》を（　）にして、痛《いた》い目《め》にあった。
[意味《いみ》] 言《い》われたことをよく理解《りかい》せず受《う》け入《い》れること。

542 家族会議《かぞくかいぎ》で兄《あに》の意見《いけん》に（　）した。
[意味《いみ》] 他《ほか》の人《ひと》と意見《いけん》や調子《ちょうし》が同《おな》じであること。

545 約束《やくそく》を守《まも》れなかったことを（　）られた。
[意味《いみ》] 失敗《しっぱい》や罪《つみ》を責《せ》める。

549 勉強《べんきょう》の見通《みとお》しが立《た》たず、（　）の状態《じょうたい》だ。
[意味《いみ》] 手《て》がかりがなく、先《さき》の見通《みとお》しが立《た》たないこと。

550 相手《あいて》の（　）に乗《の》ってしまった。
[意味《いみ》] 相手《あいて》の気持《きも》ちを乱《みだ》して、何《なに》かが起《お》こるように仕向《しむ》けること。

551 （　）な格好《かっこう》をしてきてしまった。
[意味《いみ》] その場《ば》に相応《ふさわ》しくないこと。

552 （　）暑《あつ》いので、冷《つめ》たいものが食《た》べたい。
[意味《いみ》] とにかく。何《なに》にせよ。

553 猿《さる》はカニを（　）て、柿《かき》を手《て》に入《い》れた。
[意味《いみ》] だまして大変《たいへん》な状況《じょうきょう》にさせること。

554 好《す》きな人《ひと》から告白《こくはく》されるなんて、（　　）だ。
[意味《いみ》] 願《ねが》った通《とお》りになること。

555 彼女《かのじょ》は（　　）く、多《おお》くの人《ひと》に好《す》かれている。
[意味《いみ》] 付《つ》き合《あ》いの範囲《はんい》が広《ひろ》く、知《し》り合《あ》いが多《おお》い。

558 授業《じゅぎょう》の用意《ようい》を忘《わす》れてしまって（　　）思《おも》いをした。
[意味《いみ》] はずかしい思《おも》いがしてその場《ば》に居《い》づらい。

561 （　　）ながら、彼女《かのじょ》は興味《きょうみ》がありそうだった。
[意味《いみ》] 半分《はんぶん》は信《しん》じていても半分《はんぶん》は疑《うたが》っていること。

564 宿題《しゅくだい》を忘《わす》れて、（　　）の言《い》い訳《わけ》をした。
[意味《いみ》] 追《お》い込《こ》まれて無理《むり》のあることをしてしまうこと。

565 妹《いもうと》の気持《きも》ちを（　　）つもりはなかった。
[意味《いみ》] 踏《ふ》んで台無《だいな》しにする。人《ひと》の気持《きも》ちなどを傷《きず》つける。

566 二度寝《にどね》では（　　）ず、目覚《めざ》ましを壊《こわ》して遅刻《ちこく》した。
[意味《いみ》] 十分《じゅうぶん》に満足《まんぞく》できない。

567 彼《かれ》は若者《わかもの》とは思《おも》えないほど（　　）が柔《やわ》らかい。
[意味《いみ》] 他人《たにん》に対《たい》する立《た》ち居振《いふ》る舞《ま》いや言葉《ことば》づかい。

---

568 ふと夜空《よぞら》を（　　）だら、UFO《ゆーふぉー》を見《み》つけた。
[意味《いみ》] 上《うえ》の方《ほう》を見《み》る。見上《みあ》げる。

569 なまけていたことを言《い》われると（　　）。
[意味《いみ》] 他人《たにん》の言葉《ことば》が自分《じぶん》の弱点《じゃくてん》を的確《てきかく》についていて、聞《き》くのがつらい。

570 言葉巧《ことばたく》みに相手《あいて》を（　　）で味方《みかた》にした。
[意味《いみ》] 他人《たにん》を言《い》いくるめて思《おも》うように操《あやつ》る。

573 落《お》ちたものを拾《ひろ》って食《た》べるなんて、（　　）。
[意味《いみ》] 礼儀《れいぎ》に欠《か》けていて品《ひん》がない。

576 無駄遣《むだづか》いをしたので、節約《せつやく》して（　　）を合《あ》わせた。
[意味《いみ》] 最後《さいご》につじつまを合《あ》わせる。

577 （　　）に質問《しつもん》されて混乱《こんらん》した。
[意味《いみ》] 続《つづ》けざまに行《おこな》うさま。

578 注文《ちゅうもん》の（　　）を美容師《びようし》さんに伝《つた》える。
[意味《いみ》] しようとしていること。考《かんが》え。

579 叱《しか》られている間《あいだ》、彼《かれ》はずっと（　　）だった。
[意味《いみ》] 他《ほか》のことが気《き》になって、今《いま》していることに注意《ちゅうい》が向《む》かないこと。

582 ごちそうを前《まえ》に（　　）を失《うしな》った。
[意味《いみ》] 物事《ものごと》を筋道立《すじみちだ》てて考《かんが》える働《はたら》き。

---

583 その（　　）たような態度《たいど》は何《なん》だ！
[意味《いみ》] 激《はげ》しい態度《たいど》で相手《あいて》に向《む》かっていく。

584 （　　）に車《くるま》が通《とお》るのでなかなか渡《わた》れない。
[意味《いみ》] 途切《とぎ》れることなく続《つづ》くさま。

585 母《はは》は、自分《じぶん》のことは（　　）て、父《ちち》に怒《おこ》っている。
[意味《いみ》] 自分《じぶん》に不利《ふり》なことは知《し》らないふりをする。

586 彼女《かのじょ》は今、犬《いぬ》と（　　）ている。
[意味《いみ》] じゃれて遊《あそ》ぶこと。

587 そのつぼの価値《かち》がわかるとはお（　　）。
[意味《いみ》] 良《よ》いものと悪《わる》いものを見分《みわ》ける能力《のうりょく》が高《たか》い。

588 せっかく決心《けっしん》をしたのに、（　　）ことを言《い》わないでほしい。
[意味《いみ》] うまくいっていることに対《たい》して、横《よこ》からじゃまをする。

597 練習《れんしゅう》したが、本番《ほんばん》で（　　）失敗《しっぱい》した。
[意味《いみ》] 残《のこ》らず、すべて。

598 彼《かれ》は自分《じぶん》の役割《やくわり》に（　　）を持《も》っている。
[意味《いみ》] 自信《じしん》を持《も》つ気持《きも》ち。誇《ほこ》り。

599 その歳《とし》になっても（　　）しないのはすごいことだ。
[意味《いみ》] 引退《いんたい》、退職《たいしょく》すること。

600 タワーの展望台《てんぼうだい》で（　）。
［意味《いみ》］怖《こわ》くなったり緊張《きんちょう》したりして、足《あし》が動《うご》かなくなる。

601 母《はは》のショッピングに付《つ》き合《あ》うと、（　）。
［意味《いみ》］長《なが》い時間《じかん》歩《ある》くなどして、足《あし》が疲《つか》れて動《うご》かなくなる。

607 ダイエットのために体調《たいちょう》を崩《くず》しては（　）だ。
［意味《いみ》］大事《だいじ》なこととそうでないことが逆《ぎゃく》になること。

608 大量《たいりょう》の食料《しょくりょう》を（　）。
［意味《いみ》］どうしたらいいかわからず困《こま》る。

609 話《はなし》の（　）が合《あ》わず、母《はは》に疑《うたが》われる。
［意味《いみ》］物事《ものごと》の道理《どうり》、筋道《すじみち》。

610 （　）としてみんなの前《まえ》で叱《しか》られた。
［意味《いみ》］他《ほか》の人《ひと》に見《み》せるように罰《ばっ》すること。

---

611 おにぎりを渡《わた》すよう、（　）。
［意味《いみ》］人《ひと》にあることをさせようと働《はたら》きかける。

612 どの出《だ》し物《もの》も、（　）だ。
［意味《いみ》］あまり差《さ》がないこと。

613 彼女《かのじょ》は（　）ような子《こ》だ。
［意味《いみ》］物事《ものごと》の一部《いちぶ》を聞《き》いただけで全体《ぜんたい》を理解《りかい》するほど賢《かしこ》い。

616 彼《かれ》の人気《にんき》は（　）だ。
［意味《いみ》］急《きゅう》に上《あ》がること。

617 ピアノの発表会《はっぴょうかい》の（　）が配《くば》られた。
［意味《いみ》］計画《けいかく》や予定《よてい》。または、コンピューターへの命令《めいれい》。

618 （　）て、思《おも》った通《とお》りのことを言《い》う。
［意味《いみ》］思《おも》い切《き》って覚悟《かくご》を決《き》め、きつい態度《たいど》になる。ふてぶてしくなる。

619 選挙《せんきょ》で不正《ふせい》をしようと（　）る。
［意味《いみ》］（主《おも》に悪《わる》いことを）計画《けいかく》する。

620 あの子《こ》は（　）な性格《せいかく》だ。
［意味《いみ》］思《おも》いつきで行動《こうどう》すること。気分《きぶん》が変《か》わりやすいこと。

---

621 自転車《じてんしゃ》を立《た》ち漕《こ》ぎしていて、（　）にこけてしまった。
［意味《いみ》］とても格好悪《かっこうわる》いこと。見苦《みぐる》しいこと。

622 委員長《いいんちょう》の提案《ていあん》に（　）に賛成《さんせい》した。
［意味《いみ》］みんなが同《おな》じことを言《い》うこと。

625 彼《かれ》の言《い》うことは、（　）嘘《うそ》ではない。
［意味《いみ》］必《かなら》ずしも。

628 彼《かれ》は、好《す》きな子《こ》の前《まえ》では（　）のようだ。
［意味《いみ》］いつもと違《ちが》っておとなしいこと。

629 優秀《ゆうしゅう》な彼《かれ》が批判《ひはん》された。（　）だ。
［意味《いみ》］才能《さいのう》がある人《ひと》が目立《めだ》つことをすると、憎《にく》まれやすい。

630 （　）読《よ》み方《かた》で教科書《きょうかしょ》を音読《おんどく》する。
［意味《いみ》］もたついている様子《ようす》。未熟《みじゅく》な様子《ようす》。

631 母《はは》はいつも、弱《よわ》いほうの（　）。
［意味《いみ》］片方《かたほう》の味方《みかた》をする。

632 （　）のもてなしをする。
［意味《いみ》］気配《きくば》りがよく行《い》き届《とど》いていること。

633 部長《ぶちょう》が音痴《おんち》であることは（　）。
［意味《いみ》］そうではないと打《う》ち消《け》すことはできない。

634 母《はは》の留守中《るすちゅう》に起《お》こったことの（　）を説明《せつめい》する。
[意味《いみ》] だいたい。おおよその内容《ないよう》。

637 この家《いえ》は（　）頑丈《がんじょう》だ。
[意味《いみ》] 他《ほか》と比《くら》べて特《とく》に。際立《きわだ》って。

641 得点《とくてん》を見間違《みまちが》えて、（　）する。
[意味《いみ》] 勘違《かんちが》いで喜《よろこ》んで、あとでがっかりすること。

642 説明《せつめい》が（　）でわからない。
[意味《いみ》] 実際《じっさい》の状態《じょうたい》からかけ離《はな》れて、具体的《ぐたいてき》ではないこと。

643 目標《もくひょう》は（　）にしたほうが実現《じつげん》しやすい。
[意味《いみ》] はっきりとしていてわかりやすいこと。

644 テストで満点《まんてん》を取《と》ってから、運気《うんき》が（　）した。
[意味《いみ》] 状況《じょうきょう》がよくなること。

645 そんなふうに言《い》われるなんて、（　）だ。
[意味《いみ》] 思《おも》いもかけないことに、残念《ざんねん》な気持《きも》ちになること。

646 都会《とかい》とは（　）の生活《せいかつ》をしてきたので、高層《こうそう》ビルは新鮮《しんせん》だ。
[意味《いみ》] 関係《かんけい》がないこと。

---

647 予定《よてい》を細《こま》かく立《た》てすぎるのは（　）。
[意味《いみ》] 複雑《ふくざつ》でめんどうなこと。

648 立派《りっぱ》な格好《かっこう》も、（　）では意味《いみ》がない。
[意味《いみ》] 外見《がいけん》は立派《りっぱ》だが、中身《なかみ》がよくないこと。

649 （　）な態度《たいど》をとると、嫌《きら》われる。
[意味《いみ》] 見下《みくだ》した態度《たいど》をとること。

650 テスト勉強《べんきょう》は（　）に終《お》わった。
[意味《いみ》] むだな苦労《くろう》や努力《どりょく》のこと。

654 （　）な仕事《しごと》ぶりが評価《ひょうか》される。
[意味《いみ》] 細《こま》かいところまでうまくできていて、ミスがないこと。

657 彼《かれ》からの返事《へんじ》を（　）。
[意味《いみ》] 長《なが》い間《あいだ》待《ま》っていて、これ以上《いじょう》待《ま》つのに耐《た》えられない。

658 値下《ねさ》げを（　）された。
[意味《いみ》] 強引《ごういん》にやらせること。

659 家電製品《かでんせいひん》の技術《ぎじゅつ》は（　）だ。
[意味《いみ》] 絶《た》えず、どんどん進歩《しんぽ》していること。

660 彼《かれ》は、（　）用心深《ようじんぶか》い性格《せいかく》だ。
[意味《いみ》] 用心《ようじん》の上《うえ》にも用心《ようじん》を重《かさ》ねること。

---

663 たばこは体《からだ》に（　）だ。
[意味《いみ》] 悪《わる》い効果《こうか》や影響《えいきょう》があること。

664 母《はは》の（　）気配《けはい》を感《かん》じ、ぞくっとした。
[意味《いみ》] 普通《ふつう》ではないこと。

665 ダイエットのため（　）努力《どりょく》をする。
[意味《いみ》] 感動《かんどう》のあまり涙《なみだ》が出《で》そうなくらいの。

666 （　）ないで、ちゃんと答《こた》えてほしい。
[意味《いみ》] 話《はなし》の大事《だいじ》なところをずらしたり、話題《わだい》を変《か》えたりしてごまかす。

668 父親《ちちおや》に（　）の息子《むすこ》が生《う》まれる。
[意味《いみ》] 2つに割《わ》った瓜《うり》のように、顔《かお》かたちがそっくりなこと。

674 宇宙旅行《うちゅうりょこう》をしたいという、（　）夢《ゆめ》を描《えが》く。
[意味《いみ》] 常識《じょうしき》からかけはなれた、とんでもない。

675 細《こま》かい説明《せつめい》を（　）。
[意味《いみ》] 余分《よぶん》なもの、なくてもいいものを取《と》り除《のぞ》いて減《へ》らす。

676 自分《じぶん》の能力《のうりょく》を（　）のは感《かん》じが悪《わる》い。
[意味《いみ》] 見《み》せびらかす。自慢《じまん》する。

677 さつまいもは便秘解消《べんぴかいしょう》に効果《こうか》（　）だ。
[意味《いみ》] 結果《けっか》や効果《こうか》がすぐに出《で》てくること。

678 納得《なっとく》のいく絵《え》が描《か》けず、（　）思《おも》いをした。
[意味《いみ》] 思《おも》うようにいかず、いらだたしい。

679 好《す》きな子《こ》と隣《となり》の席《せき》になるなんて、（　）チャンスだ。
[意味《いみ》] 叶《かな》いそうにないことが運《うん》よく起《お》こること。

680 このままでは彼《かれ》の（　）だ。
[意味《いみ》] 他《ほか》の人《ひと》と似《に》たような失敗《しっぱい》をすること。

682 （　）にも、母《はは》に大事《だいじ》なことを伝《つた》えるのを忘《わす》れていた。
[意味《いみ》] うっかりすること。

686 お小遣《こづか》いを（　）し、途方《とほう》に暮《く》れる。
[意味《いみ》] すべて残《のこ》らず使《つか》ってしまうこと。

687 彼女《かのじょ》は（　）な発言《はつげん》でみんなをびっくりさせる。
[意味《いみ》] とても変《か》わっている様子《ようす》。

688 彼《かれ》は人《ひと》の心《こころ》を（　）に操《あやつ》ることができる。
[意味《いみ》] 好《す》きなようにできること。

689 彼《かれ》は点呼《てんこ》の（　）、自分《じぶん》の名前《なまえ》について説明《せつめい》する。
[意味《いみ》] 毎回《まいかい》。毎度《まいど》。

690 救援《きゅうえん》ピッチャーが（　）と登場《とうじょう》した。
[意味《いみ》] さわやかできりっとしている様子《ようす》。

691 （　）に聞《き》いた話《はなし》なので、詳《くわ》しくはわからない。
[意味《いみ》] 他人《たにん》を通《とお》して。

692 自分《じぶん》の子《こ》が画家《がか》になるなんて、まさに（　）だ。
[意味《いみ》] 平凡《へいぼん》な親《おや》が優《すぐ》れた子《こ》どもを生《う》むこと。

694 最後《さいご》の一言《ひとこと》が（　）だった。
[意味《いみ》] 余計《よけい》なものを付《つ》け足《た》してしまうこと。

695 1点《てん》も取《と》れずに負《ま》けるなんて、（　）。
[意味《いみ》] 情《なさ》けない。まったくだらしない。

696 無理《むり》して体《からだ》をこわしては、（　）。
[意味《いみ》] 全《すべ》て失《うしな》って何《なに》もなくなる。

697 彼《かれ》は進行《しんこう》の（　）がよい。
[意味《いみ》] 何《なに》かをするときの腕前《うでまえ》や要領《ようりょう》。

698 あのシェフは腕《うで》はいいが、（　）だ。
[意味《いみ》] 熱《あつ》い食《た》べ物《もの》を食《た》べるのが苦手《にがて》なこと。また、そのような人《ひと》。

699 （　）検査《けんさ》で持《も》ち物《もの》を没収《ぼっしゅう》された。
[意味《いみ》] 予告《よこく》なしで、いきなり何《なに》かを行《おこな》うこと。

700 書《か》き初《ぞ》めのテーマは今年《ことし》の（　）だ。
[意味《いみ》] 目標《もくひょう》や決意《けつい》。

701 雨《あめ》に濡《ぬ》れるのは嫌《いや》だが、（　）。
[意味《いみ》] 大事《だいじ》なことのためには他《ほか》のことを犠牲《ぎせい》にしても仕方《しかた》がない。

707 一番会《いちばんあ》いたくない相手《あいて》と（　）した。
[意味《いみ》] 思《おも》いがけずばったり出会《であ》うこと。

708 彼《かれ》には何回《なんかい》言《い》っても、（　）だ。
[意味《いみ》] ぬかに釘《くぎ》を打《う》つように手応《てごた》えがなく、効《き》き目《め》がないこと。

709 （　）ほど欲《ほ》しいゲーム機《き》を親《おや》にねだる。
[意味《いみ》] 欲《ほ》しくて欲《ほ》しくてたまらないさま。

710 （　）、ようやく舞台《ぶたい》に立《た》てるときがきた。
[意味《いみ》] 辛抱強《しんぼうづよ》くがんばっていれば、いつかはうまくいく、ということ。

711 （　）勉強《べんきょう》していたかのようなそぶりをする。
[意味《いみ》] ちょうど。まるで。まさしく。

712 （　）で踊《おど》りの練習《れんしゅう》をするのは危《あぶ》ない。
[意味《いみ》] 階段《かいだん》の途中《とちゅう》にもうけられている、やや広《ひろ》く平《たい》らな場所《ばしょ》。

713 (　)られて、偽物《にせもの》を買《か》ってしまった。
[意味《いみ》] 巧《たく》みな話《はな》しぶりにだまされる。

720 二人《ふたり》の話《はな》し合《あ》いを(　)する。
[意味《いみ》] 間《あいだ》に入《はい》って、まとめること。

721 疲《つか》れでずいぶん(　)てきた。
[意味《いみ》] 病気《びょうき》や疲労《ひろう》でやせおとろえる。

722 大会《たいかい》では(　)演技《えんぎ》で優勝《ゆうしょう》した。
[意味《いみ》] 危《あぶ》ないところがなく、安心《あんしん》して見《み》ていられる様子《ようす》。

723 うまい話《はなし》に(　)されてはならない。
[意味《いみ》] 迷《まよ》わせる。だます。混乱《こんらん》させる。

724 入社《にゅうしゃ》したときから、なぜか社長《しゃちょう》がよく(　)てくれる。
[意味《いみ》] ひいきにする。

725 悪《わる》い予感《よかん》が(　)した。
[意味《いみ》] 予想《よそう》などが当《あ》たること。

726 (　)態度《たいど》をとられてショックを受《う》けた。
[意味《いみ》] 冷《つめ》たくそっけないこと。

730 モテる奴《やつ》を(　)でも、しかたない。
[意味《いみ》] うらやんで、憎《にく》むこと。

---

733 体調《たいちょう》が回復《かいふく》する(　)が見《み》えた。
[意味《いみ》] 何《なに》かが起《お》きそうな気配《けはい》。

734 彼《かれ》は学校一《がっこういち》の人気者《にんきもの》と言《い》っても(　)ではない。
[意味《いみ》] 言《い》い過《す》ぎではない。

735 食《た》べ放題《ほうだい》なので、(　)食《た》べられる。
[意味《いみ》] 気兼《きが》ねなく。思《おも》い切《き》り。

736 (　)話《はなし》に時間《じかん》を費《つい》やす。
[意味《いみ》] はっきりした目的《もくてき》がないこと。まとまっていないこと。

737 つまらない番組《ばんぐみ》に(　)た。
[意味《いみ》] 心配事《しんぱいごと》や嫌《いや》なことがあって、眉間《みけん》にしわを寄《よ》せる。

738 夏休《なつやす》みに入《はい》った嬉《うれ》しさで(　)してけがをしてしまった。
[意味《いみ》] 調子《ちょうし》に乗《の》って度《ど》を越《こ》す。

739 桃太郎《ももたろう》の実力《じつりょく》を(　)ていた。
[意味《いみ》] 相手《あいて》を軽《かる》く見《み》ること。見《み》くびること。

741 目立《めだ》つ格好《かっこう》をしていると、(　)られる。
[意味《いみ》] 相手《あいて》を冷《つめ》たい目《め》つきで見《み》ること。

---

747 忘《わす》れ物《もの》をしたが、(　)に対応《たいおう》した。
[意味《いみ》] その場《ば》の状況《じょうきょう》に合《あ》った適切《てきせつ》な行動《こうどう》をすること。

748 会議《かいぎ》で(　)な意見《いけん》を述《の》べる。
[意味《いみ》] 危《あぶ》なげないこと。悪《わる》くもないが、特《とく》にすぐれてもいないこと。

749 (　)な性格《せいかく》で、いつも時間《じかん》を無駄《むだ》にする。
[意味《いみ》] ぐずぐずしてなかなか物事《ものごと》を決《き》められないこと。

750 彼女《かのじょ》の(　)で、会社《かいしゃ》のイメージカラーが決《き》まった。
[意味《いみ》] 他《ほか》の意見《いけん》に関係《かんけい》なく、みんなが従《したが》うような力《ちから》のある人《ひと》の発言《はつげん》。

758 (　)な言葉《ことば》で、相手《あいて》を説得《せっとく》した。
[意味《いみ》] 上手《じょうず》なこと。手際《てぎわ》がよいこと。

759 いつもいじめてくる相手《あいて》の(　)てやった。
[意味《いみ》] 他人《たにん》をあっと言《い》わせる。

760 ノートを貸《か》してと頼《たの》んだら、(　)に嫌《いや》な顔《かお》をされた。
[意味《いみ》] ありのまま、隠《かく》さずに外《そと》に表《あらわ》すこと。

761 意見《いけん》が対立《たいりつ》したときは、（　　）することも必要《ひつよう》だ。
[意味《いみ》] お互《たが》いにゆずり合《あ》って結論《けつろん》を出《だ》すこと。

764 （　　）しないで、好《す》きなものを食《た》べましょう。
[意味《いみ》] 遠慮《えんりょ》をすること。

767 （　　）を残《のこ》したままにはしたくない。
[意味《いみ》] 心《こころ》に残《のこ》っていてすっきりしない嫌《いや》な気持《きも》ち。

768 （　　）として、チームを支《ささ》える。
[意味《いみ》] 人目《ひとめ》につかないところでがんばる人《ひと》。

769 最近《さいきん》、くまくんの体重《たいじゅう》が（　　）く増加《ぞうか》した。
[意味《いみ》] はっきりしていて明《あき》らかなこと。

770 ミケには（　　）がある。
[意味《いみ》] かわいらしくて憎《にく》めないこと。

771 彼《かれ》は運動音痴《うんどうおんち》（　　）、女子《じょし》に人気《にんき》がある。
[意味《いみ》] しかし。それなのに。

772 このやり方《かた》では、（　　）が悪《わる》い。
[意味《いみ》] ある時間内《じかんない》に終《お》わる仕事《しごと》の割合《わりあい》。はかどりかた。

773 彼《かれ》らは互《たが》いに（　　）ている。
[意味《いみ》] 似合《にあ》うこと。バランスがとれること。

774 彼《かれ》と話《はな》せたのは、ほんの（　　）だった。
[意味《いみ》] ちょっとの間《あいだ》。短《みじか》い間《あいだ》。

775 忙《いそが》しさの（　　）たようだ。
[意味《いみ》] 一番《いちばん》さかんな時期《じき》や危険《きけん》な時期《じき》を過《す》ぎること。

776 いい意見《いけん》が思《おも》いつかず、ダジャレで（　　）た。
[意味《いみ》] いい加減《かげん》なことを言《い》ってその場《ば》をごまかす。

779 園《えん》には2頭《とう》のパンダがいる。（　　）夫婦《ふうふ》だ。
[意味《いみ》] ついでに。関連《かんれん》したことを言《い》うと。

780 テストで（　　）なミスをしてしまった。
[意味《いみ》] 生死《せいし》にかかわる、または取《と》り返《かえ》しがつかないほど、重大《じゅうだい》なこと。

781 冷蔵庫《れいぞうこ》を（　　）探《さが》したのに、見《み》つからない。
[意味《いみ》] すみずみまで。余《あま》すところなく。

782 好《この》みはみな、（　　）だ。
[意味《いみ》] 考《かんが》えなどが人《ひと》それぞれ違《ちが》っていること。

785 提出期限《ていしゅつきげん》に（　　）間《ま》に合《あ》った。
[意味《いみ》] なんとか、ギリギリで。

789 やぎと羊《ひつじ》は（　　）。
[意味《いみ》] 似《に》ていて区別《くべつ》しにくい。間違《まちが》えやすい。

790 あの新入社員《しんにゅうしゃいん》は（　　）ね。
[意味《いみ》] あれこれ言《い》い返《かえ》したり、へらず口《ぐち》をきいたりする。

791 ラブレターを見《み》られてしまい、（　　）思《おも》いだ。
[意味《いみ》] 恥《は》ずかしさのあまり真《ま》っ赤《か》になること。

792 （　　）と自分勝手《じぶんかって》なことを言《い》う。
[意味《いみ》] 図々《ずうずう》しい様子《ようす》。

793 親《おや》を（　　）にしてはいけない。
[意味《いみ》] いい加減《かげん》に、軽《かる》く扱《あつか》うこと。

794 新幹線《しんかんせん》に乗《の》り遅《おく》れ、（　　）る。
[意味《いみ》] どうしていいのかわからず、困《こま》りはてる。

795 先生《せんせい》に向《む》かって、言葉《ことば》を（　　）なさい。
[意味《いみ》] 気《き》をつける。慎重《しんちょう》になる。

798 あの人《ひと》は時間《じかん》をかけて成功《せいこう》した。まさに（　　）だ。
[意味《いみ》] 将来大《しょうらいおお》きな成功《せいこう》をする人物《じんぶつ》は、実力《じつりょく》をあらわすのが遅《おそ》いこと。

802 彼《かれ》はどんなに問《と》い詰《つ》められても、（　　）た。
[意味《いみ》] しらばくれる。わざと知《し》らないふりをする。

803 さぼったくせに宿題《しゅくだい》を写《うつ》したいなんて、（　）話《はなし》だ。
[意味《いみ》] 自分《じぶん》に都合《つごう》がいいことばかりを考《かんが》えること。

804 その熱《ねつ》では、早退《そうたい》するのも（　）。
[意味《いみ》] それ以外《いがい》に方法《ほうほう》がない。仕方《しかた》がない。

805 留守番《るすばん》の間《あいだ》は、（　）な暮《く》らしを楽《たの》しんでいる。
[意味《いみ》] 思《おも》うままに行動《こうどう》すること。

806 （　）終《お》わる気《き》がしない。
[意味《いみ》] 全然《ぜんぜん》。まったく。

807 （　）た指摘《してき》を受《う》ける。
[意味《いみ》] 要点《ようてん》を的確《てきかく》にとらえている。

808 僕《ぼく》の秘密《ひみつ》が（　）になってしまった。
[意味《いみ》] はっきり見《み》えること。むき出《だ》しになること。

811 （　）仕事《しごと》を引《ひ》き受《う》けると、後《あと》が大変《たいへん》だ。
[意味《いみ》] きちんとした理由《りゆう》もなく。むやみに。

814 都合《つごう》が悪《わる》くなって、（　）をする。
[意味《いみ》] 眠《ねむ》っているふりをする。

815 転校生《てんこうせい》は「柔道《じゅうどう》の黒帯《くろおび》」という（　）だ。
[意味《いみ》] 前《まえ》もって知《し》らされていること。

---

816 200円《えん》もらったが、100円返《えんかえ》して（　）100円《えん》だ。
[意味《いみ》] ある数《かず》から他《ほか》の数《かず》を引《ひ》くこと。

817 （　）な値段《ねだん》の商品《しょうひん》にひかれる。
[意味《いみ》] 持《も》つのにちょうどいいこと。また、条件《じょうけん》に合《あ》うこと。

818 他《ほか》の生徒《せいと》の点数《てんすう》が高《たか》かったことは、（　）だ。
[意味《いみ》] 知《し》っていると気《き》になることも、知《し》らないから穏《おだ》やかでいられる。

819 かつては行列《ぎょうれつ》ができていたお店《みせ》が（　）てしまった。
[意味《いみ》] 時《とき》が経《た》つにつれて行《おこな》われなくなる。はやらなくなる。

820 これは職人《しょくにん》が（　）に作《つく》り上《あ》げたお皿《さら》だ。
[意味《いみ》] 細《こま》かい点《てん》まで丁寧《ていねい》に。

824 自分《じぶん》がしたことを（　）話《はな》す。
[意味《いみ》] 残《のこ》らず、すべて。

827 売《う》り物《もの》を（　）てはいけない。
[意味《いみ》] こっそり盗《ぬす》む。

828 うちの父《ちち》は家中《いえじゅう》を（　）掃除《そうじ》する。
[意味《いみ》] 全《すべ》て残《のこ》すところなく。

---

829 今日《きょう》の態度《たいど》はどこか（　）。
[意味《いみ》] 知《し》らない相手《あいて》と接《せっ》するような、親《した》しみのない感《かん》じ。

830 （　）言《い》い方《かた》はしないほうがいい。
[意味《いみ》] 嫌味《いやみ》に感《かん》じられる。

831 彼《かれ》との出会《であ》いは、僕《ぼく》に夢《ゆめ》を（　）た。
[意味《いみ》] 持《も》ってくる。与《あた》える。

832 相手《あいて》の弱《よわ》いところに（　）って商売《しょうばい》をする。
[意味《いみ》] 相手《あいて》の弱《よわ》いところなどを利用《りよう》する。つけ込《こ》む。

833 後《うし》ろから急《きゅう》に声《こえ》をかけられて、（　）た。
[意味《いみ》] 非常《ひじょう》に驚《おどろ》く。

836 サヨナラホームランを打《う》たれ、その場《ば》に（　）た。
[意味《いみ》] ショックでその場《ば》に立《た》ったままになること。

837 （　）、お小遣《こづか》いがもらえるかもしれないな。
[意味《いみ》] うまくいけば。運《うん》がよければ。

838 両親《りょうしん》は（　）だ。
[意味《いみ》] 口《くち》に出《だ》して言《い》わなくても、互《たが》いの気持《きも》ちが伝《つた》わること。

839 女子高生《じょしこうせい》は（　）流行《りゅうこう》の格好《かっこう》をする。
[意味《いみ》] 全員《ぜんいん》で。

／　／　／　／　／　学んだ日

840 （　）いたずらに、笑《わら》ってしまった。
[意味《いみ》]取《と》るに足《た》りない。幼《おさな》い。

841 不平等《ふびょうどう》な状態《じょうたい》は（　）するべきだ。
[意味《いみ》]よくない状態《じょうたい》や間違《まちが》った状態《じょうたい》を正《ただ》しく直《なお》すこと。

842 緊張《きんちょう》で（　）自己紹介《じこしょうかい》になってしまった。
[意味《いみ》]つまらないこと。

846 彼《かれ》には（　）する力《ちから》がある。
[意味《いみ》]これまでにないものをつくりだすこと。

849 （　）な人《ひと》はみんなに好《す》かれる。
[意味《いみ》]細《こま》かいことは気《き》にせず、ゆったりしていること。

850 集《あつ》まった意見《いけん》はすべて、（　）だった。
[意味《いみ》]細《こま》かいところは違《ちが》っても、大《おお》きな差《さ》がないこと。

851 弟《おとうと》は（　）て、返事《へんじ》をしない。
[意味《いみ》]不満《ふまん》の気持《きも》ちから反抗的《はんこうてき》な態度《たいど》や投《な》げやりな態度《たいど》をとる。

852 次《つぎ》の試合《しあい》の結果《けっか》には（　）自信《じしん》がある。
[意味《いみ》]ほんの少《すこ》し。少《すこ》しだけ。

853 障子《しょうじ》を破《やぶ》いてしまい、その場《ば》を（　）た。
[意味《いみ》]ごまかす。また、壊《こわ》れているところを直《なお》す。

854 あることがきっかけで、和平交渉《わへいこうしょう》が（　）てしまった。
[意味《いみ》]話《はな》し合《あ》いや交渉《こうしょう》ごとがもつれて、うまくいかないこと。

855 家庭教師《かていきょうし》も（　）ほどの問題児《もんだいじ》。
[意味《いみ》]解決《かいけつ》できないと諦《あきら》める。見放《みはな》す。

856 （　）言葉《ことば》を並《なら》べてもむだだ。
[意味《いみ》]本当《ほんとう》でないことが見《み》えすいていること。

857 彼《かれ》はいつも（　）している。
[意味《いみ》]あっさりとしていること。

858 （　）に走《はし》ると、後《あと》で苦《くる》しい思《おも》いをするよ。
[意味《いみ》]将来《しょうらい》のことを考《かんが》えずに行動《こうどう》すること。

861 相手《あいて》が弱《よわ》そうでも（　）てはならない。
[意味《いみ》]相手《あいて》の力《ちから》や能力《のうりょく》を軽《かる》くみる。

レベル3

874 心配《しんぱい》そうな（　）で母《はは》の様子《ようす》をうかがった。
[意味《いみ》]何《なに》かの気持《きも》ちが表《あらわ》れた顔《かお》つき。

875 このチームの選手《せんしゅ》は（　）だ。
[意味《いみ》]能力《のうりょく》のある人《ひと》がそろっていること。

876 （　）ほどのおやつしか残《のこ》っていなかった。
[意味《いみ》]ごくわずかな量《りょう》であること。

877 転校生《てんこうせい》は（　）ながら自己紹介《じこしょうかい》をした。
[意味《いみ》]はずかしがる。照《て》れる。

879 彼女《かのじょ》は誰《だれ》に対《たい》しても（　）しない性格《せいかく》だ。
[意味《いみ》]物事《ものごと》に対《たい》してびくびくすること。

882 この作品《さくひん》は（　）には完成《かんせい》しない。
[意味《いみ》]短《みじか》い期間《きかん》。

883 自分《じぶん》のファースト写真集《しゃしんしゅう》が（　）で売《う》られていた。
[意味《いみ》]値段《ねだん》がとても安《やす》いこと。

884 何《なに》を尋《たず》ねても、わからないの（　）だ。
[意味《いみ》]一《ひと》つのことだけを押《お》し通《とお》すこと。

885 サプライズの計画《けいかく》が（　）になってしまった。
[意味《いみ》] 秘密《ひみつ》の話《はなし》や計画《けいかく》がすっかり他《ほか》の人《ひと》にもれること。

886 欲張《よくば》って、みんなから（　）。
[意味《いみ》] 陰口《かげぐち》を言《い》われる。

887 円陣《えんじん》を組《く》んで団結力《だんけつりょく》を（　）。
[意味《いみ》] 長《なが》い時間《じかん》、大切《たいせつ》に育《そだ》てる。

888 名人《めいじん》が失敗《しっぱい》した。まさに（　）だ。
[意味《いみ》] どんな名人《めいじん》でも、時《とき》には失敗《しっぱい》することもあるということ。

891 （　）になったら出《で》かけよう。
[意味《いみ》] 日《ひ》が暮《く》れて間《ま》もない頃《ころ》。

892 教《おし》えるつもりが教《おし》えられていては、（　）だ。
[意味《いみ》] 立場《たちば》などが逆転《ぎゃくてん》すること。

893 試合後《しあいご》に（　）が残《のこ》ってしまった。
[意味《いみ》] 心《こころ》に引《ひ》っかかっているわだかまり。

894 売《う》れっ子《こ》になるため、（　）て働《はたら》いた。
[意味《いみ》] 苦労《くろう》をしながら努力《どりょく》する。

896 「夏休《なつやす》みだからと遊《あそ》びほうけていたらだめだ」と母《はは》が（　）た。
[意味《いみ》] あらかじめ注意《ちゅうい》する。

---

900 おじいちゃんはミケを（　）している。
[意味《いみ》] ひどく甘《あま》やかして可愛《かわい》がること。

901 親《おや》の権力《けんりょく》を（　）のは格好悪《かっこうわる》い。
[意味《いみ》] 強《つよ》い者《もの》の力《ちから》などを利用《りよう》して、いばる。

902 （　）なルールでは意味《いみ》がない。
[意味《いみ》] 名《な》ばかりで、中身《なかみ》が伴《ともな》わないこと。

903 みんなの（　）作品《さくひん》が仕上《しあ》がった。
[意味《いみ》] 非常《ひじょう》にびっくりさせる。

904 100点満点《てんまんてん》を取《と》って、彼《かれ》は（　）になった。
[意味《いみ》] うれしい気持《きも》ちになり、舞《ま》い上《あ》がること。

905 人《ひと》は（　）だけでは判断《はんだん》できないものだ。
[意味《いみ》] 見《み》かけ。外見《がいけん》。

906 （　）思《おも》いで、彼女《かのじょ》のもとを立《た》ち去《さ》る。
[意味《いみ》] 心残《こころのこ》りで、そこから離《はな》れにくい。

909 問《と》い詰《つ》められたが、記憶《きおく》が（　）。
[意味《いみ》] はっきりしない。頼《たよ》りない。

912 （　）の意見《いけん》をまとめるのに苦労《くろう》する。
[意味《いみ》] それぞれ違《ちが》っていること。

913 自分《じぶん》の甘《あま》さを（　）と思《おも》い知《し》る。
[意味《いみ》] 目《め》の前《まえ》で見《み》るように、はっきりと。

---

914 ダイエットの決意《けつい》とは（　）に、お菓子《かし》に手《て》が伸《の》びる。
[意味《いみ》] 反対《はんたい》であること。

915 彼《かれ》のセンスは残念《ざんねん》ながら（　）。
[意味《いみ》] あまりにもひどくて手《て》がつけられない。

917 子《こ》ども思《おも》いのお年寄《としよ》りを（　）のは許《ゆる》せない。
[意味《いみ》] 相手《あいて》を思《おも》うままに動《うご》かす。

918 （　）、まれに見《み》る大事件《だいじけん》だ。
[意味《いみ》] 昔《むかし》も今《いま》も。どこでも。

919 肩《かた》をもんでくれるなんて、どういう（　）だろう。
[意味《いみ》] その時々《ときどき》の加減《かげん》。なりゆき。

920 お腹《なか》がすいているときに食《た》べ物《もの》をもらえるとは、（　）だ。
[意味《いみ》] 必要《ひつよう》なものが、タイミングよく与《あた》えられること。

923 彼女《かのじょ》は、ハリウッド女優《じょゆう》に（　）する人気《にんき》がある。
[意味《いみ》] 力《ちから》が同《おな》じくらい。肩《かた》を並《なら》べる。

927 （　）な言《い》い訳《わけ》は、相手《あいて》を怒《おこ》らせるだけだ。
[意味《いみ》] いい加減《かげん》なこと。その場限《ばかぎ》りの言葉《ことば》や行《おこな》いをすること。

928 いつまでも親《おや》の（　）ている。
[意味《いみ》] 自立《じりつ》できず、養《やしな》ってもらっているさま。

929 彼《かれ》は学業《がくぎょう》と音楽活動《おんがくかつどう》を見事《みごと》に（　）させている。
[意味《いみ》] 二《ふた》つのことを同時《どうじ》にきちんと成《な》り立《た》たせること。

930 （　）ことを言《い》わずに、真剣《しんけん》に勝負《しょうぶ》しよう。
[意味《いみ》] 表現《ひょうげん》があからさますぎて、味《あじ》わいや面白《おもしろ》みがない。

931 友人《ゆうじん》の（　）席《せき》に招《まね》かれた。
[意味《いみ》] 堂々《どうどう》としていて、華《はな》やかである。

932 マナーの悪《わる》い人《ひと》を（　）にしよう。
[意味《いみ》] 悪《わる》い見本《みほん》として、反省《はんせい》の材料《ざいりょう》になるもの。

933 相手《あいて》の勢《いきお》いに（　）だ。
[意味《いみ》] 怖《こわ》さなどを感《かん》じて、ひるむ。

936 この仕上《しあ》がりは、（　）の仕事《しごと》に違《ちが》いない。
[意味《いみ》] プロのこと。専門家《せんもんか》。

938 （　）に扱《あつか》われて、ショックを受《う》けた。
[意味《いみ》] 冷《つめ》たく、思《おも》いやりのない様子《ようす》。

939 兄《あに》にその話《はなし》をするのは、（　）ようなものだ。
[意味《いみ》] 収《おさ》まっていた問題《もんだい》を蒸《む》し返《かえ》す。

940 作戦《さくせん》に（　）があった。
[意味《いみ》] 注意《ちゅうい》が足《た》りなかった点《てん》。

941 彼女《かのじょ》はとても（　）な人《ひと》だ。
[意味《いみ》] 心《こころ》や行《おこな》いが正《ただ》しく、きちんとしていること。

942 （　）に仕事《しごと》を頼《たの》まれても困《こま》る。
[意味《いみ》] 物事《ものごと》を突然《とつぜん》行《おこな》うさま。

943 （　）て、仲間《なかま》に相談《そうだん》する。
[意味《いみ》] あれこれ悩《なや》んで、どうしていいのかわからなくなる。

944 （　）になるので、これ以上《いじょう》の議論《ぎろん》は無駄《むだ》だ。
[意味《いみ》] お互《たが》いが自分《じぶん》の主張《しゅちょう》にこだわって、話《はなし》が進《すす》まない議論《ぎろん》。

947 最近彼《さいきんかれ》は、めきめきと（　）してきた。
[意味《いみ》] 能力《のうりょく》の高《たか》さなどで、まわりの人《ひと》より目立《めだ》つようになる。

949 けんかのあとで絆《きずな》が深《ふか》まった。まさに、（　）だ。
[意味《いみ》] もめごとや争《あらそ》いの起《お》こった後《あと》、前《まえ》よりもかえって事態《じたい》がよくなる。

952 旅先《たびさき》から手紙《てがみ》を（　）。
[意味《いみ》] 書《か》き記《しる》す。

953 翔《しょう》くんはゲームの達人《たつじん》と（　）られている。
[意味《いみ》] とても尊《とうと》いものだと敬《うやま》う。

954 何《なに》かが（　）気配《けはい》に振《ふ》り返《かえ》ったら、かかしだった。
[意味《いみ》] もぞもぞ動《うご》く。

955 政治家《せいじか》の受《う》け答《こた》えの（　）をする。
[意味《いみ》] 物事《ものごと》がうまく進《すす》むように準備《じゅんび》すること。

956 ヒロインを誰《だれ》にするかより、何《なに》を演《えん》じるかが（　）だ。
[意味《いみ》]先《さき》に決《き》めておくこと。先《さき》に決《き》めておくべきこと。

957 一人《ひとり》で職員室《しょくいんしつ》に行《い》くのは、（　）。
[意味《いみ》] 頼《たよ》りなく、心配《しんぱい》なこと。

958 強《つよ》い者《もの》が（　）世《よ》の中《なか》だ。
[意味《いみ》] 威張《いば》って我《わ》が物顔《ものがお》でふるまう。

961 自分《じぶん》だけ失敗《しっぱい》して、（　）。
[意味《いみ》] まわりの人《ひと》に申《もう》し訳《わけ》ないと思《おも》う。

964 （　）して怒《おこ》ってしまった。
[意味《いみ》] 十分《じゅうぶん》に理解《りかい》したり確認《かくにん》しないうちにわかったと思《おも》い込《こ》むこと。

965
一《ひと》つのミスで一気《いっき》に（　　）が悪《わる》くなってしまった。
[意味《いみ》] 勝負《しょうぶ》や議論《ぎろん》などの状況《じょうきょう》。

966
彼《かれ》は（　　）トップアイドルだ。
[意味《いみ》] 実力《じつりょく》があって、立場《たちば》がしっかりしている。

967
（　　）だ、大切《たいせつ》にしてくれよ。
[意味《いみ》] 弱《よわ》くて小《ちい》さいものでも、意地《いじ》があるから侮《あなど》れないということ。

972
彼《かれ》は、この技術《ぎじゅつ》にかけては（　　）だ。
[意味《いみ》] 何《なに》かの分野《ぶんや》で他人《たにん》をリードする人《ひと》。草分《くさわ》け。

973
相手《あいて》が優《やさ》しいからと（　　）。
[意味《いみ》] いい気《き》になったり、わがままになったりする。

974
（　　）を企《くわだ》て、敵《てき》チームを負《ま》かそうとする。
[意味《いみ》] よくない企《たくら》み。悪《わる》いこと。

975
お供《そな》え物《もの》を盗《ぬす》み食《ぐ》いするなんて、（　　）だ。
[意味《いみ》] あまりにひどい。もってのほか。

978
アイドルグループの解散《かいさん》に妹《いもうと》は（　　）ている。
[意味《いみ》] がっかりして、やる気《き》をなくす。

981
彼《かれ》の質問《しつもん》に、彼女《かのじょ》は（　　）た。
[意味《いみ》] 頭《あたま》を左右《さゆう》に振《ふ》って否定《ひてい》する。断《ことわ》る。

982
（　　）ほどの広《ひろ》さでも、我《わ》が家《や》が一番《いちばん》落《お》ち着《つ》く。
[意味《いみ》] 場所《ばしょ》が狭《せま》いこと。

983
母《はは》には（　　）がある。
[意味《いみ》] 何《なに》かが起《お》こる前《まえ》にそれを見抜《みぬ》くことができること。

984
（　　）な雰囲気《ふんいき》が一瞬《いっしゅん》で吹《ふ》き飛《と》んだ。
[意味《いみ》] 重々《おもおも》しく緊張感《きんちょうかん》がある様子《ようす》。

985
全国大会《ぜんこくたいかい》で、激《はげ》しい（　　）を演《えん》じる。
[意味《いみ》] 互《たが》いに譲《ゆず》らず、差《さ》がない状態《じょうたい》で争《あらそ》う。

986
冬場《ふゆば》は（　　）太《ふと》ってしまいがちだ。
[意味《いみ》] 場合《ばあい》によっては。わりとそうなりがちなこと。

987
今日《きょう》は学校《がっこう》で何《なに》かが起《お》こると、（　　）た。
[意味《いみ》] 何《なに》かが起《お》こる予感《よかん》がする。

988
いたずらに引《ひ》っかかって、（　　）顔《かお》をする。
[意味《いみ》] 不機嫌《ふきげん》で苦々《にがにが》しい顔《かお》をしている様子《ようす》。

994
急《きゅう》に席替《せきが》えをすることになり、（　　）した。
[意味《いみ》] どうしていいかわからず、あっちへ行《い》ったりこっちへ来《き》たりする。

995
料理《りょうり》に失敗《しっぱい》し、（　　）思《おも》いをする。
[意味《いみ》] ひどく空腹《くうふく》である。

996
（　　）と50年《ねん》ぶりに再会《さいかい》する。
[意味《いみ》] 竹馬《たけうま》に乗《の》って遊《あそ》ぶほど幼《おさな》いころからの友達《ともだち》。

997
痛《いた》い思《おも》いをするとしても、それは（　　）だ。
[意味《いみ》] 自分《じぶん》のした悪《わる》いことのせいで、自分自身《じぶんじしん》が苦《くる》しむこと。

1000
彼女《かのじょ》は作《つく》った料理《りょうり》を（　　）している。
[意味《いみ》] 自分《じぶん》で自分《じぶん》を褒《ほ》めること。

1001
彼《かれ》の言葉《ことば》を聞《き》き、教室《きょうしつ》は（　　）に静《しず》かになった。
[意味《いみ》] 大勢《おおぜい》が静《しず》まり返《かえ》る様子《ようす》。

1002
父《ちち》の（　　）ようなことをしてしまった。
[意味《いみ》] 相手《あいて》に恥《はじ》をかかせる。

1003
毎日《まいにち》、素振《すぶ》りの練習《れんしゅう》に（　　）。
[意味《いみ》] 一生懸命《いっしょうけんめい》はげむ。

1006
彼《かれ》は（　　）て発言《はつげん》しているだけだ。
[意味《いみ》] ほかの人《ひと》をまねて、軽《かる》はずみなことをする。

1010
父《ちち》は窓《まど》を開《あ》けて「なんと（　　）な日《ひ》だ!」と言《い》った。
[意味《いみ》] おだやかに晴《は》れて、気持《きも》ちのいい様子《ようす》。

1011
試合《しあい》の展開《てんかい》を（　　）で見守《みまも》る。
[意味《いみ》] 続《つづ》きが気《き》になって、緊張《きんちょう》して見守《みまも》る。

1012 （　）ノーベル賞《しょう》を取《と》る科学者《かがくしゃ》になるだろう。
[意味《いみ》] 将来《しょうらい》は。やがて。

1013 女性《じょせい》は（　）甘《あま》い物《もの》が好《す》きだ。
[意味《いみ》] みな同《おな》じように。

1014 ピアノの腕前《うでまえ》では、彼女《かのじょ》に（　）がある。
[意味《いみ》] 技術《ぎじゅつ》や知識《ちしき》がほかの人《ひと》を上回《うわまわ》っていること。

1015 自転車事故《じてんしゃじこ》で（　）。
[意味《いみ》] かろうじて命《いのち》が助《たす》かる。

1016 流暢《りゅうちょう》な英語《えいご》の発音《はつおん》に（　）。
[意味《いみ》] 相手《あいて》の優《すぐ》れているところに驚《おどろ》く。

1020 （　）ことに、店《みせ》は定休日《ていきゅうび》だった。
[意味《いみ》] 運《うん》が悪《わる》い。タイミングが悪《わる》い。

1022 （　）の洋服《ようふく》を試着《しちゃく》する。
[意味《いみ》] 注文《ちゅうもん》を受《う》ける前《まえ》から作《つく》ってあるもののこと。

1023 悪《わる》いことをしたら（　）を受《う》けるのは当然《とうぜん》だ。
[意味《いみ》] 行動《こうどう》の結果《けっか》として受《う》けるもの。

1024 お菓子《かし》がなくなったのは（　）。
[意味《いみ》] 納得《なっとく》がいかない。

1025 （　）までなので、同《おな》じミスをくり返《かえ》さないほうがいい。
[意味《いみ》] どんなに心《こころ》の広《ひろ》い人《ひと》でも、失礼《しつれい》なことをくり返《かえ》されると、いつか怒《おこ》るということ。

1028 この季節《きせつ》は風邪《かぜ》の菌《きん》が（　）。
[意味《いみ》] よくないものの勢《いきお》いが盛《さか》んになって広《ひろ》がる。

1029 試合《しあい》に負《ま》けて、彼《かれ》らは（　）あった。
[意味《いみ》] 悪口《わるくち》を言《い》う。

1030 幼《おさな》い頃《ころ》から、（　）お芝居《しばい》に人生《じんせい》を捧《ささ》げてきた。
[意味《いみ》] 他《ほか》のことに目《め》を向《む》けず、一《ひと》つのことに集中《しゅうちゅう》するさま。

1031 彼《かれ》は（　）、抜《ぬ》けている。
[意味《いみ》] 一《ひと》つのことから他《ほか》のすべてのことを予測《よそく》できる。

1032 掃除《そうじ》をしない子《こ》に（　）を言《い》う。
[意味《いみ》] 遠回《とおまわ》しに非難《ひなん》すること。期待《きたい》に反《はん》して物事《ものごと》がうまくいかないこと。

1033 緊張《きんちょう》して（　）動《うご》きになってしまった。
[意味《いみ》] 慣《な》れておらず、動《うご》きなどが滑《なめ》らかでないさま。

1034 友達《ともだち》が何《なに》か言《い》おうとするのを（　）。
[意味《いみ》] 人《ひと》が何《なに》かするのを押《お》しとどめる。または、支配《しはい》する。

1037 コンタクトレンズを（　）になって探《さが》す。
[意味《いみ》] 他《ほか》のことを忘《わす》れて一《ひと》つのことに熱中《ねっちゅう》すること。

1040 彼《かれ》はほめられると（　）する。
[意味《いみ》] へりくだること。控《ひか》えめな態度《たいど》をとること。

1041 （　）な嘘《うそ》をつく。
[意味《いみ》] いかにも本当《ほんとう》らしい様子《ようす》。

1042 母《はは》は年齢《ねんれい》の（　）でいる。
[意味《いみ》] 数量《すうりょう》や年齢《ねんれい》をごまかす。

1043 何《なに》がなんでも勝《か》つために、（　）で試合《しあい》に臨《のぞ》む。
[意味《いみ》] もう一歩《いっぽ》も引《ひ》けない状態《じょうたい》。

1044 ゲームに（　）ていないで、宿題《しゅくだい》をしなさい。
[意味《いみ》] あることに気《き》をとられて、他《ほか》のことをいい加減《かげん》にする。

1045 宿題《しゅくだい》を忘《わす》れたのに（　）をしている。
[意味《いみ》] 自分《じぶん》は知《し》らないという顔《かお》つき、ふるまい。

1046 デートが中止《ちゅうし》になり、兄《あに》は（　）だ。
[意味《いみ》] 元気《げんき》がなくなり、落《お》ち込《こ》む様子《ようす》。

1049 高《たか》い跳《と》び箱《ばこ》を前《まえ》に、（　）してしまった。
[意味《いみ》] 気後《きおく》れしてためらうこと。

1053 彼《かれ》は（　　）で、なかなか姿《すがた》を見《み》せてくれない。
[意味《いみ》] 人前《ひとまえ》に出《で》たり積極的《せっきょくてき》に行動《こうどう》したりすることが苦手《にがて》な、内気《うちき》な性格《せいかく》。

1054 涙《なみだ》が（　　）に流《なが》れ出《で》た。
[意味《いみ》] こらえていたものが一気《いっき》にあふれ出《だ》すこと。

1055 いろいろな人《ひと》に声《こえ》をかけられ、（　　）てしまった。
[意味《いみ》] どうしたらいいのかわからなくなってうろたえる。

1056 好《す》きな子《こ》ができると、（　　）やる気《き》がわく。
[意味《いみ》] 自然《しぜん》にそうなる。

1057 強《つよ》い者《もの》を相手《あいて》に、（　　）に渡《わた》り合《あ》う。
[意味《いみ》] 強《つよ》くてしぶとい。

1058 師匠《ししょう》に「こんな（　　）で」と教《おし》えられた。
[意味《いみ》] 物事《ものごと》の調子《ちょうし》や状態《じょうたい》。

1059 今日《きょう》の予定《よてい》を（　　）報告《ほうこく》した。
[意味《いみ》] 詳《くわ》しく。細《こま》かいところまで。

1063 抜《ぬ》き打《う》ちテストのうわさにみなは（　　）た。
[意味《いみ》] 不安《ふあん》や恐怖《きょうふ》を感《かん》じて、落《お》ち着《つ》きがなくなる。

1066 （　　）に皮肉《ひにく》を言《い》うのは感《かん》じが悪《わる》い。
[意味《いみ》] わざと本人《ほんにん》に聞《き》こえるようにすること。

1067 二人《ふたり》の話《はなし》に（　　）が生《しょう》じた。
[意味《いみ》] 話《はなし》が食《く》い違《ちが》って、つじつまが合《あ》わないこと。

1068 学生時代《がくせいじだい》のことを（　　）のはやめてほしい。
[意味《いみ》] 一度《いちど》解決《かいけつ》したことを、また取《と》り上《あ》げる。

1069 （　　）で、昨日《きのう》の反省《はんせい》を生《い》かせない。
[意味《いみ》] 苦《くる》しいことでも、過《す》ぎ去《さ》ってしまえば忘《わす》れていく。

1070 クリスマス前《まえ》はおもちゃ屋《や》さんの（　　）だ。
[意味《いみ》] 商売《しょうばい》などがもうかって、忙《いそが》しい時《とき》。

1071 彼《かれ》の実力《じつりょく》は（　　）だ。
[意味《いみ》] 認《みと》められていること。定評《ていひょう》があること。

1072 売《う》れることを考《かんが》えるのは、（　　）だ。
[意味《いみ》] 手《て》に入《はい》るかどうかわからないものに期待《きたい》して計画《けいかく》を立《た》てること。

1073 （　　）なやり方《かた》をして、かえって時間《じかん》がかかってしまった。
[意味《いみ》] 楽《らく》をしようとすること。怠《なま》けること。

1076 犬《いぬ》と猿《さる》の（　　）になって、辛《つら》い。
[意味《いみ》] 対立《たいりつ》するもの同士《どうし》の間《あいだ》に立《た》ち、どちらの側《がわ》にもつけず困《こま》ること。

1078 祖父《そふ》の言葉《ことば》を（　　）。
[意味《いみ》] 忘《わす》れないように強《つよ》く思《おも》う。

1079 エースがいるので、（　　）な気持《きも》ちだ。
[意味《いみ》] 不安《ふあん》がなく、すっかり安心《あんしん》している状態《じょうたい》。

1080 彼女《かのじょ》は私《わたし》が（　　）て育《そだ》てた一人娘《ひとりむすめ》だ。
[意味《いみ》] 大切《たいせつ》に世話《せわ》をし、育《そだ》てること。

1081 （　　）流行《りゅうこう》の格好《かっこう》をする。
[意味《いみ》] みんな。誰《だれ》もが。

1082 世《よ》の中《なか》は（　　）する。
[意味《いみ》] いろいろな状態《じょうたい》に変《か》わっていくこと。

1083 大《だい》スターが（　　）て歩《ある》く。
[意味《いみ》] 肩《かた》をいからせて、得意《とくい》げに堂々《どうどう》と歩《ある》く。

1084 （　　）のシュートを放《はな》つ。
[意味《いみ》] だめになりそうな状態《じょうたい》を一気《いっき》に立《た》て直《なお》すこと。

1085 あのチームのエースは、自分《じぶん》の活躍《かつやく》を（　　）ている。
[意味《いみ》] 自慢《じまん》する。得意《とくい》がる。

1086
彼《かれ》の行《おこな》いを（　　）としよう。
[意味《いみ》] 他《ほか》の人《ひと》のどんな行《おこな》いも、自分《じぶん》をよくするための助《たす》けになること。

1087
そんな言《い》い方《かた》では、（　　）。
[意味《いみ》] 人《ひと》をいやな気持《きも》ちにさせて、関係《かんけい》が悪《わる》くなる。

1091
早口言葉《はやくちことば》に（　　）する。
[意味《いみ》] 非常《ひじょう》に苦労《くろう》すること。

1096
罰《ばつ》ゲームとして、木登《きのぼ》りを（　　）られた。
[意味《いみ》] むりやり、強制的《きょうせいてき》に何《なに》かをさせる。

1097
彼《かれ》とはなぜか、（　　）。
[意味《いみ》] 気《き》が合《あ》う。

1098
彼女《かのじょ》を誘《さそ》いたいが、（　　）。
[意味《いみ》] 冷《つめ》たい態度《たいど》で、相手《あいて》にしない。

1099
犯人《はんにん》を（　　）で探《さが》す。
[意味《いみ》] 獲物《えもの》を狙《ねら》う鵜《う》や鷹《たか》のような目《め》で、何《なに》かを熱《ねっ》心《しん》に探《さが》そうとする。

1100
彼《かれ》の行動《こうどう》は（　　）している。
[意味《いみ》] 最初《さいしょ》から最後《さいご》まで考《かんが》え方《かた》などにブレがなく、筋《すじ》が通《とお》っていること。

1101
転校先《てんこうさき》の学校《がっこう》では、まだ（　　）ている。
[意味《いみ》] 本当《ほんとう》の性格《せいかく》をかくして、おとなしくしているさま。

1102
このテレビ番組《ばんぐみ》は子《こ》どもに（　　）内容《ないよう》だ。
[意味《いみ》] よく合《あ》っている。釣《つ》り合《あ》っている。

1105
この問題《もんだい》は小学生《しょうがくせい》には（　　）。
[意味《いみ》] 手《て》に負《お》えない。自分《じぶん》の力《ちから》ではできない。

1107
うわさ話《ばなし》に（　　）。
[意味《いみ》] ありもしないことを付《つ》け加《くわ》えて、話《はなし》を大《おお》きくする。

1108
（　　）上級生《じょうきゅうせい》だ。
[意味《いみ》] 不完全《ふかんぜん》でも。不十分《ふじゅうぶん》でも。

1109
彼《かれ》は（　　）した動《うご》きで掃除《そうじ》をする。
[意味《いみ》] 活気《かっき》があり、見《み》ていて気持《きも》ちのいい動《うご》きをするさま。

1110
（　　）ので、他《ほか》のやり方《かた》を考《かんが》えたほうがいい。
[意味《いみ》] 一度《いちど》うまくいったからといって、また同《おな》じやり方《かた》で成功《せいこう》するとは限《かぎ》らない。

1112
秋《あき》も（　　）、いよいよ運動会《うんどうかい》です。
[意味《いみ》] 盛《も》り上《あ》がっているとき。まっさかり。

1113
彼《かれ》には（　　）推理力《すいりりょく》がある。
[意味《いみ》] とても頭《あたま》がよく、利口《りこう》である。

1114
彼《かれ》らの兄弟《きょうだい》げんかは（　　）だ。
[意味《いみ》] ありふれていること。日常茶飯事《にちじょうさはんじ》。

1115
先生《せんせい》に（　　）を話《はな》した。
[意味《いみ》] 始《はじ》めから終《お》わりまで。

1118
彼《かれ》の言《い》っていることは（　　）だ。
[意味《いみ》] 無理《むり》やり理屈《りくつ》をつけること。

1121
これでは話《はなし》が（　　）だ。
[意味《いみ》] 同《おな》じことがくり返《かえ》されて、物事《ものごと》が進《すす》んでいないこと。

1122
やはりプロの仕事《しごと》は素晴《すば》らしい。（　　）だ。
[意味《いみ》] 何事《なにごと》も、それぞれの専門家《せんもんか》に任《まか》せるのが一《いち》番《ばん》だということ。

1123
せめてもの（　　）にと、お手伝《てつだ》いをする。
[意味《いみ》] よいことをして、これまでの罪《つみ》を償《つぐな》うこと。

1124
ここのラーメンは（　　）された材料《ざいりょう》を使《つか》っている。
[意味《いみ》] 細《こま》かく、念入《ねんい》りに調《しら》べること。

1125
姉《あね》は好《す》きな男子《だんし》の前《まえ》でだけ、（　　）くなる。
[意味《いみ》] おとなしく従順《じゅうじゅん》な様子《ようす》。

1126 元《もと》プロ野球《やきゅう》選手《せんしゅ》はやはり、（　）だ。
[意味《いみ》] 本当《ほんとう》に優《すぐ》れたものは、多少《たしょう》悪《わる》くなっても価《か》値《ち》がある。

1127 自分《じぶん》は世界一《せかいいち》だと（　）。
[意味《いみ》] 大《おお》きなことを言《い》う。

1128 後《あと》になって（　）気持《きも》ちになった。
[意味《いみ》] 悪《わる》いことをしてしまい、後《うし》ろめたい。

1129 友達《ともだち》の不正行為《ふせいこうい》を（　）にしてしまった。
[意味《いみ》] すぐ目《め》の前《まえ》。直接《ちょくせつ》。

1130 クラスメイトを（　）いて、満点《まんてん》を取《と》った。
[意味《いみ》] 他人《たにん》が油断《ゆだん》している間《あいだ》に、自分《じぶん》が先《さき》にしてしまう。

1132 言《い》われなくても（　）にやろう。
[意味《いみ》] 自分《じぶん》から進《すす》んで行《おこな》うこと。

1134 積極的《せっきょくてき》な彼女《かのじょ》が話《はなし》の（　）た。
[意味《いみ》] 最初《さいしょ》に何《なに》かを行《おこな》う。きっかけを作《つく》る。

1135 （　）だが、上手《じょうず》に絵《え》が描《か》けた。
[意味《いみ》] 自分《じぶん》で自分《じぶん》をほめること。

1136 （　）を流《なが》すように発表《はっぴょう》する。
[意味《いみ》] すらすらと上手《じょうず》に話《はな》すことのたとえ。

1137 （　）を保《たも》って行進《こうしん》する。
[意味《いみ》] 正《ただ》しく、規則的《きそくてき》な状態《じょうたい》。

1138 （　）期待《きたい》は、見事《みごと》に打《う》ち砕《くだ》かれた。
[意味《いみ》] あっさりと、ほのかな様子《ようす》。

1139 手《て》を挙《あ》げる生徒《せいと》がおらず、（　）時間《じかん》が過《す》ぎ去《さ》った。
[意味《いみ》] 無駄《むだ》に。

1140 決勝《けっしょう》の相手《あいて》は、（　）で勝《か》ち抜《ぬ》いてきたチームだ。
[意味《いみ》] 止《と》めることができないほど激《はげ》しい勢《いきお》い。

1142 彼女《かのじょ》は（　）の商売人《しょうばいにん》になってきた。
[意味《いみ》] 他《ほか》よりも特《とく》にすぐれていること。一人前《いちにんまえ》。

1144 自分《じぶん》だけが（　）られてしまった。
[意味《いみ》] 多《おお》くの中《なか》から選《えら》び出《だ》して、非難《ひなん》や攻撃《こうげき》の対《たい》象《しょう》にする。

1145 （　）で、悪《わる》いうわさが広《ひろ》まる。
[意味《いみ》] 悪《わる》い行《おこな》いはすぐにまわりに知《し》れ渡《わた》る。

1146 彼女《かのじょ》が彼《かれ》をほめるのは、自分《じぶん》への（　）だ。
[意味《いみ》] 遠回《とおまわ》しな文句《もんく》や悪口《わるぐち》。

1147 彼《かれ》のスポーツについての知識《ちしき》は（　）だ。
[意味《いみ》] からだや考《かんが》えが十分《じゅうぶん》きたえられ、しっかりしていること。

1148 （　）な政策《せいさく》は猛反対《もうはんたい》にあうだろう。
[意味《いみ》] 他人《たにん》のことを考《かんが》えず、自分《じぶん》の思《おも》いだけを優《ゆう》先《せん》させること。

1149 動物《どうぶつ》の世界《せかい》は、（　）だ。
[意味《いみ》] 弱《よわ》い者《もの》が強《つよ》い者《もの》の犠牲《ぎせい》になること。

1150 彼《かれ》は食《た》べることに（　）だ。
[意味《いみ》] あっさりしていること。こだわらないこと。

1152 ほめられて（　）て失敗《しっぱい》した。
[意味《いみ》] 思《おも》い通《どお》りになり、調子《ちょうし》に乗《の》りすぎること。

1156 テスト用紙《ようし》のミスを見《み》つけ、（　）な気分《きぶん》だ。
[意味《いみ》] 大《おお》きなことを成《な》し遂《と》げたように、得意《とくい》げになる様子《ようす》。

1157 敵《てき》チームに囲《かこ》まれて、（　）の状態《じょうたい》だ。
[意味《いみ》] まわりが敵《てき》ばかりの状態《じょうたい》。

1158 悪《わる》い奴《やつ》らを（　）にはできない。
[意味《いみ》] そのままにしておくこと。

1159 警察犬《けいさつけん》として（　）能力《のうりょく》を備《そな》えている。
[意味《いみ》] 不満《ふまん》に思《おも》う点《てん》がない。非難《ひなん》すべき点《てん》がない。

1160 （　）思《おも》いで、彼《かれ》の経験《けいけん》を聞《き》いた。
[意味《いみ》] 他人《たにん》の不幸《ふこう》や苦労《くろう》が、自分《じぶん》のことのように思《おも》われる。

1161 （　）旅《たび》に出《で》たくなった。
[意味《いみ》] 行《い》くあてがなく、先《さき》がわからない。

1162 からかったら、（　）そうな顔《かお》をされた。
[意味《いみ》] 腹立《はらだ》たしい、憎《にく》たらしい。

1166 太郎《たろう》を送《おく》り届《とど》けて、やっと（　）た。
[意味《いみ》] 責任《せきにん》を果《は》たし、安心《あんしん》する。

1169 （　）ような返答《へんとう》で、3才《さい》とは思《おも》えない。
[意味《いみ》] こちらの働《はたら》きかけにすぐ反応《はんのう》する。

1170 やんちゃな妹《いもうと》に（　）。
[意味《いみ》] てこずる。扱《あつか》いに困《こま》る。

1171 （　）で、喧嘩《けんか》をしてしまった。
[意味《いみ》] 相手《あいて》に悪《わる》く言《い》われて、同《おな》じように強《つよ》く言《い》い返《かえ》すこと。

1172 あのとき買《か》っておくべきだった。（　）。
[意味《いみ》] 手《て》に入《い》れ損《そこ》ねたものは、実際《じっさい》よりも良《よ》いものに感《かん》じられる。

1178 博士《はかせ》はロボット開発《かいはつ》の（　）的存在《てきそんざい》だ。
[意味《いみ》] 何《なに》かを初《はじ》めて行《おこな》うこと。また、初《はじ》めて行《おこな》った人《ひと》。

1179 （　）に道具《どうぐ》を壊《こわ》してはいけない。
[意味《いみ》] 悔《くや》しさのあまり、よくないことをするさま。

1180 休日《きゅうじつ》の過《す》ごし方《かた》が（　）。
[意味《いみ》] 見《み》ていられないほど程度《ていど》がひどい。

1181 動物園《どうぶつえん》の今後《こんご》を（　）。
[意味《いみ》] 心配《しんぱい》する。

1182 彼《かれ》に助《たす》けられた例《れい》を挙《あ》げると（　）。
[意味《いみ》] 数《かぞ》え切《き》れないほどたくさんある。

1183 医師《いし》の治療中《ちりょうちゅう》は、（　）だ。
[意味《いみ》] 相手《あいて》の思《おも》うままの状態《じょうたい》のこと。

1184 慌《あわ》てると、（　）失敗《しっぱい》するものだ。
[意味《いみ》] ある傾向《けいこう》や状態《じょうたい》になりがちなこと。

1188 （　）の商売《しょうばい》をしてみたい。
[意味《いみ》] 簡単《かんたん》にお金儲《かねもう》けをすること。

1190 春《はる》が来《き》たら（　）、頑張《がんば》ろう。
[意味《いみ》] 何《なに》かをきっかけに、気持《きも》ちががらっと変《か》わること。

1191 コンサートが楽《たの》しみで（　）。
[意味《いみ》] どうしても気持《きも》ちを抑《おさ》えきれない。

1192 すぐ近《ちか》くにいるのに気《き》づかなかったのは、（　）だ。
[意味《いみ》] 身近《みぢか》なことはわかりにくい。

1193 ポチは引《ひ》っ越《こ》してから凶暴《きょうぼう》になった。（　）とはこのことだ。
[意味《いみ》] 人《ひと》は、環境《かんきょう》や付《つ》き合《あ》う友人《ゆうじん》によって良《よ》くも悪《わる》くもなる。

1194 近所《きんじょ》の悪《わる》ガキのいたずらに（　）。
[意味《いみ》] 困《こま》り果《は》てる。

1197 彼《かれ》は（　）男《おとこ》だ。
[意味《いみ》] いつまで経《た》ってもぱっとしない。出世《しゅっせ》できない。

1199 （　）て、兄《あに》の分《ぶん》まで食《た》べてしまった。
[意味《いみ》] ふと悪《わる》い心《こころ》が表《あらわ》れる。

1200 飛《と》び立《た》とうと頑張《がんば》る姿《すがた》に（　）気持《きも》ちになった。
[意味《いみ》] その場所《ばしょ》にそれ以上《いじょう》いるのが辛《つら》く、我慢《がまん》できない。

いたれりつくせり
うわまわる
たなからぼたもち
おびただしい
むがむちゅう
ぜんだいみもん
うわのそら
どんぐりのせいくらべ
とっぴ
あとのまつり
きざし
ほのか
ねがってもない
くびをながくする
ぜったいぜつめい
てごろ
ごりむちゅう
はながたかい
ほうふ
ぬかにくぎ
いっちょういったん
さっそう
みずしらず
プライド
もちはもちや
まんべんなく
ほどほど
おににかなぼう

どんな言葉《ことば》も
自由自在《じゆうじざい》!!